Horst Hawemann

# Leben üben
## Improvisationen und Notate

Die Publikation wurde ermöglicht durch die freundliche Unterstützung von der Abteilung Puppenspielkunst der HFS Berlin, SCHAUBUDE BERLIN, Theater Pfütze Nürnberg, Manuel Schöbel / Radebeul, AGORA Theater / St. Vith (Belgien), Jutta M. Staerk / Köln, Kerstin Dathe / Thale, Deutsches Archiv für Theaterpädagogik (DATP) am Institut für Theaterpädagogik der Stiftung HS Osnabrück/ Campus Lingen, henschel SCHAUSPIEL Theaterverlag Berlin GmbH, Hedwig Golpon / Universität Greifswald, Gerd Taube / Kinder- und Jugendtheaterzentrum in der Bundesrepublik Deutschland, Thomas Lang / Hannover, Gunhild Lattmann / Dresden, Silke Lenz / Landeszentrum Spiel und Theater Sachsen Anhalt, Jürgen Zielinski und Lydia Schubert / Theater der Jungen Welt Leipzig, Willy Combecher, Sigi Herold und Detlef Köhler / TheaterGrueneSosse Frankfurt am Main, Hubertus Fehrenbacher / Theater im Marienbad Freiburg, Mario Portmann / Oberspielleiter am Theater Konstanz, Tina Jücker und Claus Overkamp / Theater Marabu Bonn, Andreas Goehrt und Karin Schroeder / Theater Metronom Visselhövede, Theater Mummpitz Nürnberg, Wolfgang Stüßel / Theater STRAHL Berlin, Felicitas Loewe / Intendantin am tjg. theater junge generation / Dresden, Ulrike Hentschel / Universität der Künste Berlin, Ute Pinkert / Universität der Künste Berlin, Kristin Wardetzky / Berlin, Wolfgang Schneider / Bischofsheim, ASSITEJ e.V. / Frankfurt am Main und Gerd Knappe / Berlin.

**Horst Hawemann**
**Leben üben – Improvisationen und Notate**
Herausgegeben von Christel Hoffmann

Recherchen 108



Verlag Theater der Zeit
Verlagsleiter Harald Müller
Im Podewil | Klosterstraße 68 | 10179 Berlin | Germany

www.theaterderzeit.de

Lektorat: Lena Schneider
Grafik: Bild1Druck, Berlin
Cover: Horst Hawemann und Studierende während eines Seminars
Covergestaltung: Antje-Catrin Jäckel, Fotos Hans-Jochen Menzel

Printed in Germany

ISBN 978-3-943881-83-7
ISBN 978-3-95749-004-9 (eBook)

Horst Hawemann

# LEBEN ÜBEN
## Improvisationen und Notate

Herausgegeben von Christel Hoffmann

**Theater der Zeit**
Recherchen 108

Prolog 7

Vorwort 8

I ARBEITSBEGRIFFE 10

Die „Nummer“ als Spielbegriff 10
Improvisation 15
Etüde 20
Interpretation 22

II DIE SAMMLUNG 25

„Umquatschen“ oder Der gesammelte Held 25
Bekannte Redensarten, verdichtete Sprache 30
Kopfhaltungen 34
Nachtrag: Sammlung in eigener Sache (ärgerlich aufgeschrieben) 37

III MIT SPRACHE HANDELN 39

Das handelnde Wort 39
Arrangement macht Haltung oder Die Macht der Worte 41
Sätze über Sätze 42
Sprache handelt im Theater durch Sprechen 47
Worte und Hindernisse 55
Die innere Stimme 58
Etüdischer Umweg zu dichterischen Sätzen 60
Dass ich dich herzen kann 62
Sprechen 63
Vom Nutzen des Nachschlagens 63

IV ALLES HANDELT MIT 67

Spontanes Handeln, bewusstes Handeln, gestaltetes Handeln 68
Alles handelt mit 69
Das Ereignis 71
Dramaturgie heißt Handlung 73

Umstände 74
Der Spielwert der einzelnen Mittel 76

V EIN DIALOG IST MEHR ALS EIN GESPRÄCH 85

Liebe die Pause! 89
Grundtypische Haltungen und sprachlicher Gestus 90
Fixierungen 92
Text Text Text 97
Die Szene 101
Wir befragen die Szene 103

VI ERREGENDE VORGÄNGE 105

Erregung 105
Beziehungen 118
Entwicklung von Beziehungen: Szenische Anfänge 119
Partnerschaft: Geben – Nehmen – Geben 120
Erfahrungen 122
In übertragenem Sinne 123

VII WIE ENTSTEHT EINE FIGUR? 125

Biografie 126
Auskünfte über Menschen 129
Kleider machen Leute oder Kostüm und Bewegung 140
Zeig her deine Füße, zeig her deine Schuh 141
Der Kragen – ein Kostümteil und mehr 143
Gang mit Hut 144
Das erzählende Detail 147

VIII AM ANFANG IST IMMER EIN RAUM DA 149

Die wichtigste Senkrechte im Raum ist der Mensch! 151
Auch der Blick ist ein Gang 152
Präsent im Raum 153
Partnerbeziehung im Raum 155

Grundtypische Haltungen
und deren Beziehung zum Raum 156
Das Raumbild 158
Ein Möbelstück im Raum 158
Die bebaute Bühne – Übungsideen 159
Vorgestellte Räume, empfundene Räume 160
Zeichen im Raum (Objekte) 165
Waffen auf der Bühne
oder Was tut das Schwert mit der Spielerin? 167
Die Dinge erzählen 170
Das Licht setzt Zeichen 172
Den richtigen Ton finden 173

**IX DIE PROBE** 177

Die Entwicklung der Idee beim Schreiben 177
Wie bereite ich mich auf eine erste Probe vor? 179
Proben begleitende, gültige Altwahrheiten 182
Fragen, die sich während der Probe oder danach einstellen 182
Nach dem Ausprobieren folgt die Probe 185
Die Wiederholungs- oder Erinnerungsprobe 186
Die Entwicklungsprobe 187
Eine Proben-Sammlung 188
Besondere Proben der lockeren Art 193
Kritik und Auswertung 194
Bühne – Zuschauerraum 197
Epilog: Worte, die auf Proben fielen 200

**X AUSKÜNFTE** 203

Über Freiräume für Schauspieler 203
Ich bekenne mich zu meiner Arbeitsweise 214
Horst Hawemann – Biografie in Daten 219
Inszenierungen (Auszüge) 221

**Nachwort** 226

# PROLOG

AN – GEBOTE

AN – SCHAUUNGEN

AN – SICHTEN

AN – REGUNGEN

AN – SÄTZE

AN – FÄNGE

AN – SAGEN

AN – FRAGEN

AN – WENDUNGEN

AN – MERKUNGEN

# VORWORT

Dieses Buch ist nicht nur eine Bedienungsanleitung zum Erlernen der Schauspielkunst oder zur Ausbildung von Schauspielerinnen und Schauspielern. Es ist auch nicht nur Anregung und Quelle für Dozentinnen und Dozenten, die sich mit der Vermittlung von Grundlagen der Schauspielkunst beschäftigen, sowie für angehende Schauspieler/innen, die sich mit ihrem zukünftigen Beruf auseinandersetzen wollen. Dieses Buch ist vor allem ein Arbeitsbuch für gestandene Schauspieler/innen und Regisseur/-innen, die mitten in Inszenierungsprozessen stehen. Und nicht zuletzt ist es ein Erinnerungsbuch an den Theaterlehrer Horst Hawemann.

Die Übungen in diesem Buch entbehren jeder Mechanik, sie sind kein Knöpfedrücken mit immer demselben Ergebnis – nein, sie sind sehr lebendig. Sie sind eine Aufforderung, kreativ mit diesem Material umzugehen, vielleicht so, wie Horst Hawemann selbst seine Erfindungen, er nannte sie seine „Nummern", gesehen hat: Sie waren ihm nie wichtiger als die Menschen, mit denen er arbeitete.

Professor Horst Hawemann lehrte lange Jahre im Studiengang Zeitgenössische Puppenspielkunst an der Hochschule für Schauspielkunst „Ernst Busch", er gab vornehmlich Unterricht in den Grundlagen Schauspiel im ersten Studienjahr, am Anfang des Studiums, und schloss im vierten Studienjahr mit einem Fortgeschrittenenkurs ab. Er war uns sehr verbunden und unterstützte uns inhaltlich in der Planung des Curriculums mit seinen Erfahrungen.

In seinen Grundlagenkurs konnte man jederzeit hineingehen und zuschauen. Man konnte sehen, wie sich seine Übungen entfalteten, wie sie sich veränderten, weil sie manchmal nicht funktionierten, man konnte zusehen, wie neue „Nummern" auf der Probe von ihm erfunden wurden. „Einsam öffentlich arbeiten", nannte Horst Hawemann das.

Er hatte immer einen Plan, wenn er in die Probe hineinging, aber der Plan war die Vorbereitung und die Probe das eigentliche Spiel – er improvisierte. Man sah, dass seine „Nummern" lebten: Sie wurden im Kopf und auf der Probe geboren, manchmal aufgeschrieben, manchmal vergessen, sie kamen wieder, sahen anders aus, formten sich neu, schlossen sich zusammen, gruppierten sich anders, veränderten die Reihenfolge ihres Erscheinens – sie waren quicklebendig und führten, wie er manchmal schmunzelnd sagte, „ein irres Eigenleben".

Er selbst aber trat zurück, er arbeitete uneitel, was seine eigene Persönlichkeit in diesem Prozess betraf. Er freute sich an dem, was die Studierenden entwickelten, er spielte mit, hatte seinen Spaß, den er nie zurückhielt. Er regte an, weckte die spielerischen Kräfte, die Erinnerungen, die Erfahrungen, klopfte leise aber nachdrücklich an die Schutzschilde der Studierenden, indem er ihre Aufmerksamkeit auf ihre eigenen Regungen lenkte. Ihm war es wichtig, in den Studierenden ein Verantwortungsgefühl für den sorgsamen Umgang mit ihren eigenen Beobachtungen und Eindrücken zu entwickeln.

Er arbeitete mit den Studierenden nicht ohne Druck, aber spielerisch leicht, tänzelnd, schwebend, zart, er hielt nichts von Zerstörung und Neuaufbau. Er sensibilisierte ihre Beobachtung, auch die Selbstbeobachtung, aber nicht als Nabelschau und ohne psychologisierende Aufschreie – sondern im Kleinen. Manche „Nummern" waren nur ein Wort, eine Geste, ein Blick.

Die scheinbare Endgültigkeit, die nun das Aufschreiben solcher Prozesse immer mit sich bringt, müssen die Anwender/innen, die Leser/innen selbst wieder auflösen. Einst sehr lebendig vorgetragene „Nummern" sind jetzt Beispiele, sind Anregungen geworden, mit denen man umgehen kann, die man selbst in der Situation, in der sie angewendet werden, spielerisch leben, die man aufnehmen und verändern muss.

Aber ein guter Beobachter muss man schon sein. Die schönsten Übungen nützen nichts, wenn man nichts in den Menschen lesen kann. So ähnlich hat das Horst mal gesagt.

Hans-Jochen Menzel
Professor an der Hochschule für Schauspielkunst „Ernst Busch",
Abteilung Puppenspielkunst

I

# ARBEITSBEGRIFFE

## Die „Nummer" als Spielbegriff

Ich setze mich nicht an den Schreibtisch und gebe mir den Auftrag, eine Nummer,[1] Übung, Etüde oder Improvisationsaufgabe zu erfinden. Ich entdecke sie an normalen und weniger normalen Orten, bei Tätigkeiten, die gemacht werden müssen, die nichts weiter von mir fordern, als tätig zu sein.

Sie entstehen als Idee in Verkehrsmitteln und auf Wegen, die gegangen werden müssen. Beim Einkaufen fällt mir nichts ein, auch nicht beim Anprobieren von Hosen, was zum Glück selten bei mir vorkommt. Ich gehe auch nicht zum Beobachten von Menschen durch die Gegend.

Während meines Studiums wurde uns die Aufgabe gestellt, Bettler zu beobachten. Das ganze Studienjahr stellte sich vor einer Kirche auf, in der Nähe eines Almosensammlers, und starrte auf das Elend des Bettlers. Bei dem Bettler entwickelten sich Hoffnungen auf größere Einnahmen, aber bei uns war außer Beobachtung nichts weiter zu holen. Ich sah nichts, was mir in meiner künstlerischen Ausbildung wegweisende Erkenntnisse geliefert hätte, warf ein wenig Geld in seine Mütze und entfernte mich verkrampft. Ich hatte nur einen Gewinn bei der Geschichte, nämlich die Gewissheit, dass ich mich nie wieder zu einer „gezielten" Beobachtung zum Zwecke einer künstlerischen Verarbeitung aufmachen würde.

Darin wurde ich bestätigt, als mir ein Schauspieler, der einen Esel spielen sollte, vorschlug, mit ihm den Zoo zu besuchen, um einen echten Esel zu studieren. Den Esel, den ich brauchte, den gab es in Wirklichkeit nicht.

Bevor ich mich heftiger Widerrede aussetze, will ich nicht ausschließen, dass man sich durch Hinsehen gewisse spezifische Informationen besorgen kann. Ich beobachte nicht – ich nehme auf. Ich sammle im Vorübergehen ein. Ich bemerke ein Interesse bei mir, eine besondere Aufmerksamkeit.

[1] Aus „Nummern" bestehen die Programme im Zirkus und im Varieté. Dieses Bauprinzip regte Meyerhold (er nannte es Episode), Tairow und Eisenstein zu ihrem „Theater der Attraktionen" an. Im Gegensatz zum „inneren Erleben" des Stanislawski-Systems sollte der Schauspieler seine Ausdrucksmittel präzise als Technik beherrschen und dadurch auch dem Zuschauer vergegenwärtigen, dass er einem Spiel beiwohnt. Als Absolvent der Moskauer Theaterhochschule machte sich Horst Hawemann diese Auffassung zu eigen. Dies erklärt auch seine Wortschöpfung „die Nummer als Spielbegriff".

Mit den Jahren entwickeln sich diese Fähigkeiten. Sie werden zu einem besonderen Blick, den ich nicht bewusst herstellen muss, er ist ein organischer Teil von mir. Ein guter Masseur sieht mit einem Blick im Vorübergehen einen verspannten Rücken, ohne dass er danach Ausschau gehalten hat. Anders als beim Inszenieren suche ich bei der Entwicklung einer Übung nicht nach einer Idee. Ich bin bereit für eine Idee. Einige Beispiele:

Ein alter Mann, nicht eben gut zu Fuß, sieht aus einiger Entfernung die rotierende Drehtür eines Warenhauses. Er rennt hastig eine längere Strecke, um in den offenen Teil der Tür zu gelangen. Er erreicht sein Ziel mit Müh und Not. Die nächste Öffnung kommt gewiss, aber er wollte diese davor. Das sah ich im Vorübergehen und hatte eine Idee. Ich suchte keine und ich brauchte keine, aber ich hatte die Idee zu einer Nummer über merkwürdige Gänge, erzählende Gänge, rätselhafte Gänge. Zum Beispiel: Es geht jemand auf der Stelle. Dieser Gang reicht ihm aus, um viel zu sehen. Er braucht den zurückgelegten Weg nicht.

Oder: Er geht auf der Stelle und ruft: „Ich komme! Ich komme!“.

Oder: Jemand rennt und wechselt ständig das Tempo. Vielleicht misst er sich mit anderen laufenden Menschen, Tieren oder Dingen? Vielleicht braucht er das Überholen, die kleinen Siege?

Es fällt mir zu der Idee die Geschichte von dem alten Schauspieler ein, der beim Gehen den rechten Fuß nach innen zog. Er hatte als Kind immer Milch vom Bauern in einer Milchkanne holen müssen. Weil ihm auf dem Weg langweilig war, schwang er die Kanne schwungvoll im Kreise herum. Damit sie ihm nicht an das rechte Bein schlug und die Milch dadurch verschüttet wurde, musste er es nach innen stellen. Daraus entstand ein Gang. Sah ich ihn über die Bühne gehen, dann sah ich manchmal eine kreisende Milchkanne.

Auf dem Weg in die Schauspielschule sah ich fast täglich einen Verkäufer der *motz*, der Obdachlosenzeitung. Er redete nicht und versteckte seinen Kopf hinter der Zeitung. Daraus entstand eine Nummer. Über die Jahre wurde ich mit ihm bekannt. Irgendwann zeigte er sein Gesicht und trug einen breitkrempigen „Künstlerhut“. Ich erfuhr, dass er mit der Sauferei aufgehört hatte. Ich habe ihn seit Monaten nicht mehr gesehen und mache mir Sorgen. Aber vielleicht ist er wieder in Spanien, wo er manchmal überwintert. Auf dem Weg zu den Schauspielstudenten komme ich immer wieder an dem Platz vorbei, wo mein *motz*-Verkäufer stand. Auch daraus entstand eine Nummer.

In der geöffneten Tür eines S-Bahnwagens „produzierten“ sich, körperlich und verbal, zwei junge Türken. Die Tür funktionierte als Bühne. Daraus wurde die Nummer „Minibühnen des Alltags“. Thema: Selbstdarstellung. Mit der Idee beschäftigt, hielt ich Ausschau nach weiteren Minibühnen. Ein junges Mädchen verwandelte ihren Sitzplatz in einen Darstellungsort. Sie saß nicht einfach da. Sie präsentierte sich der ganzen S-Bahn und keiner sah zu. Einer doch. Ich.

Ein gewöhnlicher Mensch steht vor einem Automaten und drückt Knöpfe. Er macht es nicht richtig, oder die Knöpfe machen, was sie wollen. Der Mensch hat Probleme, und die Herumstehenden machen ihm zusätzliche. Die Nummer könnte heißen „Ein Knopf verändert alles“ oder „Ein Knopf – dein Feind!“.

Ich gehe an Massen von Plakaten vorbei. Auch daraus müssten sich doch Dialoge machen lassen.

Ein eitler Mime trägt schon seit vielen Wochen in verschiedenen Jackentaschen, aber deutlich sichtbar, ein Taschenbuch mit sich herum. Titel in Großschrift: „Hölderlin“! Die Nummer, die daraus entsteht, beschäftigt sich mit dem erzählenden Objekt.

Ich sitze in der Badewanne. Eine Idee entsteht. Sicher sitzt zur gleichen Zeit jemand auf einem Pferd oder auf einer Parkbank. Was haben die drei gemeinsam?

Ich begegne immer häufiger den modischen Begriffen „Pferdeflüsterer“, „Hundeflüsterer“, „Vogelflüsterer“ und diversen anderen Flüsternden, sogar einem „Reifenflüsterer“ (ein mobiler Fahrradreparateur). Also ernenne ich vielleicht einige Spieler zu „Froschflüsterern“, „Fußballflüsterern“, „Haustür-, Manager-, Politikerflüsterern“ usw.

Ich lese zufällig in einer ausgelesenen Zeitschrift ein Zitat von Goethe: „Das Höchste, wozu der Mensch gelangen kann, ist das Erstaunen.“ Das ist doch eine szenische Beschäftigung wert. Vielleicht sollte ich zur Aufgabe machen:

> Staune dich kaputt!
> Wundere dich wund!
> Staune dich klüger!

Oder einfach:
Finde in dir das Erstaunen!
Lass die anderen staunen!
Bestaune das Einfache!
Wirb für das Staunen in einer Gruppe von Ignoranten!

Wichtig:
Macht das Staunen glaubhaft. Verbindet es mit einer Anstrengung. Nur so wird es zu einer wirklichen Entdeckung!

Der Spielleiter muss für die Dinge, die er vorhat, werben. Er muss mit seinem Vorschlag oder mit dem Ansatz einer Idee den Spieler dazu bringen, dies ausprobieren zu wollen. Die Idealform: Nicht anders zu können, als spielen zu wollen. „Her mit der Nummer!“ Die Nummer erinnert unwillkürlich an Zirkus und hat einen gewissen Lustcharakter.

Es ist eine gewisse Lust dabei, eine Nummer zu machen. Was man auch immer darunter versteht. Eine Übung hat immer mit Arbeit zu tun, mit Training. Die „Nummer“ hat als Begriff in sich diesen gewissen Schwung. Man kann sie lustvoll benennen. „ABC-Nummer“ klingt anders als „ABC-Übung“. Und dann hat die Nummer in sich Anfang und Ende. Sie hat Eigentumscharakter. Eine Übung gehört dem Übungsleiter, die Nummer gehört dem Spieler. Es wird, es ist seine Nummer. Das Wichtigste ist dieser Lustmacheffekt. „Nummer“ ist ein Spielreizwort. Wie sagt man manchmal mit Bewunderung: „Mann, du bist ‘ne Nummer!“ Oder: „Wo hast du denn diese Nummer her?“

Beim Inszenieren ist das Aneinandersetzen von Nummern etwas anderes. Das ist hier nicht gemeint. Aber natürlich kann man etwas Wichtiges hervorheben, indem man aus einer bestimmten Stelle des Stückes eine Nummer macht. Sie ist tragbarer, sie ist mitnehmbarer, erinnerlicher. Wir kennen das beim Kindertheater, und nicht nur dort, dass nicht immer die Gesamtheit der Aufführung „mitgenommen“ wird. Der Zuschauer teilt sich das, was er sieht, auf in Nummern. Er trägt sie mit nach Hause, sie sind nachspielbar, sie sind nacherzählbar, und sie sind auch interessant für uns, weil sie zeigen, welches Detail der Inszenierung für den Zuschauer zu einer Nummer geworden ist.

„Nummer“ ist ein Spielbegriff. Man wird merken, ob man eine Nummer macht oder eine dieser endlosen Richtigkeitsübungen. Üben ist gut, aber bei den meisten Vorschlägen, die hier gemacht werden, handelt es sich um Nummern. Die Nummer ist ein gedanklich vorbereiteter Vorschlag. Sie muss, genau wie ein Stück, vom Spielleiter interpretiert werden, bevor er sie seinen Spielern vorschlägt. Seine Überzeugung, sein Engagement, seine Lust und seine Neugier geben die gedankliche Richtung der Interpretation vor. Er braucht sie zu seinem konkreten Zweck, und er interpretiert die Nummer, wie er sie im Moment empfindet und sieht. Also ist die Nummer nicht fertig ausgedacht, sondern *angedacht*. Sie muss offen sein, eine Einladung an die Spieler, ein Wegweiser für improvisatorische Entdeckung – keine Gebrauchsanweisung. Das heißt, der Spielleiter braucht einen Standpunkt, eine Zuneigung zu dieser Nummer und manchmal auch einen konkreten Anlass, sie benutzen zu wollen.

Wichtig ist: Alle Nummern, die hier beschrieben wurden, sind immer eine Interpretation von dem, der sie ausprobiert hat. Und interpretieren heißt: ausgehen von einer Vorlage, sie zu sich in eine Beziehung setzen, sich persönlich verhalten. Sonst erledigt man diese Nummern nur irgendwie, und das bringt gar nichts.

Die Interpretation hat etwas mit dem Wozu zu tun. Es gibt Nummern, die haben einen allgemeinen Charakter zum Kennenlernen der Truppe. Es gibt auch zielgerichtet thematisch orientierte Nummern oder die improvisierende Interpretation eines vorliegenden Textes.

Beispiel: Die Nummer
Benutze einen Gang, und als Ansatzidee: „Wie ich mutig wurde". Mehr sage ich nicht zu dem Spieler. Da ist lediglich das Mittel „Gang", also der Weg durch den Raum, und der Satz: „Wie ich mutig wurde". Das Ziel ist benannt: Suche den Weg über den Gang. Das ist eine Geschichte, bei der man ganz wenig Fehler machen kann.

Das Ich ist wichtig. Nicht: „Mach mal das oder das". Sondern: „Wie gehst *du* zu deinem Mut, wie machst *du* das, nicht ich?" So ist die Interpretation gebunden an den Spieler.

In der Aufgabenstellung muss alles vermieden werden, was den Spieler aufhält oder ihm zu viel vorlegt, vorschreibt, ihn dirigiert. Bei „Wie *ich* mutig wurde" gebe ich alles an den Spieler ab. Da habe ich keinen Einfluss mehr. Dieses Abgeben an den Spieler ist das Wichtigste in der Aufgabenstellung. Man sollte die „Verwirrung", die man dem Spieler eventuell vermittelt, riskieren. Denn zu viel Erklärung, zu viel Aufklärung und zu viel genaues Bestimmen hemmt. Selbst wenn bei der Geschichte „Wie ich mutig wurde" etwas herauskommt, das verwundert, selbst wenn ein Missverständnis entsteht – das Missverständnis ist ein wichtiges Mittel der Dramaturgie. Der Spieler soll das Wesentliche *beim Spielen* erfahren, nicht vorher und nicht hinterher. Es liegt im Wesen der Schauspielerei, dass der Schauspieler das Wichtigste und das Meiste beim Darstellen erfährt. Wenn er es durch Diskussion erfährt, ist er ein Dramaturg. Wenn er es über den Vorschlag oder die Anweisung erfährt, ist er ein Regisseur. Es soll, nach Ernst Barlach, immer ein Rest bleiben, der Rast zum Klären braucht.

„Hab ich nicht verstanden“, sagt ein Spieler. Versuche, dein Verstehen oder Nichtverstehen beim Machen zu zeigen. Das klärt nicht alles, aber mehr als man vorher wusste. Man kann Fragen *stellen*, man kann Fragen aber auch zeigen, *darstellen*. So ist es auch mit dem Ziel. „Wie ich mutig wurde“, klingt nach Ziel. Da ist eine Richtung vorgeschlagen, und von Richtungen wissen wir, dass man sie ändern kann. Die Richtung zu ändern ist nicht so schlimm. Viele Wege führen zum Ziel. Ich habe in meinem ganzen Leben diesen Begriff „Ziel verfehlt“ gehasst. Weil ich nie erfahren habe: Was hat der Verfehlende denn getroffen? Vielleicht hat er ja etwas Wichtigeres getroffen, ein besseres Ziel.

Der Satz „Wie ich mutig wurde“, vorgezeigt in einem Gang, birgt immer noch viele Möglichkeiten und Entscheidungen. Ich kann nach dem zweiten Schritt mutig werden, nach dem dritten Schritt, oder ich kann überhaupt nicht mutig werden. Bin ich eben unmutig geworden. Den Anfang einer Richtung vorzuschlagen, den Start, das ist wichtig.

Dazu eine Geschichte. Ich kann mich erinnern, bei einer Bezirksmeisterschaft waren nur drei Tausendmeterläufer anwesend. Ich war der dritte. Mir konnte ja nichts passieren. Eine Urkunde war mir sicher. Während die ersten beiden furchtbar kämpften, lief ich singend als Dritter durchs Ziel. Die Nummer könnte also heißen: „Wie ich Sieger wurde”. Man gab mir damals wegen mangelnden Ernstes keine Urkunde. Ich hatte das Ziel verfehlt.

Die Frage: „Was muss ich erreichen?“ sollte man vermeiden. Wie will ich Leute bewegen, interessieren, aufmerksam machen, wenn sie unbedingt etwas erreichen müssen? Besser: Man wirbt für etwas. Wirbt für die Idee. Die vorgeschlagene Idee braucht die schöpferische Neugier meiner Partner. Die vorgeschlagene Idee muss zu einer vorstellbaren Idee werden. Damit wird ein Vorschlag nicht bedient oder erfüllt oder geübt, sondern er tritt in die Vorstellung des Darstellers. Das macht beide neugierig. Den Spieler interessiert: Wie gehe ich mit dem Vorschlag um? Und den Spielleiter: Wie geht der Spieler mit meinem Vorschlag um? So nimmt die Idee erste Gestalt an. Sie breitet sich aus, führt sich auf.

## Improvisation

Improvisation ist ein schöpferischer Umgang mit sich selbst, mit den Möglichkeiten, die man in einem bestimmten Moment hat oder dazu erfindet, um sich zu verständigen. Es ist nicht nur ein freier Umgang mit Dingen und Tatsachen, sondern ein *befreiender* Umgang. Das ist das Erregende an der Improvisation. Und Improvisation braucht Erregung, weil sie nur über eine Anregung der Sinne funktioniert. Improvisation ist die Erregung von Sinnlichkeit. Wobei sich Sinn entwickelt. An dem Sinn kann man weiterprobieren. Wenn Sinnlichkeit Sinn macht, ist das ein schöner Ansatz und hat Folgen. Umgekehrt geht es natürlich auch. Bei der Improvisation entdeckt man etwas, was man anschließend interpretieren kann. Wenn man an einem konkret vorhandenen Material arbeitet, interpretiert man erst und findet dann die Sinnlichkeit.

Improvisation ist als Methode natürlich auch bei Stückvorlagen möglich, wenn man merkt, dass eine Rolle etwas anregt, das der Schauspieler zu gern entwickeln möchte. Es reichen ihm die vorgegebenen Sätze nicht, und man sieht und spürt, dass er mehr will. Dann soll man ihm die Möglichkeit lassen, das rauszulassen. Man kann danach ja immer noch entscheiden, ob das im Stück bleibt. Man sollte es zulassen, und manchmal sollte man es auch lassen.

Improvisation ist eine Methode des Umgangs mit vorhandenen Resultaten, wobei man sich durch den freien Umgang des Improvisierenden mit nicht geordneten Teilen und Ansichten einem neuen Ergebnis annähert. Dabei sucht sich der Darsteller seinen sehr eigenen Weg und nutzt seine Mittel direkt zur Klärung der szenischen Umstände. Er versucht, einen angebotenen Freiraum eigenständig schöpferisch zu gestalten. Dabei schafft er eine neue Situation und klärt sie gleichzeitig durch die darstellerischen Mittel, die er benutzt. Improvisation ist also eine reine Darstellermethode, eine Schauspielerfähigkeit besonderer Art. Der Regisseur kann die Improvisation nur als Methode des Schauspielers nutzen. Er kann sie nicht abverlangen, wenn sie nicht als Fähigkeit vorhanden ist. Der Regisseur ist verantwortlich für den Ansatz der Improvisation, beobachtet die Durchführung und wertet diese nach ihrer Beendigung aus. Ein Eingriff in die Improvisation ist nicht möglich, denn sie nimmt der Improvisation den besonderen eigenständigen Charakter und stört ihren Ablauf, weil so die individuelle Auswahl der darstellerischen Mittel beeinflusst wird. Der schöpferische Freiraum wird durch Eingriffe verstellt. Der Darsteller bestimmt sich dann nicht mehr selbst. Er richtet sich auf die Unterbrechung ein. Ein organischer Ablauf ist nicht mehr möglich. Es entsteht so eine ganz normale Probensituation, die nur scheinbar improvisiert abläuft.

Die echte Improvisation hat immer Anfang und Ende und ist unteilbares Eigentum des Darstellers. Das ist auf der Probe ebenso wie in der Vorstellung. Für den Regisseur ist es von Bedeutung, über eine gewisse Zeit nicht im inszenatorischen Einsatz, sondern Betrachter eines darstellerischen Versuches zu sein. Er wird also auch Zuschauer auf Zeit und Zeuge einer von ihm nicht beeinflussten Darstellung sein können. Wobei er nicht nur in die Lage des Überprüfens seiner bisherigen Arbeit kommt, sondern in den angebotenen Mitteln auch persönliche darstellerische Entscheidungen und individuelle Betonungen und Wertungen erfahren wird. Die Improvisation ist eine der wenigen Möglichkeiten des Regisseurs, Zuschauer einer gemeinsamen Arbeit zu sein. Diese Zuschauhaltung sollte er für den Darsteller auch deutlich machen. Die Improvisation ist für den Schauspieler eine Form der Selbstinszenierung in einem Arbeitsprozess, die Übernahme von künstlerischer Verantwortung, die Sichtbarmachung von Übereinstimmung und Gegensätzlichkeit – also der Versuch sinnlicher Verständigung.

In der Improvisation kann der Schauspieler die Führung des schöpferischen Prozesses übernehmen. Die Bedingung bleibt dabei, dass der Freiraum für Selbständigkeit gesichert ist, denn nur so ist wirkliche Improvisation möglich. Alles andere sind taktische Scheinmanöver.

Die Improvisation ist eine schauspielerische Technik, besser eine darstellerische Technik. Sie ist aber nicht technisch zu machen. So wie ich sie verstehe, soll sich die Improvisation als Gestaltungsform, als künstlerische Form auf der Bühne, als der personengebundene künstlerische Anteil des Darstellers an der Aufführung wiederfinden und nicht als Methode in den Proben verschwinden. Dass sie sich in die gemeinsame Absicht der Inszenierung stellt, bedarf der Verabredung.

Das bewegende Moment der Improvisation ist ihr Thema. Das Thema, das sind durch darstellerische Mittel transportierte Gedanken. Es zeigt sich in inhaltlicher Beunruhigung. Am Thema entsteht der Wille zur Darstellung, das Temperament als Form des Engagements und das Ziel der Improvisation. Das Thema steht als mittelbewirkendes Moment im Freiraum der Improvisation.

Dieses Thema kommt als Vorschlag daher. Es muss unter den Beteiligten so verabredet werden, dass der Darsteller es für sich selbst als unbedingt darstellungsnotwendig begreift. Für den Regisseur muss es so gewählt sein, dass er voller Erwartung die Durchführung beobachtet. Zwischen beiden muss eine Interessengleichheit bestehen, also wirkliche Partnerschaft, also Vertrauen. Die Improvisation lebt von der Bestätigung, auch von der kritischen, bitte schön.

Ohne ein starkes, bewegendes Thema ist die Forderung nach Selbstdarstellung nicht zu stellen. Der Regisseur wirbt den Darsteller für sein Thema. Darin besteht seine Vorleistung. Er wirbt ihn durch sein mächtiges Interesse. Er wirbt um den Partner, der allein in der Lage ist, ihm dieses Thema sinnlich vorzustellen. Er will es unbedingt sehen. So sehen, dass er es wiedererkennt, aber gleichzeitig überrascht, erstaunt ist über das Besondere in der Durchführung. So wird die Improvisation für den Zuschauer vorbereitet, dem das Thema auch bekannt ist.

In der Improvisation kommt der Zuschauer auf die Probe. Der Darsteller braucht, wenn auch nur vertreten durch den Regisseur, den Zuschauer auf der Probe. Die Improvisation ist eine Voraufführung des Themas durch den Schauspieler. Sie ist allein durch das Thema begrenzt, nicht durch das Podest, auf dem sie stattfindet. Sie findet auch nur zum Zeitpunkt des Zeigens statt, merkbar für jedermann und durchsichtig. Der Zuschauer muss wissen, dass er bei der Entstehung dabei ist und nicht bei der Wiederholung. Er wird auf sehr schöne Weise mit dem Darsteller bekannt durch das Gefühl, dass das, was da gerade entsteht, für ihn entstehen wird. Künstlerische Arbeit wird im Prozess, nicht im abgenommenen und vorher für richtig befundenen Resultat vorgezeigt. Das macht Darstellende und Zuschauende einander ähnlich, weil nicht Perfektion zum Bestaunen einlädt, sondern weil man sich an der Suche beteiligt fühlt und durch die eigenen Reaktionen auch Einfluss hat. Die Anfertigung des Themas geschieht in einer Werkstatt. Es entsteht Eigentumsrecht am Thema und eine Langzeitwirkung, weil man die Wege verfolgen konnte, die begangen wurden. So wird das Thema nicht zu den Akten gelegt, sondern in reicher Vielfalt an die Wirklichkeit zurückgegeben.

Improvisation ist nicht eine Form der Suche nach dem Mittel, sondern der *Umgang mit den Mitteln*, bestimmt und gelenkt durch das vereinbarte Thema, das in seiner Wirkung durch das engagierte jeweilige Temperament unterstützt wird. Das ist keine forsche Definition, sondern nur der Versuch einer Abgrenzung. Improvisiert wird nicht mit dem Wenigen, das man hat, sondern mit dem Mehr, das man loswerden will. Improvisation ist eine geschlossene künstlerische Aufgabe, die für den Zuschauer bestimmt ist, ihn mitwirken lässt.

Die Bestimmung des Freiraums für die Improvisation ist problematisch. Man verwechselt sie häufig mit dem zufälligen Extempore, dem Witz, dem Gag und ruft nach Disziplinierung, nach Ordnung, nach der genauen Wiederherstellung des einmal Gesehenen und Begutachteten. Die Improvisation kennt die Ordnung und die Disziplin durch das Thema. Da begrenzt sie sich und macht sie kontrollierbar. Doch hat das Thema in seinen Variationen, die durch die Mittel gezeigt werden, natürlich unterschiedliche Wertungen, Spielarten.

Alles was der Schauspieler einmal ausprobieren kann – ob er es später nun zeigt oder nicht – bleibt ihm. Umwege sind ein persönlicher Zugang. Sie öffnen Türen. Wenn der Spieler also zum Beispiel um Tschechow herum sehr viel Eigenes gemacht hat und dann wieder bei Tschechow ankommt und froh ist, dass er da angekommen ist, dann sind alle diese Umwege in ihm. Und wenn der Zuschauer es auch nie sieht, er wird es spüren. Das ist vielleicht der für die Praxis wichtigste Moment. Ein Schauspieler, der auf der Bühne hundert Prozent spielt, so dass ich die hundert Prozent erkenne, ist für mich nicht besonders interessant. Wenn ich aber merke, er hat dreißig Prozent Geheimnis, ist das anders. Und es ehrt den Schauspieler, wenn er weiß: Dreißig Prozent sind das Geheimnis von mir und der Regie. Wir öffnen uns vor euch, aber wir entblößen uns nicht. Dazu ist der Umweg wichtig.

Die *angewandte Improvisation* ist eine Methode, eine Arbeitsweise, die meistens dann wichtig wird, wenn ich an einer Materialvorlage, an einem Stück arbeite. Das heißt es ist nicht falsch, wenn man das angewandte Improvisieren auch „Ausprobieren" nennt. Aber was ist wirkliches Ausprobieren? Es ist die Freiheit, nicht nur nach dem augenblicklichen Nutzen zu gucken. Man probiert zu dem, was vorgeschlagen ist, noch mehr „Welt" aus. Man setzt sich in Beziehung zur Welt. Man kann fragen: Wie viel „Welt" ist da drin? Wie viel Anteil von „Welt", vorgestellt von Personen, die auch von dieser „Welt" sind? Angewandte Improvisation heißt also: Man wendet die Welt an. Das, was man darin findet, kann man ausgewählt anwenden für die konkrete Arbeit.

Beispiel: Angewandte Improvisation
Ein Student von mir probiert mit zehn alten Menschen Psalme aus der Bibel. Er möchte gern, dass sie chorisch gesprochen werden. Und er schlägt dazu große chorische Gesten vor. Nun bemühen sich diese alten Leute, diese vorgeschlagenen Gesten umzusetzen: arthritisch, rheumatisch und auch sonst behindert. Da kommt Welt rein. Und dieser junge Mensch – Gott sei Dank – übt nicht mit den Alten, dass sie die Gestik so nachahmen, wie er sie machen kann. Sie haben einen Vorschlag und von sich aus, so wie sie sind, wie sie es verstehen und wie sie es können, führen sie ihre Geste aus. Da ist wieder das Erzählende. Die Hurra-Hände-hoch-Haltung ist mit achtzig der Versuch, das Bemühen um ein Hurra, ein begrenztes Hurra. Es ist eine Übersetzung in die Individualität. Und dann erzählen die Leute zwischen den Psalmen Lebensgeschichten. Und sie sehen so aus wie ihre chorischen Gesten: In ihnen zeigt sich ihr alltägliches Leben, ihr Alter. Das hat der junge Spielleiter alles so nicht geplant, aber er hat es so auf der Probe begriffen.

Das waren nicht geplante Improvisationen. Sie entstanden bei konkreten Menschen als persönliche Leistung, entwickelt aus einem Vorschlag der Regie. Je höher der Anteil des Persönlichen ist, umso näher ist man der Improvisation. Manchmal muss man dazu auffordern, manchmal passiert es. Und wenn es passiert, hat sich der Spieler an dem Vorschlag beteiligt.

Es kann sein, dass einer überhaupt nicht in der Lage ist, einen Vorschlag anzunehmen. Ist da noch Improvisation möglich? Was passiert, wenn es überhaupt nicht geht? Das ist eine praktische und ganz wichtige Frage. Wenn in Proben scheinbar überhaupt nichts geht, sollte man einen Umweg machen, also schöpferisch anders ansetzen. Der Regisseur kann im Moment eines Ideen-Stopps über den improvisierenden, ich nenne es den „improvisativen“ Umweg wieder zu einem Ansatz kommen. Sonst tritt man nur auf dem Stopp herum, und dann wird es noch „stoppiger“. Und wenn da möglicherweise etwas herauskommt, was man nicht braucht, muss man das dennoch als eine schöpferische Entdeckung sehen.

Nach Proben gibt es manchmal so einen Jammerzustand: Heute haben wir alles falsch gemacht. Ein Improvisierer sagt dann: „Hurra! Was soll uns denn noch passieren? Wir können es jetzt nur noch richtig machen!“ Oder es sagt jemand: „Versteh ich nicht.“ Meistens beginnt dann das massenhafte gegenseitige Erklären. Wenn man es schafft, daraus eine Umweg-Improvisation zu machen – zeig mal, *wie* du nicht verstehst – erlebt man oft Wunder.

Zum Wesen des Spiels im Theater gehört auch, dass man durch eine Umweg-Improvisation weiterkommen kann.

### Etüde

Es gibt als Übungsform natürlich auch Etüden (aus dem Französischen übersetzt: „Übungen“). Etüden sind in meinem Verständnis verdichtete Formen, die sich nach den Strukturen des Dramas richten. Sie sind wichtig für die Beobachtung, sie schulen das Erzählende und das Gefühl für Entwicklungen. Man kann spielend dramaturgische Erfahrungen machen.

Eine gute Etüde hat einen gewissen Erzählwert: einen Anfang, eine Entwicklung, Kollisionen, Konflikte und eine Lösung. Sie erzählt eine Geschichte, und diese Geschichte führt mich zur Gestaltung. Die Etüde ist jahrelang im Schauspielunterricht diffamiert worden. Sie wurde da allerdings mit dem braven Nachspielen einer ganz konkreten Aufgabe verwechselt, die oft als Beengung empfunden wird, weil sie zu sehr unter der Kontrolle des Spielleiters steht.

Beispiel: Etüde

Eine Handtasche liegt auf einer Parkbank. Der Darsteller soll etwas mit der auf einer Parkbank liegenden Tasche machen. Er soll eine Improvisation machen. Was macht der Darsteller? Er klaut die Tasche. Dabei schaut er sich gewiss viele Male um, wittert, schleicht, pfeift, zeigt sehr viel Vorsicht und vielleicht gelingt ihm auch noch ein kleiner Witz. Eine Improvisation? Nein, bestenfalls eine Etüde, aber eher wohl doch eine Übung. Den Schauspieler zieht weiter nichts auf die Bühne als etwas Erfahrung, vielleicht Beobachtung, zumeist aber nur Schablone. Er versucht erst einmal, sich überhaupt verständlich zu machen. Er versucht zu handeln, einen Vorgang zusammenzustellen. Dass er das ohne Anweisung tut, ist die Erschwerniszulage. Was dabei herauskommt, ist ein Test am Schauspieler, eine Überprüfung seiner Anlagen. Sicher nötig für einen pädagogischen Prozess, aber weit entfernt von Improvisation, weil das Thema fehlt.

Die etüdische Methode ist nicht so sehr das Üben einer Situation, die ein Stück vorschlägt, sondern das persönliche Erwerben dieser Situation. Sie ist angewandtes Improvisieren.

Eine Etüde ist der Umweg über sich selbst, um mit sich selbst dorthin zu kommen, wo ein anderer schon war oder ist. Dieser Umweg ist wichtig, um den persönlichen Anteil des Spielers am Geschehen zu erhöhen. So macht man sich Stücksituationen zugänglich, nähert sich Menschen und Problemen, die einem fremd sind. Man macht mit den eigenen Empfindungen einen Umweg zu den Gefühlen einer Figur. So macht man Bekanntschaften, so entdeckt man Unterschiede.

Wenn man, wie ich, die Probe für die Kunst hält, dann ist die Improvisation eine sehr kunstvolle Methode dafür, weil sie fast immer ein Ereignis für den Spieler ist, während Ausführung und Befolgung nicht immer ein Ereignis für den Spieler sind.

Es gibt eine berühmte anekdotische Geschichte von Erich Ponto zu einer angewandten Improvisation. Er spielte im *Biberpelz* einen Amtsdiener, Mitteldorf heißt der, glaube ich. Der Darsteller des Wehrhahn hatte riesige preußische Textarien und spielte sich damit so massiv in den Vordergrund, dass er Ponto seine einzige große Szene kaputt machte. Da ist Ponto zu einem Dresdner Marzipanbäcker gegangen und hat sich eine Kerze aus Marzipan anfertigen lassen. Bei der nächsten Aufführung, als Wehrhahn die ganze Bühne abdeckte, hat er in Ruhe im Hintergrund die Marzipankerze aufgegessen.

Was erzählt das? Es ist ein berühmter Theaterspaß. Aber es ist vor allem eine angewandte Improvisation zum Zwecke der Erringung von Aufmerksamkeit. Da verteidigt ein Schauspieler seine Rolle mit einfachen Mitteln, da macht eine Rolle Politik. Da gewinnt ein Stück Marzipan gegen gewaltiges Reden.

Und nach der Improvisation? Eine Auswertung? Nein, Improvisationen lassen sich besprechen, man kann sich über die Eindrücke austauschen – aber man kann sie nicht *auswerten*. Zuerst, vor der Bewertung, sollte man als Zuschauer seinen eigenen Eindruck mitteilen:

Ich empfinde etwas … das versuche ich zu sagen …

Ich ahne etwas … darüber kann man reden …

Ich erkenne etwas ... das beunruhigt ...
Ich bin neugierig ... war überrascht ...
Ich war gespannt ... ich war beteiligt ...
Ich assoziiere ... dazu fällt mir ein ...

Wenn man dem Spieler als erste Eindrücke sagt, was man empfunden hat, was man geahnt hat, was man auch ein bisschen gehofft hat, wo es noch hingeht, was einen dabei interessiert hat, was man assoziiert hat, was einen neugierig gemacht hat, worüber man erstaunt und verwundert war, wenn man das dem Spieler mitteilt, dann setzt beim Spieler ein Erstaunen ein, und er hat Lust, daran weiterzuarbeiten, zu wiederholen, und er empfindet sein Tun als eine Leistung.

Das Danach ist wie ein Umdrehen nach dem, was man gemacht hat. Ich habe etwas gemacht, drehe mich um, begucke mir das Getane und staune, wo ich gelandet bin. Staune darüber, was andere beeindruckt hat. Ich bin neugierig auf mich geworden und mache die Nummer gern noch einmal mit mir.

### Interpretation

Interpretieren heißt: sprachlich oder darstellend, sachlich oder künstlerisch einen Text auslegen, ihn deuten und für sich klären.

Die Interpretation macht weitsichtiger, weil sie über den eigenen Horizont sieht, den Erfahrungsbestand erweitert, in Gebiete vordringt, in denen ich mich noch nicht aufgehalten habe, mich mit Ideen, Problemen und Konflikten beschäftigt, die ich mir nicht selber vorgeschlagen habe. Ich beteilige mich am Denken und Empfinden anderer.

Oder bildlich gesagt: Ich angle nicht im eigenen Aquarium, sondern im Weltmeer der Erkenntnis. Ich tauche in die Tiefe und poliere nicht nur Oberflächen. Ich gehe fremd und mache neue Bekanntschaften. Ich werde bewegt und erfinde, im Versuch, zu interpretieren, schöne Sätze, die ich davor noch nicht kannte.

Während ich in der Improvisation solistisch handle – ich schöpfe aus dem eigenen Brunnen, aus dem, was da drin ist oder hineingeworfen wurde – so steht vor der Interpretation immer schon etwas Vorgegebenes, die Idee oder das Werk eines anderen. An einer Interpretation sind also, in der idealen Form, immer ein Autor (nicht immer ein Dichter, auch eine interessante Aufgabenstellung besitzt eine Autorschaft), die Aufführenden (Regisseur, Spielende) und die Gestaltenden (Dramaturgen, Bühnenbildner, Musiker u. a.) beteiligt. Eine Gruppe von Menschen mit sehr verschiedenen Fähigkeiten tritt also in eine schöpferische Beziehung zu einer gemeinsamen Sache. Da die Beziehungen von verschiedenen Menschen kommen, individuell geprägt sind, erhält die Interpretation mehr Tiefe. Sie entfernt sich von der Oberfläche und von einer besserwisserischen, alleingültigen, einseitigen Betrachtung. Je mehr Anteile verschiedener Menschen sich in einer Interpretation wiederfinden, umso näher kommt man den Zuschauern. (Gemeint sind nicht unterschiedliche Auffassungen, die gehören in einen Probenprozess!)

Durch Interpretation bereichert sich der Mensch. Sein Denken und Fühlen erweitert sich. Wissen vermehrt sich. Er ist mehr Entdecker als Erfinder. Er wird sich Fragen stellen, und die Antworten werden oft nicht ohne Anstrengung und Mühe zu finden sein, aber der Gewinn wird mehr Einsicht sein, mehr Verständnis und ein weites Feld für Gestaltung eröffnen.

Wenn der Dirigent eine Mahler-Sinfonie wie eine von Penderecki interpretiert, wird ihn niemand für einen guten Dirigenten halten. Zum Glück ist das auch gar nicht möglich.

Im Theater sieht das anders aus. Da wird eine einmal gefundene Stilistik, mit der man Wirkung eingesammelt hat, wiederholt anderen Stücken übergestülpt. Aber wer will sich ständig wiederholen oder Wiederholtes wieder sehen? Die Interpretation bewahrt davor.

Wenn es die endgültige, perfekte und alles beantwortende Interpretation von Shakespeares „Hamlet“ oder Goethes „Faust“ schon gäbe, wer würde sie noch zur Aufführung bringen wollen?

Eine Interpretation ist eine Annäherung. Sie nutzt, was ich schon weiß und was ich mir noch besorgen muss. Ich latsche nicht mit mir auf eingelaufenen Wegen, die mich bisher immer erfolgreich ans Ziel brachten, sondern lasse mir andere Wege zeigen. So lerne ich mehr Land und Leute kennen.

Beispiel: Interpretation
Die Darstellerin der Viola in Shakespeares *Was ihr wollt* benennt ihr Problem:

„Wie spielt man einen Mann?“

Wir stellen die Frage anders:

„Wie versteckst, verheimlichst du als Frau, dass du eine Frau bist?“

Die Schauspielerin war interessiert!

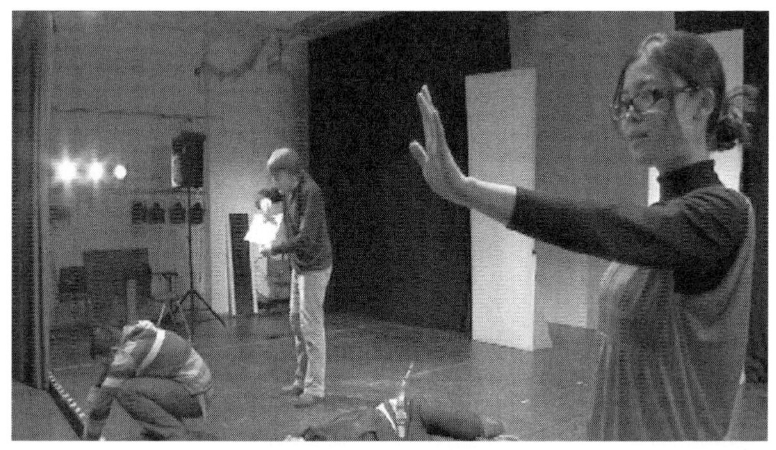

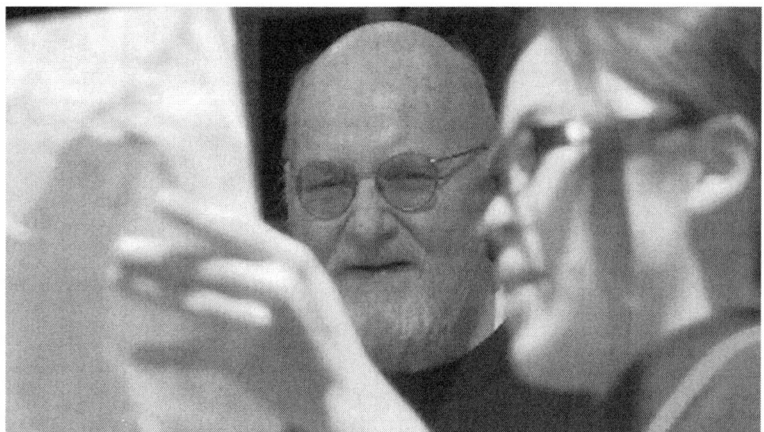

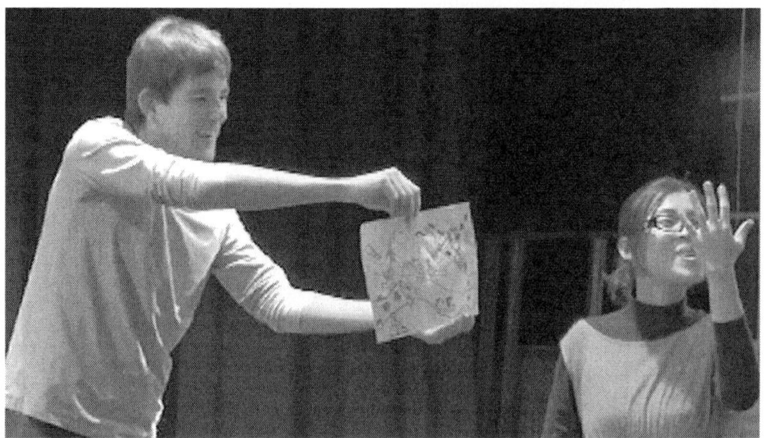

Horst Hawemann und Studierende in einem Seminar. Filmstills aus der DVD *Studieren an der Hochschule für Schauspielkunst Ernst Busch*, Regie und Kamera: Dennis Pauls

II

# DIE SAMMLUNG

**„Umquatschen" oder Der gesammelte Held**

In Vorbereitung einer Szene beschäftigen wir uns mit dem „Helden", also mit einem Typ, der durch besondere Taten im Guten wie im Bösen auffällig geworden ist. Uns interessiert, was sich unter dem Begriff angesammelt hat. Was vorhanden ist. Wir sind nicht heldenspezifisch vorbereitet, sortieren nicht vor, uns reichen auch Schlagwörter, und wir verzichten auf umfassende Definitionen.

Es ergeht also der Auftrag: „Umquatscht den Helden!". Man fordert die Spieler auf, was sie im Moment über den Helden wissen, gnadenlos, bedenkenlos und flott auszupacken. Das entlastet den Spieler zunächst mal von einer Bedeutungsanalyse. Er „quatscht" ja nur. Man lässt jeden so lange quatschen, bis er glaubt, er hat sich am Helden entleert, denn „darüber reden" wäre schon eine Aufforderung zur Auswahl und Bewertung, die bremsen kann. Dann kommt der nächste Sammler. Die Spieler werden am Anfang nur das bequatschen, was sie im Augenblick zur Hand haben, das heißt die Oberflächen des Begriffes abtasten. An der Oberfläche sind alle Leute, auch Helden, ziemlich ähnlich. Erst in der Tiefe unterscheiden sie sich. Wenn man in die „Krise" kommt, wenn man meint, man weiß im Augenblick nichts mehr zu dem Begriff, ist man aufgefordert, zu suchen und nach Resten zu kramen. Der Held macht jetzt Mühe.

Wenn du denkst, du bist fertig, mach weiter. Wenn du denkst, das war alles, finde mehr! Wenn du denkst, du redest Unsinn, entwickle das. Vielleicht wird es Sinn. Aus der „Krise" helfen Entdeckungen heraus, wohl auch Erfindungen. Die Krise ist eine Aufforderung zum Weitermachen. Sie zwingt mich nicht. Sie macht mich neugierig auf mich. Was man dann noch findet, das überrascht, weil man sich fast sicher war, da sei nichts mehr. Das aktiviert. Wichtig ist, dass man an dem Begriff „Held", den man zu kennen glaubte, von dem man meinte, viel zu wissen, in der Beschäftigung plötzlich erfährt, dass man nicht alles von ihm weiß, sogar zu wenig. In diesem Moment wird es für den Spieler interessant, weil er bemerkt, dass sich das Erinnern lohnt, das Weitermachen.

Man kann sich bei den Findungen unterstützen, indem man die berühmten W-Fragen stellt: Wer? Wann? Wo? Wie? Was? Warum? Also: Wer war wann, warum, wo, wie, was für ein Held? Was ist zum Beispiel ein „Warum-Held“ oder ein „Darum-Held“?

Beispiel:
Der stille Ferdinand (wer) wurde lautstark (wie) als Held bejubelt (was), weil er zur falschen Zeit (wann) am falschen Ort (wo) das Maul aufmachte und nicht wieder zu (warum).

Das „Umquatschen“ kann durchaus auch beim Nonsens landen. Nonsens ist eine besondere Entwicklungsform des Sinns. Oder es verliert sich in tieferem Nachdenken. Mit der Zeit entsteht so ein „Helden-Haufen“. Sammlungen sind ein benutzbarer Haufen, aus dem sich die Spieler später, auswählend, bedienen können. Dieser Haufen begleitet die ganze weitere Arbeit, denn alles, was ich und andere einmal gedacht und gesagt haben, bleibt im Gedächtnis und steht der Darstellung zur Verfügung. Es wird jeder, der daran beteiligt ist, seine bisherige Kenntnis über Helden und seine Mitteilungen darüber in Beziehung setzen können zu dem Wissen anderer.

Das Quatschen ist ein Erspielen, nicht ein Vortrag, nicht Definition, kein Statement. Der Haufen muss nicht gleich durch Be- und Auswertung verkleinert werden – man kann ihn erst mal liegen lassen, bereit zum Zugriff bei der sich entwickelnden Darstellung von Helden in einem Probenprozess. Die Sammlung ist ein Anfang, die Lust auf Folgendes macht, auf eine mögliche Verwendung in konkreten Situationen. Sie bewegt die Probe, weil da Möglichkeiten angehäuft wurden, mehr als gebraucht werden.

**Nummer: Begriffe buchstabieren oder Die gesammelte Liebe**

**Man lässt das Wort „Helden“ buchstabieren, z. B. so:**

| | |
|---|---|
| **H** | **wie Hochmut ... oder Heini ...** |
| **E** | **wie eklig ... extrem ...** |
| **L** | **wie lässig ... lumpig ...** |
| **D** | **wie Drama ... dämlich ...** |
| **E** | **wie engstirnig ... egoistisch ...** |
| **N** | **wie nationalistisch ... niedrig ...nutzlos ...** |

**Also heißt der hochmütige Held Heini, ist extrem eklig oder lumpig lässig, dazu dramatisch dämlich, engstirnig nationalistisch, aber eigentlich nutzlos.**

**Wenn man aber den Spieler beim improvisierten Sammeln unter einen gewissen gespielten Druck setzt, die Begriffe in einer schnellen Abfolge abzugeben, das Nachdenken bewusst zu verkürzen, nicht zu kontrollieren, aber sich trotzdem mit dem Helden zu beschäftigen, also Spontaneität zulässt, kommt etwas ganz anderes, nicht Überlegtes heraus.**

**Mach mal! Buchstabiere: „Liebe“. Pausenlos!**
**L wie Lust ...**
**I wie Ich ...**
**E wie eh... eh... eh...**
**B wie be... be... be...**
**E wie e... ev... e... ntu... ell**

Natürlich ist das hier absichtsvoll ausgedacht. Aber gehen wir davon aus, dass es in der Improvisation entstanden wäre. Eh..., Eh..., Bebebe... Eventuell hält das jemand für ausgemachten Quatsch. Das ist es auf den ersten Blick auch, aber es kann auch der Anfang einer Idee sein. Wenn Liebe „Bebebe" und „eheheh“ sein kann, was kann sie noch alles? Das beschäftigt doch. Das ist mehr als wortanalytische Erklärung. Es bedankt sich die Phantasie für den vermeintlichen Quatsch und macht vielleicht eine besondere Liebe daraus, vielleicht eine nicht erklärbare. Dann ist das ein Anfang für folgende beunruhigende Entdeckungen: Mir Bekanntes wird unbekannt.

In dieser einfachen Übung stellt sich die Liebe sehr überraschend dar. Man muss sich bei ihr aufhalten, bei der buchstabierten Liebe. Es entstand Zufälliges, Seltsames, Plötzliches, natürlich auch Müll – vielleicht aber doch nicht Müll. Sondern der Anfang einer Idee, die sich schwer zu erkennen gibt. „Aha“, sagt die Phantasie und nimmt sich der Idee an, mal sehen, was daraus wird.

**Nummer: Das ABC in Wörtern buchstabieren und als Begriffe vorzeigen**

**Man beginnt, das ABC mit allgemeinen Wörtern ohne thematische Vorgaben durchzubuchstabieren, damit die Nummer verstanden wird, um alle Freiheiten zu haben, sich in ihr auszuprobieren. Man kann aber auch beispielsweise beim „Helden" bleiben – der ist ja ganz schön darstellungsträchtig – und unter dem Begriff „Held" das ganze ABC durchgehen:**

| | | |
|---|---|---|
| **A** | **wie Angst ...** | **dann Angst zeigen.** |
| **B** | **wie besoffen ...** | **den besoffenen Helden zeigen.** |
| **C** | **wie cholerisch ...** | **gemeint ist der Held.** |
| **D** | **wie Dauerwurst ...** | **gemeint ist immer noch der Held.** |

Es kommt bei dieser Übung schon zu einer einfachen Darstellung, die eher Demonstration und weniger Handeln ist. Es sei auch mal eine Illustration erlaubt. Die *Ansage* und das anschließende *Zeigen* bieten dem Spieler eine zweifache Möglichkeit in der Darstellung des Begriffes. Jetzt behandelt er ihn schon. Er benennt ihn nicht nur, sondern er zeigt ihn vor und beginnt gestisch zu handeln. Er sagt A wie Angst, zeigt ein Zeichen für die Angst, und denkt bei diesem sichtbaren Zeichen für Angst schon voraus an das B. Er sagt B wie besoffen. Während er „besoffen" vorzeigt, kann er über das C nachdenken. Er kann so lange besoffen aussehen, bis er sich für ein C entschieden hat. Er behandelt das eine, und er denkt das andere. Denken ist immer Handeln. Denken macht auch Pausen handelnd. Für solche Vorgänge ist wichtig, dass man sich die szenische Zeit nimmt, zu denken.

Beim augenblicklichen Tun sich das nächste vorstellen, planen, sich entscheiden, wenn man die Wahl hat. Das eine tun, das andere denken. Ich suche ein A-Wort, ich zeige das A-Wort und suche das B-Wort. Wer A sagt, muss auch B denken, und das trifft nicht nur auf das Buchstabieren zu.

Wenn man sich so mit einem Thema durch das ganze ABC arbeitet, sammelt sich Material, das in direkter Beziehung zum Thema steht oder sich nur über Umwege annähert, also auf den ersten Blick abwegig erscheint, aber Erstaunliches anbietet. Wie komme ich darauf, fragt sich der Spieler? Wo kommt das her? Das hat doch mit der Sache nichts zu tun, oder doch? Was bringt mich denn auf diese Idee? Das geschieht aber nur, wenn er sich auf das Erstaunen einlässt, wenn er sich von dem ABC bewegen lässt. Es durchläuft, sich drängt und drängeln lässt. Fahrt aufnimmt, wo er Pausen zulassen sollte, Besinnung. Aber lustvoll sollte dieser Vorgang sein, der zu einer Situation gemacht wird; neugierig darauf machen, was in dieser Beschleunigung entsteht, unter diesen selbst gewählten Umständen, wo freiwillig auf Kontrolle verzichtet wird. Alles ausschütten. Organisiert von Buchstaben, deren Reihenfolge ich manchmal vergesse. Das tut nichts zur Sache, wichtig ist dranzubleiben, den Fluss nicht zu unterbrechen.

Ich lasse mich bestimmen. Ich verstehe nicht, was mir meine Phantasie vorschlägt, aber ich lege das seltsame Ergebnis des Augenblickes trotzdem auf den Haufen. Sortieren kann ich später. Näher ans Z wie Ziel kommend, will die Erregung nachlassen. Ich steigere mich...

Was war da am Anfang gewesen? Die Aufgabe, ein Thema durch das Alphabet zu transportieren zum Zwecke einer Sammlung. Eine Sammlung ist entstanden. Durch eine Beschleunigung, der ich mich lustvoll gestellt habe. Was unter solchen Bedingungen entsteht, ist mehr als eine Übung. Das ist schon ein szenischer Vorgang.

Die ABC-Nummer kann in der Durchführung variiert werden. Wenn einer allein das ganze ABC durchschuftet, ist das eine ziemlich heftige Arbeit, die aber durch die begleitende Anstrengung einen Reiz hat. Wie viele Buchstaben hat das Alphabet? 26 Runden im Ring und kurz vor dem Ende steht da noch ein forderndes „Y“... Aber es kann sich auch eine ganze Gruppe beteiligen. Wer eine Meinung von einem „H“ hat, stellt sie auf die Bühne, zum „S“ ein anderer, noch einer bereitet sich auf das „X“ vor. Auch Doppelvorstellungen sind möglich.

Anschließend würdigt man die Vorschläge, indem die Mitspieler wiederholen, was ihnen von der Sammlung im Gedächtnis geblieben ist, was ihnen gefallen hat, was sie beeindruckt hat. Andere Bewertungen braucht man nicht. So entsteht eine einfache Auslese – personengebunden. Es ist eine darstellende sinnliche Auswertung ohne begleitende Begründung. Die Empfindung steht vor der Begründung. So hat man zum Schluss eine Reihe von gemischten Begriffen auch zu einem Thema, die auffällig wurden durch das Finden eines bezeichnenden Wortes und das versuchte Zeigen.

Entwickelte Formen der Sammlung:
Es wird vorgeschlagen, Sätze mit dem Wort „Held“ als Mittelpunkt zu bilden.

Als ich beschloss, ein Held zu werden, da ...
Ich wurde mit einem Helden verwechselt ...
Helden nerven mächtig, weil ...
Wer Helden braucht, der ...
Ich bin kein Held, der ...
Wie wird man ein Held?
Und wie wird man keiner?

Auch die Versuche, das Gegenteil von einem Helden zu benennen, geben interessante Auskünfte. Es entsteht ein „Antiheld“, der Wirklichkeit näher, also dem Leben verwandter. Mit einem „Gegenentwurf“ zu arbeiten, ist immer befördernd. Das Gegenteil beschäftigt sich mit dem Gegenteil.

## Bekannte Redensarten, verdichtete Sprache

In der bisher beschriebenen Sammlung wurde eine individuelle Beteiligung von Spielern am Beispiel „Heldensuche“ vorgestellt. Aber es gibt auch vorhandene Darstellungen, Äußerungen, Meinungen, die sich durch die Zeiten geformt haben. Der Held hat die Menschheit im Guten wie im Schlechten beschäftigt. Was hört man über den „Helden“ in der alltäglichen oder in der verdichteten Sprache? Was ist sprichwörtlich geworden, Redensart? Welche bildlichen Ausdrücke sind entstanden und welche charakterisierenden Vergleiche? Welche Witze? Welche Wortschöpfungen?

Heldenbrust
Heldenpose
Weiberheld
Maulheld
Ein Heldenleben
Heldenmut
Heldentat
Heldentod
Heldengrab
Heldenruhm
Heldenkult

Und:
Spiele nicht den Helden! Du bist mir schon ein Held!
Helden zeugen! Ich will kein Held sein! Sei ein Held! Der Held meiner Träume. Das war keine Heldentat. Die Helden sind müde…

Es fällt auf, dass der Held zumeist auf einem wortstarken Sockel steht. Das ist denkwürdig und bezeichnend. Da gibt es gewaltige Worte und nur kleine Gegenentwürfe. Aber der normale Mensch hält sich entfernt von Helden auf, und er tut gut daran. Da hat er seine Erfahrung. Mit Spott und mit Ironie stellt er einen Abstand her. Es gehört nicht zu den erstrebenswerten Zielen, ein Held zu sein. Das Heldentum bleibt fremd. Heldenverehrung findet kaum noch statt, und man vermisst sie wohl auch nicht. Der neue Heldenverehrer ist der Fan, und damit kann man leben. Der alltägliche Mensch hat kaum oder gar kein Verhältnis zu Helden, obwohl er oft genug zu ihrer Bejubelung angetreten ist. Er war häufiger Opfer als Nutznießer von Heldentaten.

Diese Gedanken kann man sich natürlich auch an seinem Schreibtisch machen, oder sie entstehen auf der Bühne, unter Beteiligung von Spielern, die ihre eigenen Beiträge ins Spiel bringen, und das wird mehr sein, als einer allein einbringen kann. Geschöpft wird aus einem Fundus, den die

Wirklichkeit gefüllt hat, was Menschen bewegt hat und wofür sie schon einen Ausdruck gefunden haben. Die Meinung ist geformt. Vieles hat seine Darstellung im Leben bereits gefunden, findet in verdichteten Sätzen und Bildern Ausdruck und ist aus einer bestimmten Haltung heraus entstanden. Warum sich also um Erfindungen bemühen, die oft gar keine sind, wenn man Entdeckungen machen kann? Sie liegen griffbereit für die Darstellung herum.

Dazu noch ein Beispiel:
„Ein Mensch ist kaputt." Das ist ein starker bildlicher Ausdruck, eine Darstellung, eine Verknappung und eine Überhöhung, etwas Sprichwörtliches. Eigentlich sind Gegenstände und Geräte kaputt, zerstört, in Einzelteile zerfallen und nicht mehr zu gebrauchen. Es hat etwas stattgefunden, das zu diesem Resultat geführt hat. Diese Erfahrung hat jeder Mensch, und er benutzt sie zur vergleichenden Beschreibung. Es ist mit Menschen etwas passiert, was von Gegenständen bekannt ist.

Wir sammeln:
Er/sie ist am Boden zerstört... runtergekommen... abgerissen... ruiniert... abgewrackt... abgestürzt... ein Häufchen Elend... ein nasser Fleck... ein Rest... ein Schatten seiner selbst... vor die Hunde gegangen... am Ende... in die Knie gegangen... platt gemacht...
fix und fertig...

Merkwürdigerweise ziehen alle diese Begriffe nach unten. Sie bezeichnen eine Erniedrigung. Was gesammelt wurde, können wir benutzen: „Abgerissen" gibt Auskunft über das Kostüm. Sein Aussehen, die Herstellung und Veränderung. „Ein Haufen Elend" ist innere und äußere Haltung. „Am Boden zerstört" ist Arrangement und Bild. „Vor die Hunde gegangen" ist ein sozialer Status. „Fix und fertig" ist ein körperlicher Gestus. „In die Knie gegangen" kann einen Gang bezeichnen. Alles zusammen stellt Fragen nach den Prozessen, die zu den Zerstörungen geführt haben, und bei Darstellungen wie „am Boden zerstört" empfindet man eine bestimmte Emotionalität.

Bei einer Sammlung fiel der Satz: „Er hat sein Gesicht verloren." Der Urheber war schon weiter bei seiner Suche, als er plötzlich innehielt. Der Satz hatte ihn beunruhigt. Er empfand, dass der Gesichtsverlust nicht so einfach weggeredet werden sollte, und wollte wissen, was es bedeutet, sein Gesicht zu verlieren. Der verdichtete Ausdruck wurde von ihm entschlüsselt, geöffnet, aufgeklärt, und es fanden sich in einer „handelnden darstellenden Analyse" Erkennungen, die zu umfangreich waren, um sie hier aufzuschreiben.

Ein anderer Typ: der Karrierist.
Er geht über Leichen ...
Ist ein Arschkriecher, Arschlecker, Schleimer ...
Immer mit dem Arsch an der Wand ...
Nach oben buckeln, nach unten treten ...
Leute über die Klinge springen lassen ...
Leisetreten ...
Katzbuckeln ...
Hängt die Segel in den Wind ...
Hat den richtigen Riecher ...
Ist immer zur Stelle und in der Nähe ...

„Leisetreter" beschreibt den Gang und Gestus dieses Typs. „Arschkriecher" beschreibt seine Haltung und sein Ziel. „Mit dem Arsch an die Wand" ist nicht nur als räumliche Orientierung zu verstehen. „Nach oben buckeln, nach unten treten" könnte etwas über die Körperlichkeit aussagen, „über Leichen gehen" etwas über seine Partnerbeziehung.

Die gefundenen Begriffe sind von einer tiefen Abneigung, schlechten Erfahrungen und einer drastischen Bildlichkeit geprägt. Wenn man schon nicht viel gegen den Karrieristen tun kann, so kann man ihn zumindest mit starken Worten belegen und sich einige naive Befriedigung verschaffen. Man hat die Typen durchschaut und weiß, wie sie funktionieren. Was wie ein Klischee anmutet und vielleicht anfänglich auch eines ist, kann sich in konkreten Situationen entwickeln und im Handeln differenzierte Auskünfte geben über das Wesen des Karrierismus. Das emotionale Engagement, das in dieser Sammlung zum Ausdruck kommt, der Zorn von Betroffenen, macht Lust auf Darstellung. Es ist aus einer Erregung entstanden, und es entsteht eine Wiedererkennbarkeit, ein Anschluss an die Wirklichkeit. Und der Zuschauer wird das später bemerken. Er kennt konkrete Leute, die über Leichen gehen, nach unten treten und sich, mit dem Arsch an der Wand, an die Spitze katzbuckeln.

Zu fast allen Bereichen des Lebens gibt es diese Sprachbilder und verdichteten Ausdrücke. Man muss sie bloß einsammeln, sich an Vorhandenes erinnern, sich bei sich selbst bedienen. Deine Taschen sind voller, als du ahnst. Wenn du denkst, sie sind geleert, dann greif dem Nachbarn in die Tasche, der Großmutter, dem Dichter, dem Denkmal, der Vogelscheuche usw.

Manche Sammlungen entwickeln sich nachdenklich, andere sind lustvoll oder aggressiv (Karrierist). Ein Sammler bemüht sich um Worte, ein anderer ist kaum zu bremsen, ein dritter kontrolliert seinen Beitrag und ein vierter erfindet hemmungslos drauflos, anstatt zu entdecken. Bei manchem

Thema sprudelt die Quelle endlos. „Liebe geht durch den Magen. Liebe ist eine Himmelsmacht. Liebe macht blind. Liebe ist ein Zauber, ein Ungeheuer, die Seligkeit, der Wahnsinn, das Glück, Sonne, Mond und Sterne... Alles aus Liebe..." Man kann sich kaum noch retten vor Liebesnot, -leid, -kummer, -glück, -tod. Es wird zitiert, gesungen, geschwatzt. Man geniert sich für Kitsch, erwischt sich bei der Schwärmerei, stolpert über Unsinn...

Welche bildlichen Darstellungen hat die Sprache für das Verliebtsein?
Schmetterlinge im Bauch... (Na ja)
Abheben...
Schwerelos sein...
Im siebten Himmel sein...
Auf den Wolken schweben...
Zu den Sternen fliegen...

Ein Spieler kann nicht wirklich abheben. Er kann sich nicht körperlich im siebten Himmel aufhalten und nicht schwerelos auf Wolken schweben. Aber er kann diese erhebenden Unmöglichkeiten für eine innere Erregung nutzen. Er kann dieses Hochgefühl denken und empfinden – und so umsetzen, dass ein Publikum erkennt: Da schwebt einer auf den Wolken. Das Gefühl von Liebe überträgt sich und wird erkannt, weil es bekannt ist. Die Bühne zitiert etwas aus dem Erfahrungsbereich des Menschen.

Wer hat noch nicht erlebt, wie einem ein stark Verliebter gegenüber sitzt und mit seinen Gedanken und Gefühlen weit entfernt ist. Ganz woanders. Unterwegs im siebten Himmel – und er sitzt mir gegenüber.

Ein „verrückter" Typ wird ersammelt:
Er hat einen Vogel, also eine Meise.
Er tickt nicht richtig.
Er hat einen kleinen Mann im Ohr.
Nicht alle Tassen im Schrank.
Nicht alle Latten im Zaun.
Einen Riss in der Schüssel.
Nicht alle Blumen auf dem Balkon usw.

Aus dieser Sammlung macht der Spieler einen inneren Monolog: „Ich habe eine Meise. Piepiep! Ticke nicht richtig. Tick Tick." Schon habe ich einen Tick. „Was macht der kleine Mann in meinem Ohr und wie viele Tassen fehlen mir im Schrank?" Der Spieler nutzt die verrückten Worte ganz normal, ganz konkret. Er beschäftigt sich durchaus ernsthaft mit den seltsamen Vorgängen in seinem Kopf und zeigt nicht einen ausgedachten Irren. Der Typ „spielt" nicht verrückt – er „denkt" verrückt. Ausprobieren!

## Kopfhaltungen

Eine Sammlung zu „Köpfen“:
ein guter Kopf, ein heller, ein sturer, ein schöner, ein gewitzter, ein kluger, ein blendender, ein wirrer, ein schneller, ein bedeutender, ein kritischer, langsamer genialer, widerspenstiger, dicker (!) usw.

Das sind Haltungen im Kopf und als solche beschreiben sie Inhalte. Sie haben mit dem Denken zu tun. Ein kritischer Kopf denkt kritisch und ebenso handelt er. Also gebe man dem Spieler einen „bezeichnenden“ Kopf, und das hat handelnde Folgen. Wenn ein kluger Kopf etwa einen kritischen trifft, dann ist das schon eine Situation mit Problemen, eine besondere Beziehung, dann entsteht zwischen ihnen ein Spannungsfeld, in dem Aus-ein-ander-setzungen stattfinden. Kopfkämpfe!

Ein wirrer Kopf handelt anders als ein kritischer. Ein streitbarer Kopf macht andere Vorschläge als ein genügsamer. Ein genialer Kopf hat andere Ideen als ein berechnender. Ein Kopfloser verirrt sich nicht nur räumlich. Ein Kopflastiger empfindet einseitig.

Holzkopf! Gnatzkopf! Bullerkopf! Dummkopf! Schlaukopf!
Trotzkopf! Saftkopf! Flachkopf! Sturkopf! Kohlkopf! Betonkopf …

Es ist auffällig, wie häufig Kopfbeleidigungen und -belobigungen in der Alltagssprache zu finden sind. Sprachlich wird so die Bedeutung des Kopfes greifbar. Kein anderer Teil des Körpers wird ähnlich gewürdigt. Natürlich wissen wir von der Wichtigkeit des Kopfes, aber dennoch sollte seine Wichtigkeit von Zeit zu Zeit in darstellenden Sammlungen „bewegt“ werden.

Wir sammeln Kopfbewegungen:
Fass dir mal an den Kopf!
Lass den Kopf nicht hängen. Kopf hoch!
Mit dem Kopf durch die Wand!
Seinen Kopf durchsetzen.
Es will mir nicht in den Kopf.
Das hält mein Kopf nicht aus! Da macht mein Kopf nicht mit.
Das macht mir Kopfschmerzen.
Mein Kopf will nicht.
Wo hast du deinen Kopf? In den Sand gesteckt?
Immer auf den Kopf. Nichts für den Kopf.
Den Kopf unterm Arm.
Den Kopf verloren … voll… vernagelt… erhoben.
Auf den Kopf gefallen.
Köpfe rollen!

Diese Aufzählung, längst nicht vollständig, gibt Auskunft über die Wertschätzungen des Kopfes. Selbst wenn man das längst gewusst hat, sollte man mal wieder staunen, wie vielfältig die Sprache mit dem Kopf umgeht.

**Nummer: „Das macht mein Kopf nicht mehr mit!"**

**Es ist nötig, diesen verdichteten Satz, der das Ergebnis eines Prozesses ist, zu befragen. Was macht mein Kopf nicht mehr mit? Der Darsteller sucht nach einem Vorgang, der ihn zu dieser Äußerung bringen könnte. Dazu kommt die Erregung an dem Problem: Was macht der Kopf jetzt, wo er nicht mehr mitmacht? Protestiert er? Macht er nur eine Pause oder steigt er ganz aus? Ist er unfähig oder feige? Macht er etwas anderes? Ist er hoffnungslos überfordert?**
**Der Darsteller muss eine Entscheidung treffen, wie es mit der Kopfsituation weitergehen kann, soll oder muss, denn abschaffen kann er den Kopf nicht, der bleibt vorhanden, auch wenn er nicht mehr mitmacht.**

Andere „Kopfsätze" als Überschrift für eine Nummer:
Ich habe den Kopf verloren.
Zu viel Kopf, aber …
Man verlangt meinen Kopf!
Ich sage es dir auf den Kopf zu.
Das will mir nicht in den Kopf.

Dem Kopf wird oft Gewalt angetan – innen und außen.
Beispiele für Kopfgewalt:
Ich hau dir in die Fresse.
… aufs Maul.
… aufs Auge.
… auf die Nase.
… hinter die Ohren.
usw.

Es werden die *Sinne* geschlagen. Es wird draufgehauen, wo man schmeckt, sieht, riecht und hört. Das ist brutal – und sollte nicht nur in eine „Artistik" des Schlagens übersetzt werden, die die Gewalt wirkungsvoll (oft theatralisch verlogen) vorführt. Gewaltanwendung ist immer auch eine Entwürdigung des Menschen, die nicht nur äußere, sondern auch innere Verletzungen herstellt. Diese Sammlung erinnert an das Wesen von Gewalt, ist eine gedankliche Beschäftigung, bei der man sich aufhalten sollte, bevor man körperlich wird und nach dem Akrobatiktrainer ruft. „Ich hau dir aufs Maul“ heißt auch, dass ich jemanden zum Schweigen bringe.

Was heißt das also, wenn ich sage:
Ich mach dich fertig.
Ich lege dich um.
Ich mache dich zum Hampelmann (oder zur Schnecke).
Ich trete dir in den Arsch.
Ich lasse dich dumm aussehen. Ich führe dich vor.

Das sind Situationen, sprachlich verdichtet und aus Erfahrungen heraus entstanden, die eine szenische Darstellung mehr bewegen können, als langatmige Erklärungen von Zuständen und Befindlichkeiten. Bereits vorhandene Gestaltung gestaltet mit.

Was wir im Augenblick von einer Sache wissen, sollte in Bewegung setzen, was wir noch in Erfahrung bringen wollen. Es geht nicht darum, mir zu bestätigen, was ich weiß. Das ist resultativ. Was ich weiß, ist die Vorbereitung auf das, was ich noch wissen will. Das, was ich im Augenblick sehe, ist die Vorbereitung auf das, was noch sichtbar werden soll. Das Einsammeln von Wirklichkeit ist wichtig. Die Leute staunen oft, wenn sie aussprechen, was es schon gibt. Sie staunen über das, was man wusste, sind verwundert darüber, was sich unentdeckt in ihnen aufgehalten hat. Man fängt an, um fortzusetzen. Das Bekannte wird erweitert.

**Zum Ausprobieren: Haltungen, von der Natur „vorgeschlagen“**

**Jemanden im Regen stehen lassen ...**
**Vom Donner gerührt ...**
**Vom Blitz getroffen ...**
**Ich sehe Sterne ...**
**In die Erde versinken ...**
**Auf der Sonnenseite ...**
**Zu Eis erstarrt ...**
**Umnebelt sein ...**
**In die Wüste geschickt werden ...**

Es sind innere Haltungen, die hier vorgeschlagen werden. Entstanden aus komplexen Vorgängen. Die starke sinnliche Verdichtung muss handelnd erreicht werden. Das Ende eines Weges wird zu einer emotionalen Ankunft. In die „Wüste geschickt“ zu werden, ist ein Lebensgefühl. Übergibt man ein solches sprachliches Bild einem Darsteller, wird es ihn in der Gestaltung begleiten. Er wird aus ihm schöpfen können. Er wird es handelnd entziffern. Was passiert einem Menschen, der seine Arbeit los wird? Er wird im Regen stehen gelassen, in die Wüste geschickt. Oder beides.

Die sehr geschätzte Kollegin und Puppenspielerin Marlies Hirche sammelte über Jahre auf ihren Gastspielen im In- und Ausland weggeworfene Puppen und Plüschtiere auf. Sie hatten ausgespielt! Sie waren vermüllt, ramponiert und demontiert. Marlies hatte die Idee, diese Puppen noch einmal auftreten zu lassen, sie noch einmal ins Spiel zu bringen. So entstand die Inszenierung „Zirkus der Kuscheltiere“. Die Puppen mit Vergangenheit erhielten eine neue Gegenwart als Zirkusartisten mit Leistungen, die sie wieder wertvoll machten. Mit der Aufführung kehrten sie an manchen Ort zurück, an dem man sie achtlos entsorgt hatte.

Am Anfang war die Sammlung. Aus ihr entstand eine Idee. Sie wurde zum Thema einer Aufführung – und dient hier als ein schöner Beweis für die Wichtigkeit von Sammlungen.

## Nachtrag: Sammlung in eigener Sache (ärgerlich aufgeschrieben)

Polittheater.
Sommertheater.
Affentheater.
Wahltheater.
Mach nicht so’n Theater.
Sei nicht so theatralisch.
Mach mir keine Szene.
Spiel dich nicht auf.
Fall nicht aus der Rolle.
Du spielst nicht die Hauptrolle, nur eine unbedeutende Nebenrolle auf der politischen Bühne.
Selbstinszenierung!
Da baute kürzlich der Politiker X eine Drohkulisse auf.

Wie kann man mit Kulissen drohen? Die „Dramaturgie“ eines Wahlkampfes dient zumeist einer raffinierten Verschleierung der wirklichen Absichten, wobei die Dramaturgie im Theater genau das Gegenteil beabsichtigt. Diese Sammlung lädt nur einige gedankenlose Sprüche ab, die man irgendwie zur Kenntnis nehmen musste. Sie bedienen sich beim Theater, aber sie dienen ihm nicht.

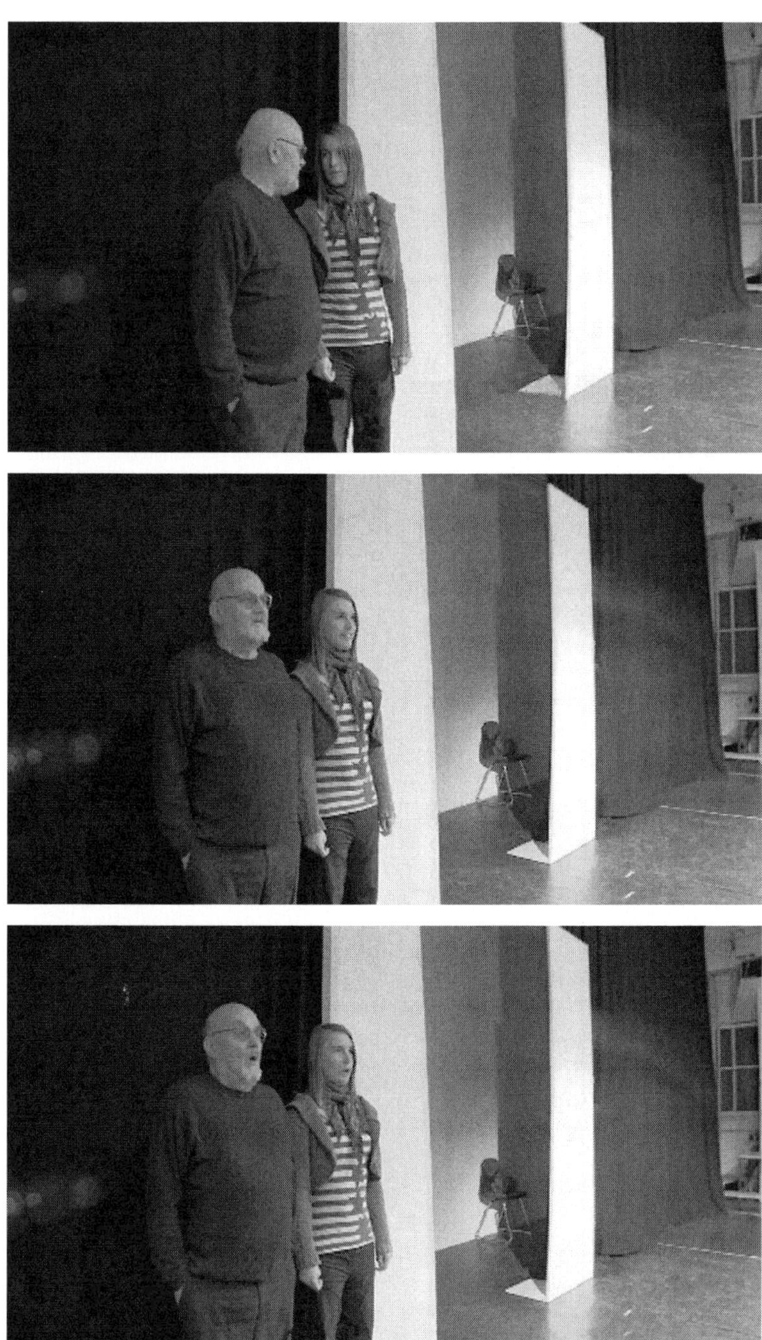

Horst Hawemann und Studierende in einem Seminar. Filmstills aus der DVD *Studieren an der Hochschule für Schauspielkunst Ernst Busch*, Regie und Kamera: Dennis Pauls

III

# MIT SPRACHE HANDELN

## Das handelnde Wort

Der Weg zur Sprache ist die Handlung. Das Wort bewegt den Satz. Es handelt. Der Beweis ist die Sammlung zum „Wort“:

Jemandem ins Wort fallen …
Das Wort verbieten. Das Wort gestatten.
Worte verschlucken. An Worten ersticken.
An Worten hängen.
Es mangelt an Worten. An den richtigen.
Zu Wort kommen. Oder nicht.
Kein Wort mehr! Ein Wort zu viel!
Sich an Worten berauschen. Aufgeilen.
Mit Worten einwickeln.
An Worten verzweifeln.
Das Wort im Mund verdrehen.
Mit Worten verletzen. Mit Worten fertig machen.
Kein Wort herausbringen.
Über Worte stolpern.
Worte, Worte, nichts als Worte.
Denk an meine Worte.
Das Wort auf der Zunge zergehen lassen.
Immer nur Worte.
Sein Wort geben.
Das Wort nehmen. Das Wort abgeben.
Das Wort halten.
Das letzte Wort. Das erste Wort.
Zu viele Worte machen.
Dafür gibt es keine Worte.
Mit einem Wort gesagt.

Es fällt auf, wie viele Worte es über den Gebrauch von Wörtern gibt. Einmal gesammelt, kann man sie oft als Idee für die Sprachbehandlung anwenden. Man kann Sprache sinnlich spüren, z. B. „ein Wort auf der

Zunge zergehen lassen". Also: Das Wort schmecken, genießen. Will man mit Worten verletzen, dann müssen sie auch treffen, Wunden hinterlassen, Spuren. Das ist ein starker Vorgang. Übrigens: Man versuche einmal, eine ähnliche Sammlung von Zusammensetzungen zu machen – und was entdeckt man?

Wortblasen!
Widerworte!
Machtwort!
Wortsalat!
Wortverdreher!
Reizwort!

Schlusswort: „Der Worte sind genug gewechselt, lasst uns nun endlich Taten sehen."

Befreit man sich von etwas, hat eine Befreiung stattgefunden!
Wird man belastet, weiß man schließlich, was eine Belastung ist!
Bricht etwas aus oder heraus, hat man den Ausbruch kennengelernt!
Wird man bedroht, hat man erfahren, was eine Bedrohung ist.
Demütigt man mich, habe ich eine Demütigung erlebt.

Das Befreien und das Bedrohen sind eine Handlung, während die Befreiung und die Bedrohung ein Resultat sind. Man kann natürlich auch sagen: Es findet eine Befreiung statt. Das wäre auch ein Prozess. Aber warum nimmt man nicht gleich das starke handelnde Verb? Das aktiviert. Das macht den Vorgang spürbarer und empfindsamer, zudem auch körperlicher und konkreter. Man verwechselt auch nicht Handlung und Gefühl. Das „Befreien" ist weniger Gefühl als die „Befreiung". Man handelt sich zu einem Gefühl *hin*. Man handelt sich ein Gefühl ein!

**Nummer: Die einfache körperliche Erfahrung einer „Befreiung"**

**Eine Ausprobiererin wickelt sich in einen Vorhang und verschwindet völlig in ihm. Befragt, was sie in dieser Situation bemerkt, soll sie einfache konkrete Auskünfte geben wie:**
**Ich sehe nichts oder nur schwarz...**
**Ich höre nichts oder nur wenig...**
**Ich kann mich kaum bewegen...**
**Ich kann kaum atmen oder nur schwer...**

**Jetzt kann sie sich aus der Umwicklung herausschälen – also befreien. Sie sieht wieder und nicht nur schwarz, sie hört und bewegt sich, atmet freier. Sie empfindet die Befreiung als ein Gefühl, als ein Gegenteil von Begrenzung. Sie hat diese Erfahrung auf einem sehr einfachen Weg gemacht, der aber sehr sinnlich ist. „Befreien" heißt also, Begrenzungen loswerden!**
**Natürlich weiß man das. Aber wie viele Dinge weiß man, kennt man und hat sie doch noch nie sinnlich erfahren. Also sollte man sich diesen kleinen physischen Umweg zur Befreiung gestatten.**

Varianten der „Befreiung":
Das Öffnen des oberen Hemdknopfes kann durchaus eine besondere Form der Befreiung, in bestimmten Kreisen sogar ein Protest sein.
Vom Ausziehen weiß man, wie befreiend das sein kann. In manchen Fällen allerdings auch entblößend.
Wie ist das mit dem Fluchen? – Man befreit sich Wort für Wort, und der ganze ausgespuckte Satz ist die Befreiung.
Wie befreit man sich von einem Partner? So: Man braucht den Platz, nicht nur räumlich, der durch den Partner besetzt war, für seine Freiheit! Die Methoden einer solchen Befreiung sind sehr unterschiedlich.
Wer solche einfachen Übungen, sich zu befreien, einmal gemacht hat, wird eine Erfahrung haben, die er für kompliziertere Befreiungen nutzen kann. Er hat das Wesentliche erfahren. Griffig formuliert: Man muss das Eine loswerden, um das Andere zu bekommen.

### Arrangement macht Haltung oder Die Macht der Worte

*Hinterm Rücken* finden Intrige, Kabale, Mobbing statt, werden Pläne geschmiedet, wird Politik gemacht und manche Entscheidung getroffen.
*Ins Gesicht* gesagte Worte sind Worte, die wichtig sind. Es hat mit Mut, Überwindung, Stolz, Rebellion oder Verzweiflung zu tun. Es zeigt Haltung.
*An der Schulter* findet man Halt oder seine Haltung wieder. Notwendige Nähe.
*Im Griff* hat man sich oder eine Sache. Davor gab es Probleme, die einen ins Wanken brachten. Die Haltung ist eher eine innere.
In der *Umarmung* kommt man sich näher, während man in der der *Umklammerung* nach Luft ringt.

Die hier beschriebenen Haltungen sind Folgen von Handlungen und diese haben wiederum Folgen für das Handeln. Sie zeigen sich in Beziehungen. Diese Beziehungen sind dargestellt in einem körperlichen oder räumlichen Arrangement. Vorschlag: Man stelle das Arrangement auf die Szene und lasse es die Spieler empfinden und entwickeln. Haltungen werden gefunden. Worte. Fragen.

Leute reden hinterm Rücken, unter vier Augen, hinter vorgehaltener Hand, durch die Blume, ins Ohr und sagen etwas direkt ins Gesicht, sprechen aneinander vorbei. Wörter werden fallen gelassen, herumgeschmissen, vor die Füße und um die Ohren gehauen, dringen ein, gehen daneben ... Es sind zumeist Situationen, die Sätze formen. Was kann man nur durch die Blume sagen oder unter vier Augen? Die räumlich-körperlichen Beziehungen, also die Arrangements, führen zu Worten. (Geht man von einem vorliegenden Text aus, ist das umgekehrt.) „Händchen halten“ erzählt doch schon etwas – und nicht nur, dass die Händchen gehalten werden. Die Worte kommen dazu, wenn das „Händchen halten“ sie braucht, um sich zu entwickeln. Das Körperliche ist der Anfang.

Übrigens: Jede Beziehung beginnt mit dem Abstand und entwickelt sich durch Vergrößerung oder Verringerung dieses Abstandes.„Schau mir in die Augen“ kann doch nur ein Anfang sein, wie lange das auch immer stattfindet. Aber es kann nicht so bleiben. Was dann irgendwann gesagt wird, bezieht sich immer auf diesen Anfang. Natürlich handelt auch die Atmosphäre mit, die Stimmung. „Sag es mir ins Gesicht!“ birgt ganz sicher auch eine Stimmung, die ein entsprechendes Arrangement braucht. Wobei nicht unbedingt die Nähe gemeint ist. Die steht schon im Satz. Es wird zu einer Haltung aufgefordert.

Welche Sätze entstehen, wenn einer einem anderen „an den Kragen“ will oder ihn „im Griff“ hat, ihm „um den Hals“ fällt, an ihm „klebt wie eine Klette“, sich „an ihn klammert“ und „nicht loslassen“ kann? Auch hier gilt: Bemerken und empfinden beim Machen, nicht sofort eilfertig ausführen! Man kann sich auch mit Sätzen „aus dem Wege gehen“ oder „in den Weg stellen“, sich zu „nahetreten“ oder sogar „auf die Füße“. Man kann sich mit Sätzen „querstellen“ oder jemandem „an die Gurgel springen“, wenn man ihm vielleicht vorher Sätze um die „Ohren gehauen“ hat, bevor man ihn damit „erschlägt“, also mit „Worten umbringt“.

### Sätze über Sätze

Es ist wichtig, Sätze in der Arbeit auch mal wörtlich zu nehmen, pur zu nehmen als Möglichkeit des Ausdrucks.

Da kommt was auf mich zu.

Das haut mich um.

Das ist umwerfend.
Ich muss die Dinge in die Hand nehmen.
Ich hab dich so satt.

Was heißt das? Welche Vorgänge haben dazu geführt? Wie sieht das aus? Wie geht's weiter?

Nicht bebildern, sondern den stark verdichteten Ausdruck wieder aufdröseln, wieder aufmachen. Bei Shakespeare z. B. kann man im Wörtlich-Nehmen große Szenen finden. „Beim Wort nehmen.", das ist auch so ein Satz. „Ich nehme dich beim Wort": Wie macht man das? Was ist das? Oder: „Das ist noch nicht das letzte Wort." Einfach mal anhalten und fragen: Was ist das letzte Wort? Ein Satz, der überhaupt keine Fragen erzeugt, ist sowieso ein dämlicher. Da muss kein Fragezeichen am Satzende stehen.

Ein weiteres Beispiel: „Es geht mit mir zu Ende." Wie viel Zeit brauche ich für die Darstellung dieses Satzes. Was ist das „Es"? Befragen, spielerisch befragen. Nicht inhaltlich erklären. Das ist manchmal müßig. Weil jeder sagen wird: „Es geht zu Ende. Weiß ich." Oder: „Ich verstehe, was damit gemeint ist." Aber wie geht das vor sich? Wie handelt das? Was ist das für ein Vorgang? Das Wort wieder in Handlung umsetzen oder das verdichtete Bild wieder zu einer Landschaft machen – das ist das, was außerordentlich hilft.

Und dann sagt man vielleicht „Sein oder nicht sein. Das ist hier die Frage" ganz anders. Nämlich nicht so sehr nach der Attraktion dieses viel benutzten Monologes suchend, sondern im Sinne von: „Was ist los? ‚Sein oder nicht sein. Das ist hier die Frage', versteh ich nicht.". Versteht kein Mensch beim ersten Hören. Sie tun alle bloß so.

Was ist also „nicht sein"? Darüber gibt es viele Kapitel in philosophischen Werken. Kann ein Schauspieler das alles zeigen? Nein. Aber er kann zeigen: Versteh ich nicht! Deshalb hab ich eine Frage. Das kann er als szenischen Vorgang zeigen. Stellen wir uns vor: Der Schauspieler ist allein auf der Bühne. Es ist ein Monolog. Natürlich gucken ihm da Leute zu. Er kann etwas tun, was er mit einem Partner nie machen würde. Auch wenn bisher niemand im Stück mit den Zuschauern geredet hat, kann er zum Publikum gehen und sagen: „Jetzt kommt mein Monolog: ‚Sein oder nicht sein. Das ist hier die Frage' – den kennen Sie ...". Er kann dabei den Hosenschlitz zumachen oder ein Pferd füttern. Es ist ein Monolog!

Sätze muss man unbedingt aus der Handlung heraus entstehen lassen, man muss sie „handeln" und gucken, wo sie „weiterhandeln". Sätze eines Autors sind immer Zitate. Sie werden nie zum Eigentum des Spielers. Die Sätze des improvisierenden Spielers hingegen sind sein Eigentum. Es gibt immer ein Davor, Dabei und Danach. Man handelt zu Sätzen hin, handelt mit ihnen und entwickelt sie weiter. Bei einem guten Text ist der folgende Satz immer ein entwickelter. Gute Sätze verdichten Handlungen. Man muss sie „entdichten", befragen und über das Handeln sinnlich machen.

Ein Beispiel. „Ich verstehe die Welt nicht mehr." Wie ist dieser Satz entstanden? Wo bin ich mit ihm angekommen? Wie sieht die Welt danach aus? Schließlich halte ich mich ja noch in ihr auf. Liegt es an der Welt, dass ich sie nicht verstehe oder an mir? Brachte mich eine Situation zu diesem Satz oder eine Fülle von Ereignissen? Wie endgültig ist er? Ist es nur ein Zwischendurchseufzer oder eine erdrückende Summe von Erfahrungen? Muss ich allein damit fertig werden oder habe ich Partner? Wenn ich Partner habe, macht dieser Satz andere Sätze nötig. Er kann nicht allein bleiben. Er wird Teil eines Dialoges.

Also: Der Darsteller sucht nach dem Weg zu diesem Satz, er erhandelt ihn szenisch, was besser ist, als ihn nur zu begründen. Daraus ergeben sich Folgen. Der Satz wird dramatisch, weil er – ausgesprochen – öffentlich wird. Er musste gesagt werden, weil es einen Grund gab, ihn nicht mehr zu verschweigen.

**Übung: Der schöne Satz**

**Man nimmt einen Satz. Schön, wenn es ein Satz ist, der nicht aus dem normalen Sprachgebrauch kommt.**
**Zum Beispiel Shakespeare: „Lass mich den Löwen auch noch spielen."**
**Oder: „Es ist hübsch, ein Türpfosten zu sein."**
**Diese Sätze werben. Sie interessieren und sie machen Lust.**
**Jetzt schlägt man einem Spieler vor: Geh doch mal auf den Korridor und versuch, dich diesem Satz anzunähern. Was muss gehandelt werden, was muss geschehen, dass du zu diesem Satz kommst? Was möchtest du anstellen, damit dieser Satz entsteht? Was ist davor? Wie läuft einer, der irgendwann sagen wird: „Es ist hübsch, ein Türpfosten zu sein"? Welche Stimmung hat so einer, welches Problem, welchen Konflikt? Der Satz ist ja da. Er muss ihn sich nicht ausdenken. Er interessiert. Er ist merkwürdig. Er hat einen Spielreiz. Nicht der Spielleiter trainiert oder übt den Spieler dahin, sondern er sagt: Versuch mal, dich diesem Satz anzunähern. Ohne Worte. Wie kommst du zu diesem Satz?**
**Das ist eine erstaunliche Übung, weil sie ohne große Aufforderung zum Handeln reizt, nach Gründen zum Handeln sucht und in den Gründen fürs Handeln auch den Grund für den Satz findet. Natürlich ist es bei diesem Annäherungsweg verboten, andere Worte zu benutzen. Der vor-**

**geschlagene Satz verweist auf andere Mittel, obwohl als Ziel die Sprache und das Sprechen stehen. Man überlässt es dem Spieler, wie er zu diesem Satz kommt, d. h. er findet diesen Satz. Erfunden ist er schon. Oder er entdeckt diesen Satz und er entdeckt den Weg, der zu ihm führen kann.**

Diese Übung ist vielfach zu verwenden, je nachdem was der Spielleiter erreichen will. Man kann den Satz „Ich will nicht mehr die Ente spielen" nehmen, wenn er thematisch passt. Man kann diese Übung aber auch ganz zielorientiert einsetzen, z. B. bei einem Aufenthalt auf einer Probe einen Spieler wegschicken mit der Aufgabe: Wie kommst du zu diesem Satz, und zwar nicht über Sätze und nicht über Worte, sondern über die andern Mittel?

Man kann die Übung auch mit zwei Sätzen machen. Zwei Spieler gehen raus. Ob sie da draußen spielen oder sich bereden, ist nicht so wichtig. Die Frage könnte sein: Wie komme ich von dem Satz „Will nicht mehr Fische putzen und Teller. Freiheit. Freiheit. Freiheit!" zu dem Satz „Die Wolken sehen aus, als würden sie Dörtchen Lakenweißer heißen." (Shakespeare)? Wie kommen zwei Spieler zu diesen Sätzen? Einzeln? Oder finden sie einen Dialog? Da ist ein großer Weg dazwischen, den muss man gehen. Wie arbeiten sie sich dahin? Die Aufgabe ist also: Zu einem Satz *hinhandeln*! Damit hat man das Gestaltungsmittel und das Ausdrucksmittel Sprache erst mal eingeführt. Man arbeitet zuerst mit vorgegebenen Sätzen. Der Nebeneffekt ist, dass die Spieler bemerken, dass zwischen den Sätzen Raum ist, auch wenn diese hintereinander gesprochen werden. Sie werden erkennen, dass auch in den Sätzen Raum und Zeit ist.

Eine weitere Entwicklung der Übung: Man schlägt einen Dichtersatz vor. Es kann sogar ein berühmter sein. Der Darsteller macht sich auf den Weg zu diesem Satz, schafft sich Umstände mit deren handelnder Unterstützung er den Satz erreicht. Das darf dauern. Dieser Vorgang bringt szenisches Verständnis für einen „großen" Satz, er führt an den Dichter heran und schafft Zugang, später auch Verständnis, für einen „fremden" Satz. Eine solche Umwegetüde unterstützt die szenische Arbeit an einem Stück, das sich nicht auf die Erfahrungswelt der Spieler stützen kann.

Beispiele für Narrensätze (Shakespeare):

„Rassle nach Herzenslust! Spei Feuer! Flute Regen!"
„Der Narr hat Gelenke, aber nicht – sich zu verbeugen."
„Ein Narr schlägt nicht, er wird geschlagen."

Jeder dieser ungewöhnlichen Sätze braucht eine besondere Aufmerksamkeit. Es ist wichtig, sich *im* Satz aufzuhalten – nicht nur davor und danach. Er ist zwar fertig auf dem Papier, aber er entsteht auf der Bühne. Für den Weg zum Narrensatz braucht es eine gewisse Zeit und eine Vorbereitung. Es ist eine Aufgabe für den nächsten Tag, denn so schnell versteht man einen Narren nicht…

**Nummer: Einen Satz bewegen oder Müller ist ein guter Kollege**

Man sagt: „Müller ist ein guter Kollege."
Und jetzt soll der Darsteller immer ein neues Wort in diesen Satz einbringen.
Müller ist ein sehr guter Kollege.
Müller ist ein außerordentlicher sehr guter Kollege.
Er überlegt also, wie er in einer gewissen sprachlichen Logik solche Wörter einführen kann.
Unser Müller ist ein außerordentlicher sehr guter Kollege.
Unser aller Müller ist ein außerordentlicher sehr guter Kollege.
Unser aller Herr Müller ist bestimmt ein außerordentlicher sehr guter Kollege ...

Man bewegt diesen Satz und erfährt spielerisch die Bedeutung des einzelnen Wortes. Das macht der Spieler selbst.

Jetzt kann von außen zugearbeitet werden. Da ruft einer von außen rein (das ist jetzt sehr regiemäßig): „Na ja!"
Jetzt geht der Satz so:
Na ja, unser aller Herr Müller ist bestimmt ein außerordentlich sehr guter, aufrichtiger, prima, etwas müder Kollege.
Oder: Unser aller Herr Müller ist ein bestimmt, na ja, ein ...
Der Satz ist völlig anders, man muss gar nicht interpretieren, wie anders, man spürt es. Es sind Wörter die den Satz bewegen. Dieses „Na ja", charakterisiert den ganzen Satz anders.

Oder: „Hoppa hoppa."
Unser aller, na ja, Herr Müller ist ein außerordentlich, hoppa hoppa, sehr guter, aufrichtiger, prima, etwas müder Kollege.
Nur nicht herumspielen, sondern diesen Satz handeln! Und man merkt, wie der Satz durch ein eingeschobenes Wort gestisch wird. Er benötigt oder provoziert andere Ausdrucksmittel und verändert dadurch noch einmal seinen Sinn, seinen Charakter, sein Ziel, sein Thema.

Das ist angewandte Improvisation. Sie geht von einem Mittel aus und wird durch Phantasie zur Improvisation. Ich versuche immer, für Improvisationen vorzuschlagen: ein Thema oder eine Idee und ein oder mehrere Mittel, um die Phantasie anzuregen. In diesem Fall ist das Mittel die Sprache.

**Sprache handelt im Theater durch Sprechen**

Sprache handelt im Theater durch Sprechen. Ansonsten handelt Sprache im Lesen. Das ist ein großer Unterschied. Ich möchte, dass der Spieler mitkriegt, dass das Arbeit ist. Er muss wirklich arbeiten. Der Spieler erfährt, dass ein Satz aus Wörtern besteht. Das hat er vorher auch gewusst, aber er erfährt es an sich selbst und durch die Bewegung und Veränderung, die ein einziges Wort in einem Satz, in einem Text schaffen kann.

Ein Beispiel:

Ich liebe dich, *sehr*.
Ich liebe dich *außerordentlich*.
Ich liebe dich *außerordentlich* sehr, na ja.
Ich liebe dich, *nur dich*.

Immer passiert etwas anderes. Man kann dadurch eine Szene, die mit Liebe zu tun hat, man kann die Art der Liebe, die Art der Mitteilung der Liebe klar machen. Manchmal entsteht ein scheuer, sich unglücklich ausdrückender Mensch, manchmal entsteht ein arrogant entgegennehmender Mensch. Manchmal entsteht ein Schwätzer. Manchmal entsteht einer, der nur sich selbst liebt. Alles mit diesem Satz, in den man ein Wort hineinschiebt.

Damit verweist man den Spieler auf die *Bedeutung eines Wortes*. Man muss ihm nicht sagen: Geschwätz ist das Gefährlichste in der Improvisation. Er kriegt es selbst mit.

Dazu noch ein Beispiel:

„Ich bin die Sandy."
„Ich bin der Markus."

Das ist heute sehr modisch, den Artikel vor den Vornamen zu setzen. Wo ist der Unterschied zwischen: „Ich bin der Markus", und: „Ich bin Markus"? Wenn man mit dem Artikel selbstdarstellerisch und wichtigtuerisch umgeht, dann heißt der Satz: Ich bin *der* Markus.

Oder: „Man sieht sich."

Das ist eine oberflächliche Äußerung zu einer an sich schönen Angelegenheit, nämlich sich zu sehen. Ich erwähne das nicht, um Kritik an der Zeitsprache zu üben, sondern um mich *in* dem Satz aufzuhalten: Moment mal! Durch eine leichte andere gedankliche Betonung heißt das: Man sieht *sich*. Will man vom anderen überhaupt etwas?

Sprache braucht eine besondere Aufmerksamkeit. Die Aufmerksamkeit hat als Mittel den *Aufenthalt*. Sich aufhalten im Satz, das heißt: Sprache durch den Ausdruck sprechen. Volkstümlich könnte man auch sagen: Mach mal Pause. Versuch doch mal, jedes Wort hervorzuheben. Nicht jede Aufmerksamkeit für ein Wort verändert dessen Sinn, aber manche.

Bisher hat der Spieler noch keine eigenen Texte erfunden. Er hat nur gegebene Texte „improvisativ“ entdeckt und entwickelt. Deshalb ist das keine reine Improvisation, sondern eine eigene Methode: Improvisativ entwickeln. Es gibt noch viele andere Möglichkeiten, an einem Satz zu arbeiten.

**Nummer: Anfangssätze im Selbstgespräch**

**Die Spieler werden aufgefordert, sich einen Satz auszudenken, mit dem sie beginnen und ihr Spiel entwickeln wollen. Er soll ihnen die Möglichkeit geben, den Gedanken zu erweitern und zu vergrößern.**

**Beispiele:**
**Warum bin ich immer so klein?**
**Ich bin immer die Letzte!**
**Vielleicht bin nur ich so dumm?**
**Auch Lied- und Gedichtsanfänge eignen sich für solche „Selbstgespräche“, Monologe.**

Andere Sätze:
Die Leute glotzen mich alle so an!
Ich werde verrückt!
Es geht nicht los!
Ich mache Schluss!
Ich werde gewinnen!
Ich war beim Frisör! (Nanu?)
Ich ändere mich! (Ganz und gar?)
Ich hab‘s! (Herzlichen Glückwunsch!)
Ich komme mir so blöd vor! (Vielleicht bist du es!)

Jeder ausgesprochene Satz erwartet etwas, und sei es nur, gehört zu werden, verstanden zu werden.

**Übung: Anfänge vergrößern**

Hier bittet man die Spieler, ganz klein, klitzeklein anzufangen.
Am Anfang war ein Hauch, dann kam ein Lüftchen, ein leichtes Wehen, Winden, Böen, Stürmchen, ein Sturm, Orkan, Tornado, Taifun ...
Langsam arbeiten, nach Verben suchen, dabei größer und größer werden.

Am Anfang war ein Samen...
Ein Buchstabe, ein Laut, ein Wort...
Am Anfang war ein Blick...
Denkpausen und Aufenthalte nehmen!

Vier Spieler sitzen nun nebeneinander und entwickeln gleichzeitig ihre Anfänge, z. B. ausgehend von „Punkt", „Glimmen", „Blinzeln" und „Sekunde". Jeder arbeitet still an seiner Aufgabe. Nach einer Weile zeigt der Spielleiter auf einzelne, die laut weiter sprechen, dann wieder schweigend arbeiten, sobald ein anderer aufgefordert wird, laut zu werden.

**Nummer: Eigene Sätze und die Vorgabe einer Spielordnung**

Was ist aber nun mit eigenen Sätzen als Folge von Handlung?
Da mache ich gerne diese Nummer: Ich schlage eine Organisation vor, eine Disziplin, eine Vereinbarung, einen Ablauf.

1
Ich sage: Zwei Leute auf der Bühne dürfen abwechselnd je drei Sätze, zwei Sätze, einen Satz, ein Wort, einen Ton, eine Geste benutzen.
Ich ernenne sogar einen „Mitzähler". Der zählt mit.
Das ist die Ordnung. Aber sie tritt in den Hintergrund, weil sehr schnell eine Verantwortung dem Nutzen von Satz, Wort und Geste gegenüber entsteht. Da Verantwortung Zeit braucht, da Verantwortung Entscheidung braucht, nutze ich auch andere Mittel: den Gang als Annäherung, die Pause als Aufenthalt, die Geste als Suche und kann so meine Sätze mit Hilfe der anderen Mittel finden.
Ich schlage inhaltlich nichts vor. Ich halte beim ersten Mal viel davon, dieser Nummer eine allgemeine Freiheit zu geben.

**2**
**Die Zweiten, die diese Nummer machen, kriegen dann ein Thema dazu, z. B. „Hausmüll". Für manche ist das ja ein Thema. Und jetzt müssen sie auf die Disziplin, die Organisation und das Thema achten, und sie spüren immer mehr die Verantwortung bei der Benutzung von Texten. Bei drei Sätzen kann man noch viel sagen. Ganz Schlaue machen drei Sätze so lang, dass sie Thomas Mann'sches Format bekommen. Drei Sätze, zwei Sätze, ein Satz. Man weiß ja nicht, was der Partner macht. Der kann ja einen Konflikt entwickeln, und ich habe nur noch ein Wort! Dieser sorgfältige, dieser verantwortungsvolle Umgang mit Text führt mich zu dramaturgischem Denken. Ich habe zum Schluss nur noch den Ton, also eine Empfindung und eine Geste. Und mit der Geste entscheidet sich, wer wo angekommen ist – mit dem Hausmüll-Problem und überhaupt.**

Man darf von diesen Nummern nie zu viel verraten, denn die Erfahrung muss der Spieler selbst machen. Der Spieler wird dann erfahren, dass es z. B. schon eine Frage ist: Wer fängt an? Der hat nämlich nicht die letzte Möglichkeit. Also hat man schon eine Entscheidung am Anfang.

Die Nächsten wissen das und denken: Ich fang nicht an. Wenn ich jetzt anfange, hat der andere Spieler die letzte Geste, mit der er alles für sich entscheiden kann. Das ist ein dramatischer Vorgang, das ist, wenn man so will, auch eine Auseinandersetzung mit Sätzen.

Das werde ich vorher nicht sagen. Ich habe nur die Disziplin vorgegeben, die Spielordnung. Die Spieler haben so keine Gelegenheit, an Schwatzen und Schwafeln zu denken, weil sie vom Partner mitgeformt werden, sie müssen mit ihm handeln. So entstehen Texte, die gebraucht werden, die nötig sind. Die Spielordnung bewahrt den Spieler vorm Geschwätz. Man geizt mit Worten. Diese Nummer ist außerordentlich spannend, denn eigentlich hat keiner, der sie macht, Probleme mit den Worten.

Natürlich kann man diese Nummer verändern. Man kann sie rückwärts nehmen. Man kann sie verknappen. Man kann sie auffüllen: Du hast noch einen Gang … Aber ich habe die Erfahrung gemacht, dass die Einschränkung, mit der das Reden versehen ist, sehr konzentriert, sehr aufmerksam macht. Man wird aufmerksam *in* der Sprache. Nicht umsonst hat man zum Schluss nur noch das Mittel Geste. Die erzählende Geste. Geste als Sprache. Wenn ich zum Schluss des Gespräches mit dem Finger schnipse, ist das auch ein Satz.

Der Spielleiter kann dann darauf hinweisen, dass die Geste oder der Gang oder die Pause Sprache sind. Man kann anhand dieser Nummer beweisen, dass alle Darstellungsmittel des Theaters erzählen und damit auch Sprache sind. Sie können nicht alle reden, aber sie können erzählen.

Jetzt hat man also durch diese Spiel-Konstruktion, die auch vom Spieler viel Aufmerksamkeit erfordert, handelnde Sätze gefunden – ohne dass man darauf geachtet hat, ob diese Sätze schön oder bedeutend sind. Das Ziel ist in diesem Fall der Weg, das Wort auf dem Wege zum Ziel. Also: Sätze entstehen aus Handlung und gleichzeitig machen sie Handlung wieder möglich. Sätze müssen sprachlich „erhandelt“ und dann sprechend „behandelt“ werden. Behandelt man sie zuerst, entstehen Betonungen, die oft nur „Vertönungen“ sind, illustrativ und resultativ, man nennt das auch „Schönsprecherei“.

**Nummer: Spinnereien oder Halbreales in Sätzen**

**Ein Spieler steht da und hält einen aufgespannten Regenschirm, der nicht da ist. Er hält den Schirm glaubwürdig, weil es ihn ja nicht gibt. Das ist eine durchaus ernste Angelegenheit, warum sollte er ihn also komisch halten.**
**Ein Vorbeikommender glaubt ihm den Schirm, weshalb er zum Ersten sagt: „Aber es regnet doch gar nicht.“ Er sagt nicht: „Aber Sie haben ja gar keinen Regenschirm.“ Das wäre das Ende der Nummer.**
**Der Vorbeikommende stellt sich als Kerzenträger ohne Kerze neben den Schirmhalter. Sie haben sich verstanden.**
**Eine Vorübergehende bemerkt die nicht vorhandene Kerze und sagt: „Die flackert.“**
**Der Schirmträger: „Und es regnet.“**
**Die Vorübergehende stellt sich mit einem nicht vorhandenen Blumenstrauß neben die anderen. Es kommt... Wie geht es weiter? Was für Sätze entstehen?**
**Die Darsteller spinnen nicht. Sie arbeiten mit einer Phantasie. Das schafft man nicht mit Spinnen. Phantasie ist ein Problem!**

Variante 1:

A sitzt auf einem Pferd!
B hockt *neben* einem Stuhl!
C kämmt sich!

ABC nehmen eine Beziehung auf und führen drei verschiedene Umstände zueinander, indem sie eine Gemeinsamkeit finden.

Variante 2:

A sieht B *nicht*!
B sieht C *nicht*!
C sieht A *nicht*!
Aber sie sehen sich! Und reden!

Variante 3:

A hat noch nie eine Gießkanne in der Hand gehabt!
B hat schon mal Kühe gemolken!
C ist kein Radfahrer!
Was verbindet sie? Ein Dialog will das unbedingt klären.

**Nummer: Besonderer Text für besondere Umstände**

**Eine Gruppe Spieler bringt einen Unbekannten herein, einen Typen, den man normalerweise nicht aus der Nähe kennt. Sie haben ihn gekidnappt oder auf andere, eher abenteuerliche Weise „besorgt". Verpackt oder auf einen Stuhl platziert, transportieren sie ihn auf die Bühne. Dazu stellen sie einen anderen seltsamen Typen und setzen beide zueinander in eine räumliche Beziehung. Sie entfernen sich mit dem gespannten Interesse, was zwischen den Beiden im Weiteren geschehen wird. Dabei ist die Paarung von Wichtigkeit. Die beiden Typen hätten unter normalen Umständen nie zueinanderkommen können.**

Vorgeschlagene Unmöglichkeiten:
Jesus und ein Pariser Parfümverkäufer …
Königin von England und Rudi Dutschke …
Eckensteher Nante und Columbus …
Bundeskanzlerin und Taigajäger …
Shakespeare und Verkehrspolizist …
Taschendieb und Robinson …
Hausfrau und Unterwäschemodel …
Puppenspieler und General …
Häftling und Eiskunstläuferin …
Karrierist und Penner …
Babylonier und Berliner …
Prolet und Schönheitskönigin …

Reicher und Armer …
Nachtportier und Kugelstoßer …
Toter und Wahrsagerin …

Man bemerkt unschwer an dieser Auflistung, dass sie mit großer Lust an ungewöhnlichen Paarungen entstanden ist. Ein Darstellungsreiz ist gegeben.

Die Umsetzung braucht als Voraussetzung für eine Glaubhaftigkeit die intensive Beschäftigung mit den vorgeschlagenen Subjekten. Der Spieler muss ein Kenner dieser Typen sein, er darf es nicht nur behaupten.

Man kann natürlich auch Paare zusammenbringen, die man gern einmal zusammenbringen möchte, die das aber von sich aus nie geschafft haben. Man kann also „Schicksal spielen". Oder man lässt Bühnenfiguren, die sich auf der Szene nie treffen würden, zueinanderkommen.

Zum Beispiel:
Geist von Hamlets Vater – Ophelia
Julia *(Romeo und Julia)* – Gretchen (*Faust*)
Ferdinand (*Kabale und Liebe*) – Ferdinand (*Egmont*)
Truffaldino (*Diener zweier Herren*) – Narr (*Was ihr wollt*)
Prinz von Homburg – Michael Kohlhaas
Arturo Ui – Galilei
Zwerg Nase – Schneewittchen
Rotkäppchen – Rumpelstilzchen
Eine Leiche (*Richard der Dritte*) – eine Leiche (*Macbeth*)

Um eine größere Beteiligung von Darstellern zu erreichen, kann man den einzelnen Subjekten noch einen „unsichtbaren" Berater zur Seite stellen. Diese Nummer verlangt eine gewisse Vorbereitung. Die Spieler müssen sich mit den Typen beschäftigen, zudem sollten sie schon darstellerisch geübter sein. Dies ist keine Nummer für Anfänger.

Sehr praktisch und bereichernd ist auch, wenn man aus einer Inszenierung, mit der man gerade beschäftigt ist, Figuren nimmt, die nie direkt aufeinandertreffen, aber voneinander wissen, übereinander reden, voneinander abhängig sind oder beeinflusst werden, und diesen Figuren ein Begegnung ermöglicht. Wenn sich zwischen zwei Partnern eine bestimmte Entwicklung abzeichnet, kann man einen dritten dazu stellen oder einen anderen wegschicken. Verabredungen unter den Partnern sollte es vorher nicht geben, nur die Typbeschreibung.

**Nummer: Die Ich-Sätze**

**Ich habe „Ich-Sätze" geschrieben, aber eigentlich müsste es richtiger „ICHsätze" heißen. Das „Ich" bestimmt den Satz. Es ist *mein* Satz über *mich.* Ich meine mich zuerst und dann Menschen oder Umstände, die mich dazu brachten, diesen Satz zu sagen.**

**Er sagt zu ihr: Ich liebe dich.**
**Sie sagt zu ihm: Aber ich liebe dich nicht.**
**Er: Das ist dein Problem. *Ich* liebe dich. Das ist mein Problem...**

**Man kann sich ja eine gewisse Zeit nur mit sich beschäftigen, und nicht selten muss man das auch – aber nicht auf Dauer. Der Mensch lebt in ständiger Partnerschaft, ob er das will oder nicht, ob er das bemerkt oder nicht. Aber nicht nur der Mensch ist ihm Partner, sondern die Welt, solange er sich in ihr aufhält. Zum Glück nicht die ganze, aber mehr von ihr, als er weiß oder ahnt. Robinson hatte eine Insel, ein Meer, Pflanzen und Getier ... Aber irgendwann auch einen Freitag. Mein „Ich" muss also, nach einem gewissen Aufenthalt mit mir und bei mir selber, wieder in eine Beziehung „zur Welt" gebracht werden.**

**Satzvorschlag: „Ich halte das nicht mehr aus!"**
**Zuerst bewegt man den Satz durch die besondere Hervorhebung eines Wortes:**
**„*Ich* halte das nicht mehr aus!" Da ist man sehr allein.**
**Dann: „Ich *halte* das nicht mehr aus!" Da ist Veränderung möglich.**
**„Ich halte *das* nicht mehr aus!" Da weiß man, was.**

Nebenbei: Das „nicht" sollte nicht hervorgehoben werden. Es macht sich selbst wichtig genug. Diesen kleinen Umweg mit Hervorhebungen sollte man sich gestatten, um den Satz kennenzulernen, nicht um eine besondere Betonung herauszuholen. Sätze betont man nicht, man denkt und handelt sie.

Wenn der Spieler nun den Satz „Ich halte das nicht mehr aus!" gesagt hat, stellt sich unvermeidlich die Frage: Was halte ich nicht mehr aus? Also die Frage nach dem „Davor", nach der Entstehung dieses Problems, das den Satz hervorrief. Der Spieler sucht nach dem Grund. Er geht einen Weg zurück, zu einem möglichen Anfang. Ein Grund wird ihm vielleicht nicht reichen, es sei denn, es ist ein starker. Er stapelt Gründe. Die Erregung wächst mit der Anhäufung von Gründen. Schließlich erreicht er den Satz: „Ich halte das nicht mehr aus!"

Will er weitermachen, muss es ein „Danach" geben. Dazu braucht er Partnerschaft. Er braucht ein Ereignis, das einen Zustand beendet. Das muss nicht immer von einem Menschen kommen, aber von außen. Das „Ich" hat es allein nicht geschafft! Jedes „Dabei" hat also ein „Davor" und ein „Danach". Die Frage lautet: Was *war*? Was *ist*? Was *wird*?

Vorgeschlagene Sätze:
Ich mache Schluss!
Ich muss durchhalten!
Ich muss schweigen!
Ich muss (sollte, werde) reden.
Ich werde gewinnen.
Ich lasse das nicht zu (nicht mit mir machen).
Ich lache mich tot!
Ich bin verrückt.
Ich liebe mich!

Diese Nummer sollte neugierig darauf machen, wie anders das ist mit den Du-Sätzen. Man probiere den Umweg vom Ich zum Du oder umgekehrt und der Vollständigkeit halber mit Wir und Sie. Besonders interessant ist aber das Es:

Ich gehe los. – Es geht mit mir los!
Ich schreie. – Es schreit in (mit) mir!
Ich verzweifele. – Es verzweifelt mich.
Ich rede. – Es redet aus mir.
Hier sind Entdeckungen zu machen.

## Worte und Hindernisse

Sprache braucht Hindernisse. Werden sie überwunden, handelt sie.

Einige Vorschläge für Situationen:
Was ich dringend einem anderen zu sagen habe, muss ich gesagt haben, bevor er die Tür hinter sich zuschlägt.
Ich bitte um eine notwendige Hilfe, solange ein Auto an mir vorbeifährt oder rast. Bei einem Radfahrer habe ich andere Möglichkeiten.
Ein Flößer will ein Märchen, einen Witz oder politische Nachrichten von mir hören. Ich habe nur so viel Zeit, wie das Floß braucht, um an mir vorbeizuziehen. Zur Not kann ich am Ufer neben dem Floß herlaufen.

Vielleicht trifft das sogar ein Thema in unseren schnelllebigen Zeiten. Wörter, Sätze, Texte, Wichtiges, Dramatisches und Entscheidendes im Vorbeirasen, Vorbeischwimmen, Vorbeitraben, Vorübergehen, Vorbeihumpeln, Vorbeieilenhastenrennenstürmen usw. Um auf die Ruhe zu verweisen, sollte unbedingt eine Schnecke vorbeikommen …

Auch Bedingungen sind Hindernisse:
Nur kein falsches Wort sagen.
Fasse dich kurz!
In die Atempause eines geschwätzigen Partners kommen.
Die entscheidenden Worte wählen.
Sich nicht verraten.
Nach dem Munde reden.
Ein bestimmtes Wort unbedingt vermeiden.
Kein Wort zu viel sagen.
Unaussprechliche Worte weglassen.
So viel wie möglich Fremdwörter verwenden.
Pausen machen!

Vereinfacht gesagt, haben wir in dieser Sammlung die Sprache unter „Druck" gesetzt. Das ist das Hindernis. Druck übt kolossal, wenn er nicht mit Zwang verwechselt wird, sondern ein Übungsdruck bleibt, ein Ausprobierdruck, eine Form von Handlungsenergie, die sich freimacht.

**Nummer: Ein Satz ist Situation und wird Szene**

**„Herr Graf, die Pferde sind gesattelt." Das ist der berühmteste und einzige Satz einer Nebenrolle und Material für viele Anekdoten. Was braucht dieser Satz, um eine Situation zu sein? In der Anekdote ist es die gewaltige Aufgeregtheit des Spielers (oder Edelstatisten) vor und bei seinem winzigen Auftritt; und was da alles passieren kann! Ein Hänger oder Stolperer, eine Wortumstellung wäre eine Katastrophe. Die kleine Szene könnte ein Drama werden.**
**Stellen wir dem Satz eine andere Aufgabe. Die Pferde können für eine Flucht gesattelt sein, und der Überbringer des Satzes verbreitet Angst und Schrecken für den Grafen, kann aber seine eigene freudige Genugtuung nicht verbergen. Geschieht dem Grafen recht, was ihm geschieht. Der Satz befreit von Graf, Pferd, Sattel, Knechtung und mehr! Möglich, dass er eine Revolution ankündigt.**

Der nächste Satz geht so:

„Madame, die Petersilie ist ausgegangen!"

Was kann eine Köchin mit diesem Satz anrichten, loswerden, wie von diesen Worten profitieren? Was bringt die Zukunft, wenn schon die Petersilie verschwunden ist?

Der Satz:

„Majestät, eine Revolution nähert sich!"

Was löst der Satz bei der Majestät und bei dem Boten aus? Revolution ist ein starkes vielsilbiges Wort. Da kann man viel Hoffnung und Erschrecken hineinlegen und herausholen.

Der Satz:

„Herr General, es regnet!"

Man bestimme Haltung, Problem, Konflikt und Lösung. Es hat noch nie so dramatisch geregnet! Verdammte Sauerei!

Der Satz:

„Herr Präsident, man sägt an Ihnen!"

Wer bringt diesen Satz? Was erfährt man von dem Überbringer? Welches ist sein Lieblingswort? Sägt der Triumph mit?

Andere Sätze:

„Gnädige Frau, … Flöhe!"
„Herr Vorsitzender, Sie sind ein Arsch!"
„Genosse, Marx ist am Apparat!"
„Herr Müller, Sie sind tot!"
„Herr Präsident, keine Post! … Kein Anruf! … Kein Fax!"

Es ist wichtig, dass man sich solange wie möglich mit diesem einen Satz aufhält, die Satzmelodie durch unterschiedliche Hervorhebungen eines Wortes variiert und sich dann für eine Haltung entscheidet.

**Nummer: Die Ein-Satz-Szene**

**Zuerst lässt man den Satzbringer *allein* auf der Szene. Er soll den ganzen Raum für sich haben und ihn sich in seiner Vorstellung gestalten. Er etabliert den Empfänger seiner Worte nach seinen Bedürfnissen und zu seinem szenischen Vorteil.**

**Wenn er in dem einmaligen Abgeben des Satzes nicht alle seine Absichten unterbringen konnte, kann er den Satz oder einzelne Teile noch einmal nutzen.**
**Erst wenn er an die Grenzen der Möglichkeiten kommt, aber sein Ziel noch nicht erreicht hat, greift er nach anderen Worten.**
**Aber er muss sie unbedingt brauchen. Nicht zum Quatschen, zur Verlängerung seines Auftrittes, sondern zum Verwirklichen seiner Absichten, zum Handeln aus gutem Grund und in einem einmaligen Augenblick!**

**Nimmt man später einen Partner dazu, kann sich eine Szene entwickeln. Der Partner wartet, bis der andere mit seinem Satz so viel wie möglich von dem, was er vorhatte, *abgehandelt* hat. Je mehr er erfährt, sieht, hört und empfindet, umso bereicherter kann er bei seinem Eintritt in einen Dialog treten, die Szene entwickeln. Als Partner übernimmt man das Handeln aus Notwendigkeit und nicht, weil man auch mal „dran" sein will. (Das hört sich hier unwichtig an, findet aber nicht selten statt.) Dann beteiligt man sich nur und entwickelt nicht. Dann tritt die Szene auf der Stelle.**
**Diese Ein-Satz-Szenen brauchen eine Entstehung, den Satz als Ereignis und die daraus entstandenen Folgen mit ihrer Bewertung.**

### Die innere Stimme

Die innere Stimme ist ein anderer Begriff für bekannte Begriffe. In der DDR nannte man es „Untertext", in Westdeutschland „Subtext". Es ist dasselbe gemeint. Einer Verständigung steht in diesem Falle nichts im Wege. Nun kennt man aber auch noch diesen anderen Begriff, der das Wesen von „Sub- oder Untertext" vielleicht praktischer und auch sinnlicher begreifbar macht, der aber nicht aus der Terminologie des Theaters kommt, sondern eher aus dem Leben. Das hat ihn verdichtet und somit doch in die Nähe des Theaters gebracht.

Meine innere Stimme sagt mir …
  Hätte ich doch nur auf meine innere Stimme gehört …
  Meine innere Stimme hat mich gewarnt …
  Hätte ich ihr doch vertraut …

Während der Untertext eher mitdenkt, *redet* die innere Stimme mit. Während der Subtext begleitet und unterstützt, kann die innere Stimme Probleme machen, kann Widerstand und auch Widerspruch sein, eben weil sie *mitredet*. Sie verlangt die Entscheidung, ob sie in eine Handlung einbezogen oder überhört wird. Vor allem aber stellt sie Fragen. Unterstützende. Aufhaltende. Entscheidende.

Warum sollte sich ein Darsteller nicht in seinem Ausprobieren manchmal eine kleine Auszeit erlauben und ankündigen: „Moment mal. Ich befrage mal kurz meine innere Stimme und höre mir ihre Meinung an." Oder: Die innere Stimme unterbricht das Handeln und sagt: „Was *sie* dachte, aber nicht sagte." (Brecht) Und das sagt sie dann, obschon es doch nur gedacht ist. Dabei sagt eine Figur, die man darstellt, was sie denkt. Was dachte Kleopatra und sagte es nicht!

Geht es um die eigene Person, wird anders angesagt:
„Was *ich* denke, aber nicht sage."
„Was *ich* denke, aber nicht mache."

Man kann die Darsteller auch auffordern zu sagen, was sie im Augenblick denken, aber in ihrem Text nicht sagen. Nicht um sie beim falschen oder Nicht-Denken zu erwischen, sondern nur um das begleitende Denken zu veröffentlichen. Was auch dem Partner nicht schaden kann. Wenn der eine seine innere Stimme sprechen lässt, kann der andere mit seiner eigenen antworten, und man hat einen inneren Dialog. Der ist bei manchen Vorlagen sogar spannender als der aufgeschriebene Text, wie Versuche beweisen.

Bei einem unerträglichen DDR-Gegenwartsstück, das natürlich nichts mit der Gegenwart zu tun hatte, arbeiteten wir mit solchen inneren Dialogen. Es entstanden spannende Gegenentwürfe zu dem Autorentext. Sie blieben unser Probengeheimnis. Übrigens: Man kann diese Veröffentlichung der inneren Stimme auch bei Stückeschreibern als eine Form entdecken, z. B. bei Brecht, bei Molière oder Shakespeare und anderen.

Zum Ausprobieren:
Zwei Spieler probieren eine Szene mit vorliegendem Text.
Zwei andere übernehmen außerhalb der Szene die inneren Stimmen der beiden Probierer:
„Was sie dachte, aber ihm nicht sagte." „Was er dachte, aber ihr nicht sagte."

Entweder erkennen diese Außenstimmen die Absichten der Probierer, oder sie bringen sie in einige Schwierigkeiten oder schaffen ihnen Möglichkeiten. Aber immer wird die Arbeit an der Szene *vertieft* – nämlich nach innen.

Kleiner Gegenentwurf: „Was sie *sagte*, aber nicht *dachte*."

## Etüdischer Umweg zu dichterischen Sätzen

Angenommen, man hat vor, Texte zu gebrauchen, die vorhanden sind, möglicherweise auch literarische, keine beiläufigen Texte, sondern dichterische Sätze. Man lässt den Spieler diese Sätze einmal lesen. Beim Lesen selbst werden sich schon Bedenken einstellen: Das schaff ich nie, zu kompliziert, oder: Wie spricht denn der? Jetzt sagt man: Mach doch einen kleinen etüdischen Umweg. Erzähl mir den Text mit den Worten, an die du dich erinnerst. Die Lust besteht darin, zu entdecken, was von diesem Text beim *ersten Mal* meins geworden ist.

Man kann die Aufgabe wiederholen, in dem man sagt: Nenn mal die interessantesten Wörter aus diesem Text. Fleiß und Gedächtnisleistung sind unwichtig. Hier soll ein Vergnügen, eine Lust am Text erzeugt werden. Also: Was hast du dir gemerkt? Jetzt versuch das mal zusammenzusetzen. Es soll ein genussvolles Erinnern und nicht ein erzwungenes Erinnern sein. Erzwungenes Erinnern ist immer Mist! Jetzt werden zur Verblüffung des Darstellers und zum Erstaunen des Spielleiters Wörter erinnert werden, und man wird vielleicht staunen, welche Wörter das sind.

Und wenn dieser Prozess stattgefunden hat, dann sagt man: So, jetzt lies den Text doch noch mal. Jetzt trifft sich der vom Spieler erinnerte Text mit dem Autorentext, und es beginnt die Lust, die Wörter, die man sich gemerkt hat, im Satz des Autors wiederzufinden. Auf diese Weise lernt man einen Satz kennen, man macht sich bekannt mit ihm. Sätze „können" ist Unsinn. Sätze kennen ist wichtig. Die Folge davon ist, dass man sich den Text über diesen Umweg erwirbt und damit den ersten Schritt gegangen ist, diesen Satz zu sprechen. Nebenbei kriegt der Spieler mit, welche besonderen Wörter den Satz ausmachen, und erfährt auf diese Weise Eigenheiten der Sprache des Dichters.

Einmal inszenierte ich *Troilus und Cressida* in einer Übersetzung von B. K. Tragelehn. Es geht in dem Stück um Krieg. Und da fiel mir auf, dass dieses Wort „jetzt" hunderte Male vorkommt. Bei dem Regisseur, Übersetzer und Dichter Tragelehn kein Zufall. Er bewegt mit dem „Jetzt". Er hetzt mit dem „Jetzt". Er treibt. Immer mit diesem „Jetzt". In den Tagen, wo alle einen Krieg erwarteten, spielte dieses „Jetzt" im Fernsehen auch eine Rolle: *Jetzt* hat er angefangen. *Jetzt* knallen sie. *Jetzt* sterben sie. Es gibt Wörter, die diese Bewegung in sich haben: jetzt, plötzlich, nun.

Wenn man sich dem Satz genähert hat, wenn der Ausdruck *Sprache* gefunden ist, wird er durch den Einsatz anderer Mittel selten Geschwätz. Die anderen Mittel: Haltung, Gang, Bewegung, Pause, Geste usw. führen zur Sprache oder kommen von der Sprache. Sie sind auch Sprache. Ein Text, das ist nicht: Satz plus Satz plus Sätzchen plus Sätzchen plus Satz. Sondern Satz und vielleicht noch ein Satz und Haltung und Gang, aber Pause.

Anders gesagt: Wenn du zu deinem ersten Satz gekommen bist, den du brauchtest zur thematischen Bestimmung, zur Vertiefung, Vergrößerung oder Entwicklung, dann denke daran, dass der zweite Satz gegenüber dem ersten eine Verantwortung hat. Das macht wahrscheinlich eine kleine Pause nötig: eine gegangene Pause, eine gestische Pause, in der du denken, wählen und entscheiden kannst, in der du handelst.

Derjenige, der einen Satz gefunden hat, kann seine Schönheit, seinen Wert im Moment empfinden oder auch nicht. Es kann Zufälligkeit dabei sein. Der Zuschauer spürt, wenn ein Spieler den Satz, seinen Satz „schmeckt". Und der Spieler merkt beim Nacheinandersprechen von Wörtern und Sätzen eine gewisse Erhebung, er ahnt vielleicht eine gewisse Besonderheit. Er kann sich aber nicht aufhalten und er kann das nicht groß auswerten, weil das seine Darstellung unterbrechen würde. Wenn die zuschauenden Spieler aber den Satz erinnern und wiederholen, wird er dem Spieler nachträglich noch mal als sein Eigentum vorgeführt. Und das vergisst er nicht. Durch jemand anderen an sich selbst erinnert zu werden, das merkt man sich.

Die Auswertung sollte man lieber umbenennen in „Rückspiel". Mit der Aufforderung an die Zuschauer, zu sagen und zu zeigen, welchen Satz, welche Haltung, Geste, Handlung usw. sie erinnern, wird der Satz dem Spieler zurückgespielt. Am Theater sind die unwichtigsten Wörter „richtig" und „falsch". Mein Professor hat als launige Kurzbesprechung zu einer Etüde immer gesagt: „Richtig? Richtig!" Dann hat er eine große Pause gelassen, damit sich auf dem Gesicht des Studenten das Lob ansammeln konnte. Und dann hat er gesagt: „Wichtig? Nee!" Oder: „Interessant? Nee!".

Bei Sätzen ist es wichtiger, vom ersten Buchstaben bis zum letzten erst einmal den Zusammenhang zu erkennen, als die Tendenz zu haben, schnell irgendwo hinzukommen, schnell beim Schlusspunkt anzulangen. Schnelligkeit im Umgang mit Sprache ist ein Problem. Schnelligkeit und Vielwortigkeit führen immer zu einer „sehr flotten Entleerung". Deshalb würde ich immer vorschlagen, was Sätze betrifft, sich mal wieder an Dichtern zu orientieren. Man muss nicht ihr ganzes Werk nehmen.

Sag doch mal: „Ist hier ein Gang / von Kraft / um eine Mitte, / in der betäubt / ein großer Wille steht." „Reite, reite, reite vom Tag in die Nacht." Man sagt doch Wort *für* Wort. Heißt das nicht: Ein Wort *für* ein nächstes?

## Dass ich dich herzen kann

Alle kennen heute das Herz – als ein Wunder, einen Muskel, ein Zeichen für etwas. Aber früher gab es das auch als Verb: herzen. Man kann auf einem Thron thronen. Also kann man doch auch auf einem Stuhl „stuhlen" und auf einem Hocker „hockern", nicht nur hocken. Man kann sonnenbaden. Man kann aber auch „mondbaden". Man kann sich sonnen, warum nicht auch „sich monden".

Natürlich war dieses „herzen" ein Wort, um Aufmerksamkeit zu erregen. Es gibt das Wort „fenstern", dann kann es doch auch „türen" geben. Ich türe zu dir herein. Und jetzt merkt man, dass dieser Satz viel mehr erzählt, als nur hereinkommen. Es türt jemand herein. Er „teppicht" zum Tisch, um zu „broten". Das ist Lust an Sprache, das ist nicht „kindertümelnd". Das kann auch von Erwachsenen betrieben werden. Es ist die Sprache auf dem Wege, auf dem Wege zu einer Bereicherung. Die Aufmerksamkeit des Spielers ist damit erzeugt, er wird auch die nächsten Sätze begucken, ob da nicht noch so etwas zu finden ist. Und er wird sich fragen: Wie spielt man denn nun „herzen"? Und dann wird er vielleicht merken: Aha, daher kommt die Umarmung. So werden Sätze handelnd.

Wenn improvisierte Texte nachgespielt werden sollen, fehlt der Prozess ihrer Entstehung. Wer improvisierte Sätze veröffentlichen will, ist gut beraten, von einer anderen Seite noch einmal zu gucken, wie aus den improvisativ entstandenen Texten wieder Interpretation werden kann. Wir unterscheiden ja *Sprache* und *Sprechen*. Manchmal ist zuerst das Sprechen da und die Sprache, die dabei herauskommt, gar nicht so toll. Aber das Sprechen war spannend. Manchmal ist es auch umgekehrt. Sprache hat in sich eine Ordnung. Die Folge der Wörter, die Satzlehre. Diese Ordnung sollte man zur schöpferischen Qualität machen. Was „lehrt" uns der Satz wirklich? Was ist im Laufe des Handelns entstanden? Ein klarer einfacher Satz oder nur ein Wort? Ein stolpernder Satz? Ein Satz mit zig zugeordneten Nebensätzen? Ein offener Satz? Ein abschließender Satz? Ein Satz mit Folgen? Ein Satz, der erst durch das Sprechen zum Satz wird?

Und wieder eine Sammlung:
Nehmt das Wort beim Wort!
Ein Wort ergibt das andere.
Verschluck dich an dem Wort!
Ich hau dir die Sätze um die Ohren!
Kannst du nicht in ganzen Sätzen sprechen?
Lass mich meinen Satz zu Ende bringen!
Das letzte Wort ist noch nicht gesprochen!

## Sprechen

Sprechen beginnt nicht mit dem ersten Wort. Sprechen beginnt mit dem Denken, mit dem Atmen und dem Öffnen des Mundes. Das sind Handlungen aus gutem oder weniger gutem Grund. Sprechen beginnt meiner Ansicht nach zuerst mit dem Erfahren des Satzes und nicht mit dem Aufsagen, Betonen oder Schönsprechen. Es ist wichtig, das Sprechen des Satzes zu erfahren. Die inhaltliche Seite, die Analyse der Sätze haben wir bewusst weggelassen.

Es gibt so einen alten Theatersatz: Gehen, stehen, sprechen. Auf den ersten Blick ist dieser Satz eine alberne Schauspielerweisheit. Aber er verweist auf etwas, auf die Aufmerksamkeit den unterschiedlichen Mitteln gegenüber. Und darauf, dass man dieses Gemansche – alles auf einmal – vermeiden soll. Eigentlich ist der Satz eine naive Formel dessen, was ich mit „hinhandeln“ meine. Gehen ist ein Gang, Stehen eine Haltung. Beim zweiten Hingucken stellt sich also heraus, dass eine Erfahrung in der Formel steckt: Hingehen zu dem Satz. Sich annähern an Sprache, sich aufhalten *in* ihr.

Beim Sprechen sollte man auch Umwege nehmen, also nicht gleich den Ton angeben oder – noch schlimmer – die Satzmelodie vorsprechen. Dabei ergibt sich nur Nachsprechen, eine Kopie. Dann macht man lieber einen Umweg in die uns umgebende Welt, z. B. in die Natur, und dann erfährt man, dass die Worte vielleicht auch sprudeln, tropfen, versickern können. Und wenn man die Zoologie nimmt, dann weiß man, Tiere können: blöken, blaffen, bellen, pfeifen ... So kann sich auch Sprache anhören. Wenn man Worte aus der Technik nimmt, dann kann man z. B. auch: quietschen, rasseln, knarzen, hämmern, usw.

„Rassel mal den Text.“ Als Regieanweisung würde ich so etwas nicht vorgeben, aber als Übung würde ich das nutzen. Ich würde versuchen, das Erstaunen darüber herzustellen, was man mit Wörtern und Sätzen alles machen kann, wenn man sich umhört, umsieht und erinnert. Manchmal ist es auch schön als sinnliche Beschreibung von etwas, wenn man einem Spieler sagen kann: Aus dir sind die Wörter jetzt herausgelaufen, was passiert, wenn sie sprudeln oder kleckern?

Man muss diese praktisch sinnliche Erfahrung des Menschen nutzen. Sich nicht auf eine Technik berufen – was man beim Profi ja machen kann –, sondern man sollte die Welt im Auge, im Kopf und im Ohr haben.

## Vom Nutzen des Nachschlagens

Es lohnt sich, in alten und uralten Lexika nachzuschlagen. Da finden sich oft Synonyme oder entsprechende Wörter, die einen Begriff noch einmal anders nennen, ihn noch begreiflicher machen. Auch der historische

Sprachabstand macht neugierig. Zudem ist das wiederentdeckte Wort eine Unterstützung des heute üblichen. Der Klang des alten Wortes ist oft sinnlicher als der des neuen. Ein nützlicher Umweg also. Im Übrigen wird man erstaunt sein, aber nicht nur erfreut, wie viele Wörter unserer Sprache in der Neuzeit verschwunden sind.

Auch in alten Sach- und Handbüchern findet sich Nützliches. Ein Beispiel ist das *Praktische Handbuch für Militäranwärter* (Apolda, Selbstverlag 1903). Ein Zitat:

„Nichts vermag so auf das menschliche Gemüt einzuwirken wie die Musik. Es können verschiedene Stimmungen im Menschen hervorgerufen und unterdrückt werden… Dieser Einfluss der Musik macht sich geltend

a) in der Kirche
b) am Grabe eines Dahingeschiedenen
c) im Theater
d) im Kriege.“

Oder zum Stichwort „Flut“:
„Die süßen Gewässer aus dem Innern des Landes wollen sich einen Ausgang erringen und geraten mit dem Meer in Streit. Es entstehen Wirbel…“

„Dienstleistungen eines deutschen Gendarmen:

a) außerordentliche
b) ordentliche“

In diesem Handbuch gibt es zu allen Umständen des Lebens militärische Darstellungen. Außer, dass sie heute zumeist unfreiwillig komisch sind, enthalten sie aber auch Lebensgefühl, eine Mentalität und ein besonderes Stilempfinden. Es gibt auch Handbücher für die Ausübung des Schauspielerberufes.

Neuere Beratungsbücher hingegen sind wohl als „Lebenshilfe“ gedacht. Wenn man sie aber textgetreu auf der Bühne darstellt, entlarven sie sich oft als Rat für Unmündige, Unselbstständige, Abhängige. Sie weisen *den* Weg in die Konfliktvermeidung, meistens nur einen (!).

Beispiel:

„Wie bewerbe ich mich richtig?“

„Man schlägt die Beine nicht übereinander! Schaut nur den Arbeitgeber an und auf keinen Fall aus dem Fenster, sei die Aussicht auch noch so gut. Sonst hat man keine Aussichten.“

Man muss sich sozial richtig „aufstellen". (Das ist einen szenischen Versuch wert.) Man sollte diese „Lebensberatungen" nicht verzerren oder satirisch überhöhen, nur wortgetreu vorstellen. Das reicht. Sie sind ja nicht zum Spielen gedacht. Tut man es trotzdem, wirken sie anders, als gedacht. Sie „verfremden" sich auf der Bühne. Die Beratungen, wie man sie in der „Bunten Presse" findet (z. B. „Fragen Sie Frau Gertraud"), haben im Übrigen einen besonderen Reiz, weil sie zumeist in aller Kürze große Probleme lösen. Sogar fünf Stück auf einer Seite.

Aber grundsätzlich gilt:

Blöde Texte nie blöd darstellen.

Die Intelligenz bemühen, auch wenn es schwer fällt.

Überzeugen gegen die eigene Überzeugung!

Die Dummheit hat eine intelligente Darstellung verdient, weil sie so verbreitet ist.

Arroganz hat noch niemanden gescheiter gemacht, und Arroganz in der Darstellung gehört zum Dümmsten.

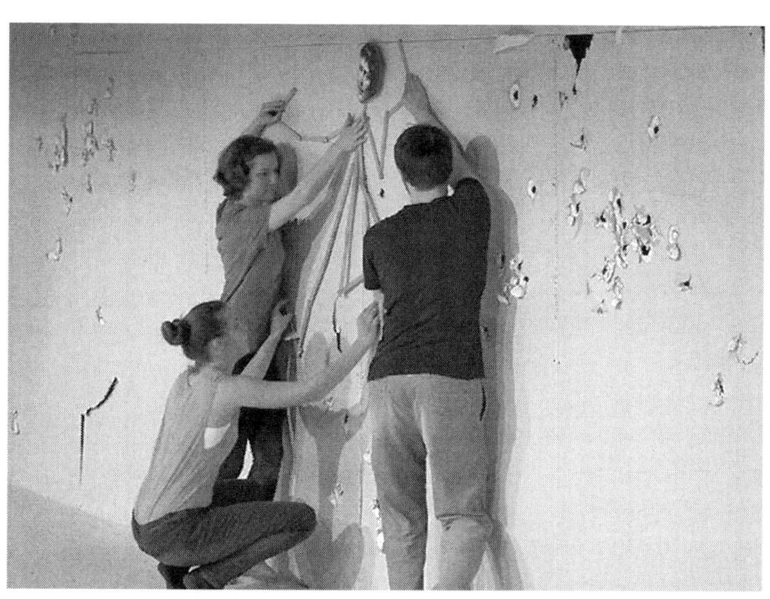

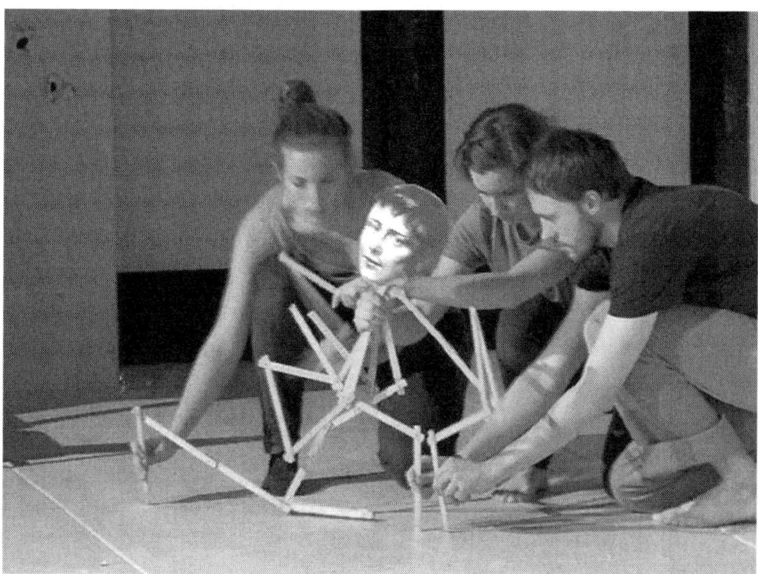

Studierende in einem Seminar. Fotos Hans-Jochen Menzel

IV

# ALLES HANDELT MIT

Improvisation heißt ganz gewiss nicht *irgendwann irgendwas irgendwie* machen. Improvisieren heißt handeln unter möglichst freien Umständen. Mit sich handeln, aus sich handeln. Es ist der schöpferische Aufenthalt bei sich selbst. Das Schöpferische ist hierbei nicht die Freiheit, sondern die Befreiung. Die Freiheit ist ein Zustand, ein Resultat, eine Haltung, die man sich erworben hat, sich erwerben will. Manchmal wird sie einem gestattet, häufiger nicht erlaubt oder begrenzt.

*Befreien* hingegen ist ein Prozess, der bewegt und verändert. Improvisation ist nicht nur der freie Umgang mit etwas, sondern der *befreiende*. Dabei spielt auch die Anstrengung, spielt die Belastung und die Überwindung von Hindernissen eine Rolle. Man muss etwas haben, von dem man sich befreien will, kann und wird. Zu sagen: „Improvisiere in aller Freiheit!", ist nur eine flache Ansage, ein flotter Spruch. Aber: „Befreie dich mit dem, was du tust", das beschreibt den Vorgang. Es sagt: Mach dich auf einen Weg. Sei nicht – *werde*!

Deshalb ist das Podest oder der Spielort ein Raum, wo man sich mit dem, was man tut, befreien kann. Und mit dieser Befreiung stellt man etwas her. Man gelangt dahin, wo man noch nicht war. Improvisation ist immer Handeln, weil dabei eine Reihe von Widerständen überwunden werden. Für den Spieler eröffnet dies viele verschiedene Möglichkeiten.

Er kann in seiner Improvisation:
- zu einem Verständnis gelangen über das Nichtverstehen
- einen Weg einschlagen, den er vorher nicht kennt
- einen Ausdruck wählen, von dem er nicht weiß, was er für Folgen haben kann
- einem Zufall begegnen
- das Ziel verlieren
- von dem Erstaunen über sich selbst überrascht werden
- die Wiederholung vermeiden
- in eine Krise kommen.

**Spontanes Handeln, bewusstes Handeln, gestaltetes Handeln**

Was bedeutet das: Schöpfen? Da ist ein Brunnen. In seiner unbekannten Tiefe verbirgt sich etwas Schöpfenswertes. Da wird ein Krug eingetaucht und gefüllt. Der gefüllte Krug wird herausgezogen und ausgeschüttet. Ein Inhalt verteilt sich. So ähnlich ist es beim Improvisieren. Oben kommt an, was man sich aus der Tiefe besorgt hat. Ich fülle und bewege den Krug. Ich bin der gefüllte Krug. Und die Tiefe ist meine Tiefe. Der Vorgang ist die schöpferische Nummer.

Schon immer werfen Leute, berühmte und weniger berühmte, Münzen in Brunnen, an die sie Wünsche binden. Wir versammeln Spieler an dem Brunnen. Sie holen die Wünsche aus der Tiefe ans Licht des Tages. Sie machen sich die fremden Wünsche zu eigen, erfüllen oder vergrößern sie. Das ist ein handelnder Vorgang. Kommt die Stadtreinigung und entfernt die Münzen, ist das eine Tätigkeit. Sicher eine nützliche Arbeit, die aber auch nach der zigsten Wiederholung keine schöpferische Leistung wird. Improvisiert handeln ist etwas anderes, als tätig sein.

Eine Handlung wird von Neugier, Sehnsucht, Wünschen, Hoffnungen, Empfindungen, auch von Ängsten und Problemen, also von Widerständen begleitet. Eine Handlung braucht immer Hindernisse und Umstände, die sie bewegen, die sie entwickeln. Eine Tätigkeit wird also dann zur Handlung, wenn man ihr Hindernisse, Widerstände, Möglichkeiten zur Überwindung und begleitende Umstände dazugibt.

Ein Beispiel. Der Hundertmeterläufer rennt hundert Meter. Er ist sportlich tätig. Wenn ihm seine an der Startbahn stehende Geliebte zuruft: „Ich liebe dich nicht mehr!“, wird er die hundert Meter anders laufen. Er kommt nicht nur sportlich ans Ziel. Er hat verloren, auch wenn er gewinnen sollte.

Man unterscheidet zwischen dem spontanen Handeln, dem bewussten Handeln und dem gestalteten Handeln. Ein Mädchen geht über die Straße und ein Junge brüllt hinterher: „Alte Kuh!“. Wenn sie aus dem Impuls heraus sofort reagiert, ist es ein *spontanes*, direktes Handeln. Macht sie eine Pause, „nimmt die Kuh entgegen“, sucht und entscheidet sich für eine Erwiderung, dann ist das ein *bewusstes* Handeln, ein Agieren, mehr als ein Reagieren. Wenn sie zu dem Jungen hingeht und ihm ein Frauen betreffendes Zitat von Schiller sagt oder die Staatshymne von Togo ansingt oder eine Packung H-Milch anbietet – dann ist es ein *gestaltetes* Handeln.

| | |
|---|---|
| Spontan: | ist eine Reaktion aus dem Impuls heraus |
| Bewusst: | ist Nehmen – Denken – Entscheiden – Geben |
| Gestaltet: | ist eine ausgewählte Form der Entgegnung |

Im spontanen Handeln verhält sich die Spielerin zu der Anmache. Im bewussten Handeln übernimmt sie die Führung. Im gestalteten Handeln zeigt sie ihre Souveränität.

Es lohnt sich in diesem Zusammenhang, den Unterschied zwischen einem Verkäufer und einem Händler zu beschreiben. Ein Verkäufer bedient, das ist im Wesentlichen seine Tätigkeit. Der Händler handelt. Er verhandelt. Er erkennt Hindernisse, aber kennt auch diverse Tricks. Sucht immer neue Zugänge zu einem sperrigen Kunden. Er hat ein Repertoire an Überzeugungsmitteln, mobilisiert Gefühle, argumentiert „artistisch"...

Die Hindernisse bei der Verkaufshandlung bremsen ihn nicht, halten ihn nicht auf. Sie befähigen ihn zu einer Leistung (!). Sie weisen ihn als Könner eines Vorganges aus. Die handelnde Überwindung der Hindernisse ist eine Entwicklung. Umwege führen zum Ziel.

**Nummer: Denken ist Handeln**

**Ein Spieler steht auf der Bühne, und da steht er eine geraume Zeit. Mehr will die Aufgabe nicht von ihm. Irgendwann stellen wir ihm die Frage, die er sich auch selbst gestellt hat: Was geht *in dir* vor?**
**Er wird darüber nachgedacht haben. Denken ist Handeln. Es werden ihm Bedenken gekommen sein zu einer Lage, in der er keinen Sinn und keine Absicht erkennen kann. Aber er braucht beides. Er wird unsicher werden, sich blöd und benutzt vorkommen. Das Nachdenken über seine Situation ist eine starke innere Haltung, ein inneres Handeln. Dabei kann es nicht bleiben. Aus dem inneren Handeln muss ein physisches, äußeres Handeln entstehen.**
**Wir schlagen dem Spieler vor, szenisch zu entscheiden, wie er an den Ort gekommen ist, an dem er steht, und wie er ihn verlässt. Dazu nutzt er, was er gedacht hat, was ihn beunruhigt hat, als er nur dastand. Das wertvollste Ausdrucksmittel für das Denken ist die Pause, die Zeit für das Denken. Man macht sich Gedanken, und das ist ein wichtiger Prozess.**

## Alles handelt mit

Raum, Gegenstand, Atmosphäre usw. handeln als äußere Umstände auf der Bühne mit. Sie werden nicht nur „behandelt", sondern sie handeln mit und machen das Handeln möglich. Sie haben „Auswirkungen". Nimm einen Gehstock in die Hand, und er wird mit dir etwas machen, wird behilflich oder behindernd sein. Er kann dich gestisch unterstützen als eine Verlängerung deines Armes, dich stützen und schützen. Man kann Räume so möblieren, dass von den Möbeln deine Gänge bestimmt werden.

Ein Beispiel. Frau H. kaufte sich nach der „Wende“ neue Möbel für ihr Wohnzimmer. Die gewaltige Polstergarnitur quetschte sich nur mit Mühe in den Plattenneubau. Feudales Sitzen war möglich, normales Gehen nicht. Sie hatte sich einen lang gehegten Wunsch erfüllt – und war eingeklemmt. Zum starken Handeln findet man über starke Verben. Dazu eine Sammlung und eine Übung.

Sammlung: „Komm herein!“
Das ist die schwache, sehr allgemeine Aufforderung zu einer Handlung: Jemand kommt herein. Da ist er. Da steht er. Auftrag erledigt.

Jetzt wirbt man mit starken Verben für diesen Vorgang:

Stürze herein!
Falle durch die Tür!
Stolziere herein!
Begebe dich herein!
Schleiche dich herein!
Wehe durch die Tür!
Tänzele herein, stolpere herein …

Allein diese Auftrittshandlungen haben Folgen. Sie haben einen Grund und Absichten. Sie sind ein Anfang. Man fällt aus starken Gründen durch eine Tür, damit sich daraus starke Folgen entwickeln. Der Grund wird mitgebracht, die Folgen entstehen, das ausdrucksintensive Verb entwickelt den Vorgang. Ein starkes Handlungswort braucht auch eine besondere Vorstellungskraft. „Sie schwebt durch die Tür“ ist eine Aufforderung an die Phantasie. „Komm herein.“ – da sagt die Phantasie des Spielers: Na und? Ist mir zu wenig. „Erscheine überraschend.“ – da sagt die Phantasie: Ja! Damit kann ich was anfangen. „Verzaubere den Raum (oder verekele ihn).“ Da bedankt sich die Phantasie. Sie hat einen reizvollen Vorgang vor sich und nicht nur einen kurzen Auftritt zu erledigen.

**Eine einfache Übung**

**Spieler kommen an eine Tür. Sie entscheiden sich, wie sie den Raum betreten wollen, haben eine Absicht und einen Grund, aber nur *eine* Vorstellung von der Durchführung.**
**Dabei helfen die vorgeschlagenen Verben: Sie stolzieren, schleichen, fallen, schlendern, hüpfen, kriechen … durch die Tür. Sie erfahren, wie man eine Tür öffnet, durch die man kriechen oder stolzieren will.**
**Eine Absicht hat Folgen.**

**Danach beschreiben die Zuschauer das Hereinkommen durch bildliche Vergleiche und schlagen zu dem Eintritt einen begleitenden Satz vor, der aus dem Vorgang „herausgesehen" wurde.**
**Anschließend wiederholen die Spieler ihre Auftritte mit den von den Zuschauern vorgeschlagenen Sätzen.**

**Beispiele: Eine Spielerin *wirbelt* herein, zum Fenster hin, und sagt: „Das ist das Glück". Ein Spieler wird hereingestoßen, landet am Boden, und sagt: „Dreckskerl!"**

## Das Ereignis

Damit das Handeln sich nicht nur linear entwickelt, gibt es das, was Stanislawski das *Ereignis* nennt. Das heißt: In einem bestimmten Handeln findet ein Ereignis statt, das dem Handeln eine andere Richtung, eine Veränderung gibt. Jedes Erzählen und Berichten wird durch Ereignisse bewegt. Jede Entwicklung braucht Ereignisse. Nur die Langeweile braucht keine.

In der Dramatik findet man sie oder man kann sie hinein lesen. In der Improvisation fehlen sie dem Spieler manchmal, aber er sollte sich ein Ereignis suchen und bestimmen, d. h. er muss selbst etwas zum Ereignis machen. Das ist immer seine individuelle Wertung. Wie jemand ein Ereignis für sich bewertet, ist sehr unterschiedlich, nicht austauschbar. Da kann zum Beispiel einer sagen: Ich mache zwei Schritte und der dritte Schritt ist ein Ereignis für mich. Schon hat er den Anfang eines Vorganges, wenn der dritte Schritt etwas verändert. Er wird ein entscheidender Schritt in eine andere Richtung mit einem anderen Ziel. In einer bestimmten Situation kann der erste Schritt ein Ereignis sein.

Ein Beispiel:

Ich ging im Walde
So für mich hin,
Und nichts zu suchen,
Das war mein Sinn.

Ich setze das Ereignis: Vor mir liegt eine alte Goldmünze.

Im Schatten sah ich
Ein Blümchen stehn,
Wie Sterne leuchtend,
Wie Äuglein schön.

Ist das Blümchen überhaupt noch interessant, wenn ein Goldklumpen daneben liegt, oder ist die Blume auch ein Ereignis? Im Gedicht ist sie es, aber das Gold verdrängt es. „Am Golde hängt, zum Golde drängt doch alles …" Es sei denn, ein Naturfreund sieht das anders.

Die Bewertung des Ereignisses macht die Entwicklung aus. Eine Kette von Ereignissen führt zu Situationen, zu Problemen und Konflikten. Konflikte entstehen immer aus Ereignissen. Ereignisse können außerhalb der Szene, vor dem Handeln, stattgefunden haben oder innerhalb einer Szene entstehen. Sie können langsam und plötzlich wirken. Wenn die Ereigniskette nicht funktioniert, dann bewegt sich die Handlung auf der Stelle, und sie tritt sich fest. Langeweile ist eine lange Weile ohne Ereignisse! Bewegt sich die Handlung nur schleppend, liegt das oft an dem Umstand, dass die Ereignisse zu schlaff und flach bewertet wurden. Sie geben keinen bewegenden Impuls. Sie sind unterbewertet.

Ein Beispiel. Da ist einer, der mit einem großen Problem zu einem großen Problem unterwegs ist. Es scheißt ihm ein kleiner Vogel auf den Kopf. Das ist ein Ereignis, d. h. wir ernennen einen kleinen Vorfall zu einem Ereignis. Ein großer Vorgang wird „klein" gestört. Wie ändert dieser „Beschiss" das Handeln des Darstellers? Wie verhält sich ein kleines Problem zu einem großen? Ignorieren ist die falsche Bewertung. Aber vielleicht vergrößern sich die vorhandenen Probleme. Rettet der kleine Anschiss aus der Natur oder bestätigt er eine vorhandene Misere? Fehlte zu einem großen emotionalen Ausbruch nur noch diese kleine Beschmutzung?

Handeln mit Ereignissen führt immer zu Prozessen und verhindert, dass es zu zuständlichen, illustrativen und resultativen Darstellungen kommt, weil Ereignisse nicht bestätigen, sondern verändern. Ich brauche ein trauriges Ereignis nicht um traurig zu sein, sondern um es zu werden.

Jegliche Entwicklung und Bewegung verlangt nach Ereignissen. In der Interpretation von Texten brauchen sie eine individuelle Bewertung, nicht eine allgemeine Sicht, sondern die persönliche Ansicht. Das macht die Interpretationen unterscheidbar. Sie zeigt eine unterschiedliche Bewertung der Ereignisse in einem vorgegebenen Handlungsablauf, ob Schillers Luise nach dem Limonade-Trinken epileptische Anfälle kriegt, in der Zimmerecke ein trauriges Lied singt, über ein Mikrofon stöhnt oder sich vor einer Videoleinwand die Tagesschau anguckt.

Aber eigentlich ist der Limonadenschluck noch gar kein Ereignis für Luise, sondern für Ferdinand, denn er weiß von dem Gift. Die Zuordnung des Ereignisses ist wichtig. Was für Ferdinand schon ein Ereignis ist, wird für Luise erst eines.

Beispiel: Ein einfaches Ereignis
Es geht jemand einen schönen langen Gang über die Bühne. Er legt sich in diesen Weg ein vorgestelltes Ereignis: Ich gehe, stolpere, falle und finde einen Brillantring. Natürlich krieche ich auf allen Vieren weiter auf der Suche nach weiteren Reichtümern. Ein Ereignis bringt Gewinn. Die Habgier macht einen hässlichen Gang.

Die Bewertung des Ereignisses hat auch mit der individuellen Phantasie des Spielers zu tun. So ignoriert ein anderer Spieler den Brillanten, also das Ereignis, weil er zu einem Problem werden kann. Wozu brauche ich einen Brillanten, wenn ich einen schönen Gang habe? Wozu soll ich kriechen, wenn ich aufrecht laufen kann? Aber ich teile der Welt mit, dass hier Edelsteine herumliegen und sehe mir an, wie die Leute auf allen vieren herumkriechen.

Das Ereignis hat zwar sein Handeln nicht verändert, aber das der anderen. Es hatte Folgen. Jeder Mensch weiß, wenn sich etwas ereignet, hat das Folgen. Es ist nicht mehr so, wie es war. Die Bewertung des Ereignisses bestimmt die Qualität der Veränderung.

Es gibt Ereignisse, die vor dem Stück liegen, im Stück, nach dem Stück. Es gibt Ereignisse, die nur einzelne Leute betreffen, und es gibt Gruppenereignisse. Es gibt von außen zugeführte Ereignisse, auf die ich keinen Einfluss habe. Es gibt von mir bestimmte Ereignisse und von anderen vorgeschlagene Ereignisse. Ich kann Hersteller von Ereignissen sein und Opfer. Ereignislos existieren kann ich nicht.

## Dramaturgie heißt Handlung

Man muss bei den Spielern für dieses Handeln um ein tiefes Verständnis werben. Nicht nur durch eine Begriffsklärung, sondern durch ein sinnliches Begreifen. Das Wesen des Handelns muss nicht nur erkannt werden, sondern im praktischen Tun zur Verfügung stehen. Es muss methodisch werden, nicht theoretisch bleiben. Ausgeübt werden.

In einem Kitschgedicht heißt es ungefähr: „Immer wenn du denkst, es geht nicht mehr, kommt von irgendwo ein Lichtschein her.“ Dieser banale Hoffnungsspruch, der in unzähligen Wohnstuben herumhing, verspricht ein Ereignis, eine Veränderung. Er sagt: So wie es ist, bleibt es nicht. Aus einem Zustand muss man sich heraushandeln. Diese Erkenntnis ist mehr als ein Spruch fürs Poesiealbum. Sie bewegt das menschliche Leben im Allgemeinen und die szenische Arbeit im Besonderen.

Wohin mich das Handeln führt:
1) Zu einer Haltung.
Die Haltung entsteht aus einer Summe von Handlungen.

Beispiel: Ein *kaputter* Typ! Viele konkrete kaputtmachende Handlungen und zerstörende Ereignisse in verletzenden Situationen haben dazu geführt.

2) Zu einem Konflikt.
Der Konflikt ist die Konfrontation unterschiedlicher Handlungsabsichten. Ein Konflikt ist nie zuständlich. Konflikte verlangen nach einem Handeln, drängen nach Lösungen. Situationen fordern auf zum Handeln, aber Konflikte zwingen dazu. Lösungen sind natürlich auch Handlungen.

3) Zu Ausdrucksmitteln.
Wie entsteht Sprache und was entsteht mit der Sprache? Welche Körperlichkeit wird erregt? Welche Räume bewegen mich? Welche Objekte nutze ich und wie?

4) Zu Emotionen.
Gefühl wird immer erhandelt.

5) Zu Vorgängen.
Die Vorgänge organisieren sich zu einer Geschichte.

6) Zu einer Inszenierung.
Die durchgehende Handlung.

Die Fabel eines Stückes ist die durchgehende Handlung, eine Ereigniskette. Man kann die Ereigniskette, wie man sie dramaturgisch aus dem Stück herausliest, zur Beschreibung benutzen, und der Regisseur kann aus der Bewertung der Ereignisse seine Sicht der Fabel erzählen.

### Umstände

Ich darf darauf hinweisen, dass auch dieser Begriff von Stanislawski stammt, der nach der Textanalyse als erste Etappe für die Erarbeitung und Belebung einer Figur den Schauspielern vorschlug, sich äußere und innere Umstände vorzustellen.

Zur Erläuterung eine *Romeo und Julia*-Geschichte. Die Balkonszene. Verona hat viele Balkone. Dies führt zur Idee des Spielleiters, die Umstände zu verändern. Er schlägt vor, dass Romeo den falschen Balkon ersteigt. Julia ist auf dem gegenüberliegenden. Der Darsteller protestiert. Er muss doch auf Julias Balkon, aber das wird ihm nicht gestattet. Beide Darsteller mühen und plagen sich um die Szene. Sie müssen doch zueinander. Das wird immer wieder verhindert und endlich gestattet. Die Freude des Romeo-Darstellers und der Julia-Darstellerin, schließlich auf einen gemeinsamen Balkon zu gelangen, ist riesengroß. Jetzt sind sie endlich beisammen. Jetzt haben sie endlich die Nähe, nach der sie die ganze Zeit verlangten. Dieser Umweg entspricht genau der Situation des Stückes. Die beiden Darsteller freuen sich unmittelbar darüber, dass sie beieinander sind und nun der Liebe nichts mehr im Wege steht.

Der Spielleiter hat einen Umweg zu einer Stücksituation *vorgeschlagen*, wo die Umstände das Handeln bestimmen. Die Darsteller versuchen, sich diese Umstände *vorzustellen*. Man arbeitet also mit vorgeschlagenen und vorgestellten Umständen.

**Übung: Umstände um einen literarischen Satz bauen**

**Die Darsteller werden gebeten, den ersten Satz aus einem Buch mitzubringen. Nicht aus einem Stück. Es handelt sich also nicht um dramatische Literatur, denn die dramatische Literatur schlägt die Umstände vor. Sie lesen diesen Satz vor, und man gestattet ihnen zu beschreiben, unter welchen Umständen sie diesen Satz gern sagen möchten.**
**Der Satz des ersten Spielers lautet: „Ich heiße Anton Pawlowitsch, aber eigentlich Tschechow."**
**Der Darsteller – nicht der Regisseur – kann jetzt Umstände vorschlagen. Zum Beispiel: Ich möchte diesen Satz gern sagen mit einem Klavier, das zehn Meter entfernt die „Appassionata" spielt, bei einer knarrenden Tür und einer schlafenden Oma.**
**Jetzt können die Umstände mithandeln. Jetzt weiß man, dass man den Satz mit der entfernten „Appassionata", der knarrenden Tür und der schlafenden Oma anders handeln, behandeln muss, als wenn man sich vorstellt: Ich sage diesen Satz in einer überfüllten U-Bahn, neben einem volltrunkenen Kontrolleur und bedrängt von einem Rucksack.**

Also: Es ist wichtig, dem Handeln Umstände vorzuschlagen. Wenn sie vorgeschlagen sind, muss sich der Darsteller in der angewandten Improvisation die Vorstellung der Umstände gemeinsam mit dem Text erarbeiten – man kann auch sagen: erfühlen oder erfahren. Das heißt, die Phantasie wird durch die Umstände gestützt und entwickelt. Es ist nicht die Situation, es sind die Umstände.

Man sagt ja auch: „unter besonderen Umständen". Zum Beispiel: Unter diesen Umständen sage ich ja. Unter diesen Umständen auf keinen Fall.

Ich werde unter Umständen reich werden. Unter keinen Umständen! Unter allen Umständen!

Umstände können eine bestimmte Landschaft, eine Umgebung sein oder – was ganz wichtig ist – eine Atmosphäre, die man nicht unterschätzen soll. Jeder weiß, wie unterstützend oder störend Atmosphären sein können. Diese Umstände kann man einem Stück entnehmen, man kann sie zur Improvisation vorschlagen, oder man kann es dem Darsteller überlassen, seine eigenen Umstände zu finden. Wenn die Umstände fehlen oder wenn man sie nicht erkennt, dann ist die Umgebung des Spielers leer. Das ist ein großes Problem beim Improvisieren, dieser Aufenthalt in der Leere.

Die Umstände stehen einem zur Verfügung. Wenn ich also den Satz sage: „Ich bin Anton Pawlowitsch …", kann ich auch die „Appassionata" hören und auf die Oma gucken und sagen: „Tschechow!", und das laut, mit Blick auf die schlafende Oma, oder einen Kontrolleur in der U-Bahn verwirren. Man sollte bei den Umständen nicht zu viel auf Wirkung zielen, vielmehr versuchen, sie in ihrem Erzählwert, ihrer Bildlichkeit und ihrer Mitwirkung zu untersuchen.

Meistens schlägt der Regisseur oder der Autor des Stückes dem Schauspieler die Umstände vor, doch er sollte dafür werben, keinen Zwang ausüben. Es muss in den Vorschlägen etwas sein, das eine Vorstellung herausfordert. Man übergibt dem Spieler etwas, womit er schöpferisch umgehen kann, und nicht etwas, was er nur noch ausführen muss, denn sein schöpferischer Anteil muss dazukommen können und gewahrt bleiben.

In Stücken werden die Umstände oft vorgeschlagen. Man kann sie verändern, das ist eine besondere Möglichkeit des individuellen Gestaltens. Oft muss man sie sogar verändern, um hier und heute gegenwärtig zu sein. Man passt die Umstände den Umständen an, unter denen man arbeiten will, manchmal auch muss.

### Der Spielwert der einzelnen Mittel

Man muss darauf hinweisen, dass die theatralen Mittel natürlich alle zueinander gehören, miteinander spielen und wirken. Man benennt sie nur einzeln, um darauf hinzuweisen, dass ihr Einsatz nacheinander Entwicklung ausmacht. Für die Improvisation als Methode ist es ganz wichtig, dass man versucht, die Mittel nacheinander einzusetzen: Der Gang führt handelnd zur Haltung. Die Haltung macht Geste. Wenn die nicht reicht: Pause. Wenn die Pause nicht reicht: Sprache. Oder umgekehrt. Das ist keine Disziplin, sondern einfach die Wertschätzung der Mittel für die Darstellung. Jedes einzelne Mittel hat einen Spielwert.

Zum Ausprobieren: „Alles klar!"

Das ist eine Haltung!

Jemand behauptet von sich, dass ihm „alles klar" ist, und beweist dies durch Handlungen, Gang, Geste, Worte ...
„Klar" ist eine Antwort auf „alles", abschließend und endgültig.
Das ist eine Machtdarstellung und eine Methode gegen die Unsicherheit.
Wem alles klar ist, der verhindert jegliche Nachfrage.

Andere Haltungen:
Alles schwer.
Alles gleich.
Alles toll.
Alles lecker.
Alles super.
Alles irre.
Alles im Griff.

Wie sieht „alles toll" aus? Raum ist toll, Gestik, Gänge, Worte, Umstände, Partner, Gedanken, Kostüm ... Alles ist super, toll, irre, lecker ...

Zwei Überbewertungen, nämlich „alles" als Masse und „toll" als Emotion, erregen das Handeln. Wie lässt sich die Haltung benennen, die durch das Alles-toll-Finden entsteht? Die Antwort wird im Ausprobieren gefunden werden.

**Die „Mittel-Nummer"**

**Zunächst die Sammlung der Ausdrucksmittel: Jeweils ein Darsteller schlägt ein Gestaltungsmittel vor.**
**Gebraucht werden: ein Gang, eine Haltung, eine Geste, eine Bewegungsform (Tanz, Sport oder Action). Hinzu kommen: ein Ton, ein Wort, ein Satz, ein Liedanfang, eine gestaltete Pause.**
**Man lässt diese neun Vorschläge wiederholen, um sie sich szenisch zu merken.**
**Erst dann wird das Ziel dieser Nummer benannt: Die neun Grundmittel der Darstellung werden von einem Macher in eine Folge gebracht. Er reiht sie aneinander, wie es ihm im Augenblick folgerichtig erscheint, um etwas zu entwickeln, zu erzählen.**
**Er schafft einen Vorgang nur aus den vorgeschlagenen Mitteln:**
**Beginnt er mit Liegestützen, kann er bei der Ausführung derselben die anderen Mittel erinnern und das nächste auswählen, das ihm eine Entwicklung möglich macht.**

**Nimmt er vielleicht als Zweites den „stolzen Gang", wenn der vorgeschlagen wurde? Oder entscheidet er sich doch für den vorhandenen Ton „Wau!", der seinem Handeln eine bestimmte Richtung gibt? Für diese Richtung braucht er drittens nun den vorgeschlagenen „Triumphmarsch" und viertens das Wort „Hurra", das es glücklicherweise im Vorschlag gibt.**
**Es folgt die „gestaltete Pause" und er geht mit dem „stolzen Gang" ab. Entstanden ist ein erzählender Vorgang, manchmal ist es sogar eine Geschichte. Entstanden nur aus vorgeschlagenen Ausdrucksmitteln.**
**Das ist keine Fleißaufgabe. Deshalb ist es nicht wichtig, dass alle Mittel verbraucht werden, denn dies könnte zu einer rein formalen Abfolge führen. Manchmal reichen zwei oder drei Mittel, und die Nummer beginnt zu „erzählen".**
**Dieses Zusammenbauen eines erzählenden Vorgangs im Nacheinander von Mitteln ergibt ungezählte Möglichkeiten. Jeder Spieler *formt* seine eigenen.**

Diese Nummer lässt sich erweitern. Einmal geübt an allgemeinen Mittel-Vorschlägen, kann man nun *thematisieren*: Einmal wird die Sammlung der Mittel geprägt durch die Gesten, die Töne, die Haltung einer „Glücklichen" zum Beispiel. Dann aber noch einmal, zum Beispiel durch eine „Verbitterte".

Jetzt hat man sehr gegensätzliche Wörter, Sätze, Liedanfänge usw., die man zu- oder gegeneinander einsetzen kann. Durch den Wechsel gibt es mehr Entscheidungsmöglichkeiten. Man befindet sich in einem Konflikt, in einer Auseinandersetzung mit den Mitteln, kann am Ende glücklich oder verbittert sein, oder beides. Oder etwas Drittes. Für die Entwicklung von Stücken kann diese Nummer von Interesse sein, weil sie so etwas ist wie „gespieltes" Schreiben, wie „gespielte" Dramaturgie. Man muss nur gezielte Aufgaben stellen.

Zusätzlich übt man natürlich das Bewusstsein für die Mittel und den Einsatz der Ausdrucksformen im Nacheinander. Diese Nummer eignet sich auch für ein schöpferisches Aufwärmen vor einer Probe. Natürlich können noch andere Mittel in die Sammlung einbezogen werden: Gegenstand, Raum, Rede, Intrige, Empfindungen, Atmosphäre, Charakter, Natur. Wenn einem dazu der Begriff „Baukasten" einfällt, ist das nicht falsch.

**Nummer: Was war, was ist, was wird**

**Was war, was ist, was wird, könnte, sollte, müsste sein? Die allgemeine Frage wird hier zur Aufgabe. Eine konkrete Antwort wird in einer szenischen Darstellung gesucht.**
**Man kann dem Darsteller zusätzlich vorschlagen, seine Entdeckungen vor allem *gestisch* zu machen. Das Gestische wird für ihn also das führende Gestaltungsmittel. Er verzichtet bewusst auf Sprache.**
**Er kann aber auch eine frühere Haltung zu einer jetzigen oder einer künftigen (gewollten, erhofften oder gewünschten) Haltung entwickeln. Dann ist sie das führende Ausdrucksmittel.**
**Oder man braucht die Sprache.**

Beispiel:

Früher konnte ich nicht schnell genug älter werden.
Heute fühle ich mich manchmal uralt.
Irgendwann werde ich hoffentlich alt genug sein, um …

Oder:

Früher war alles besser.
Heute ist alles schlechter.
Irgendwann wird beides vorbei sein.

Das Vergangene tritt in eine Beziehung zum Jetzigen und macht sich auf den Weg ins Künftige. Das eine ist erledigt, das andere findet statt und das Folgende benennt ein Ziel oder eine Utopie. Jeder starke Vorgang, jede gute Erzählung, jede interessante Figur hat ein Davor, ein Dabei und ein Danach. Man erfährt einiges über die unterschiedliche emotionale Qualität von Früherem, Jetzigem und Zukünftigem. Es beginnt mit dem Wissen und führt über die augenblicklichen Erfahrungen zu Hoffnungen, Wünschen und Plänen, also ins Ungewisse. Man spürt auch eine unterschiedliche Aktivität und Intensität in der Beziehung.

**Nummer: Das Gegenteil**

**Will man wissen, was Kraft ist, muss man sich mit der Schwäche beschäftigen.**

Sucht man die Ruhe, sollte man sich an den Lärm erinnern.
Ist Einsamkeit das Thema, hilft der Umweg über das Gegenteil.
Man ist intensiver für einen Frieden, hat man Erfahrungen mit dem Streit.

Ein Umweg, der *ein* oder *das* Gegenteil benutzt, lohnt sich. Er macht das Handeln entschiedener. Jede Sache hat mindestens zwei Seiten.
Eine Sache, die kein Gegenteil hat, fordert wenige oder keine Entscheidungen.
Was ist zum Beispiel das Gegenteil von Mittelmaß?
Was ist das Gegenteil von: Es geht mir irgendwie ganz gut?

Nummer: Die kleine Verwandlung

1
Einfacher Versuch:
Ein Darsteller geht in einer bestimmten Haltung hinter eine Wand. Er kommt mit der gegenteiligen wieder hervor. Die Suche nach dem Gegenteil kann hinter der Wand dauern oder es kann sehr schnell gehen, was überraschender ist. Mit mehreren Spielern kann man wechseln. Einer kommt schnell wieder. Einer später. Ein dritter Spieler gar nicht.

2
Erweiterter Versuch:
Andere Darsteller werden hinter die Wand geschickt, die nach dem Dritten sehen. Mit ihrem Auftritt geben sie Auskünfte über den Verbliebenen.

3
Weiterer Versuch:
Eine Darstellerin steht hinter einem Baum, einem Brett. Auf der rechten Seite hat sie die eine Meinung, aber auf der linken die gegenteilige. Man sollte diesen schnellen Meinungswechsel langsam beginnen und dann das Tempo erhöhen.
Diese Nummer hat noch andere Spielreize. Sie sind beim Machen zu entdecken. Auf jeden Fall übt sich mit ihr die kleine Verwandlung!

**4**
**Noch ein Versuch:**
**In einem Raum wird aus Vorhandenem eine Strecke wie beim Springreiten als Parcours aufgebaut: Stuhl – Sofa – Hocker – Bank – Sessel – Tisch ...**
**Oder: Podest – Stufe – Kasten – Zeitung – Treppchen ...**
**Oder: Müll – noch ein Müll – noch einer – und noch mal Müll...**
**Die Darsteller bewegen sich vom Stuhl zum Sofa oder von einem Müllplatz zum nächsten.**
**So, wie es einem Menschen *körperlich* auf dem Stuhl geht, so geht es ihm nicht auf dem Sofa. Auf dem Hocker ist (hockt) er anders als auf der Bank. Ein Müllhaufen kann glücklich machen, am nächsten verzweifelt man, mit dem dritten kann man etwas anfangen, der vierte ist zum Wegsehen, der fünfte duftet herrlich und der sechste stinkt entsetzlich. Auf Podest, Stufe, Zeitung, Scheuertuch usw. erfährt man das Auf und Ab des Lebens. Absichten! Aussichten!**

In der szenischen Arbeit sollte man Gegenentwürfe zu Situationen, Problemen und Konflikten ausprobieren. Mittel und Gegenmittel! Eine starke Sache hat ein starkes Gegenteil, eine schwache ein schwaches und eine mittelmäßige Sache hat gar kein Gegenteil.

**Nummer: Annäherung an einen Ausbruch**

**Der Umweg:**
**Ein Darsteller schildert den Vorgang in einem Vulkan. Da ist Druck, da ist Hitze, ist Widerstand, Kraft, da steigt etwas hoch, was durch eine kleine Öffnung heraus will und muss ... Es wird eine Masse herausgeschleudert. Eruption. Explosion. Es muss nicht gebrüllt werden!**

Dazu eine sachliche Sammlung:

Was ist Verzweiflung?
In einer Situation keinen Ausweg kennen oder haben? Was noch?
Eine Handlungsunfähigkeit spüren?

Oder Belastung?
Man wurde bepackt?

Oder Demütigung?
Man wurde niedergemacht?

Erfolgloser Kampf?
Verlorene Widerstände!
Fehlender Mut!

Mit diesem gesammelten Wissen kann man anfangen und mit dem Ausprobieren kommt man weiter. Hier sollte nur die Annäherung an einen Ausbruch beschrieben werden, die Vorarbeit, verbunden mit der Warnung, einen solchen emotional erregten Ausdruck auf Anweisung oder Zuruf ohne Vorbereitung abzuverlangen.

Hierzu eine kurze Anekdote. Es passierte auf einer Probe. Der Regisseur brüllte: „Ich brauche hier einen irren Ausbruch!" Die Spielerin antwortete: „Vielleicht nächste Woche. Wie wäre es mit Montag?"

**Nummer: Das Erste und das Letzte**

**Das erste Mal. Wem fällt da nichts ein? Wer bemüht da nicht seine Erinnerung? Ein erstes Mal kennt jeder als Erfolg oder das Gegenteil davon, als befreiend und befördernd, aber auch als ängstigend oder behindernd.**
**Es gibt nur ein erstes Mal. Jede Wiederholung ist ein zweites Mal.**
**Die ersten Schritte sind also *einmalig*!**
**Es ist nicht einfach, dafür eine Darstellung zu finden, schließlich war jeder schon eine Weile unterwegs nach den ersten Schritten.**
**Man muss sie also zu einem Ereignis machen!**
**Vor dem ersten Schritt gab es noch keinen. Also ist der erste Schritt ein Versuch. Er wird probiert. Er wird beobachtet. Veränderungen werden erkannt und zur Kenntnis genommen. Was ist neu, was ist dazugekommen? Ein Schritt im Raum! Gab es Probleme? Welche Hilfe und Unterstützung? Wo war ich – wo bin ich jetzt? Wo losgegangen und wo angekommen?**
**Ich entdecke Möglichkeiten. Ein Fuß – ein Schritt! Wenn der Fuß eine Richtung hat, wenn er überhaupt will bzw. kann ... Gleichgewicht ist nicht gleich Gleichgewicht. Es wird erst eins – oder keins. Macht der erste Schritt Mut und Lust? Wo führt das hin oder wovon führt das weg?**

Warum so viele Worte zu etwas, was doch jeder kennt? Erste Schritte? Na und? Kein Problem! Habe ich längst hinter mir. Ich bin schon weiter. Gewiss. Im Leben. Aber in der Darstellung musst du noch mal zurück – an den Anfang. Du brauchst Hindernisse vom ersten Mal, die Widerstände, die Probleme. Mach sie dir! Arbeite daran!

Beantworte dir die Fragen, benutze die Fragen, die weiter oben gestellt wurden, als Vorschlag, und entdecke andere Schwierigkeiten bei den ersten Schritten. Denn damals, als du sie wirklich machtest, hattest du ganz andere Fragen, Probleme und Hindernisse, an die du dich nicht mehr erinnern kannst. Du wirst höchstens von anderen – Mama, Papa, Oma – daran erinnert! Du brauchst dich also nicht „dumm zu stellen", weil du gar nicht weißt, was damals los war, wie es zu deinen ersten Schritten gekommen ist. Du machst heute in der Darstellung eine Entdeckung, wie es zu den ersten Schritten kommen kann, wie das aussieht, wie es sich anfühlt. Dass es damals nicht ohne Anstrengung stattfand, erfährst du heute, wenn du dich anstrengst. Wie wichtig der erste Schritt war, erfährst du heute durch die vielen Hindernisse, die zu überwinden waren. Aus deinen jetzigen Erfahrungen kannst du dir die Ernsthaftigkeit holen, denn es hat später noch viele erste Schritte gegeben, und sie ähnelten immer den allerersten.

Zum Ausprobieren:

Erste Schläge …
Erster Erfolg …
Erster Verlust …
Erster Kuss …
Erste Ungerechtigkeit …
Erste Flucht …
Erste Gemeinheit …
Erster Konflikt …

Genauso „einmalig" wie das *Erste* ist, ist auch das *Letzte*.

Das letzte Wort …
Der letzte Erfolg …
Der letzte Sieg …
Die letzte Flucht …
Der letzte Gedanke …
Die letzte Ungerechtigkeit …

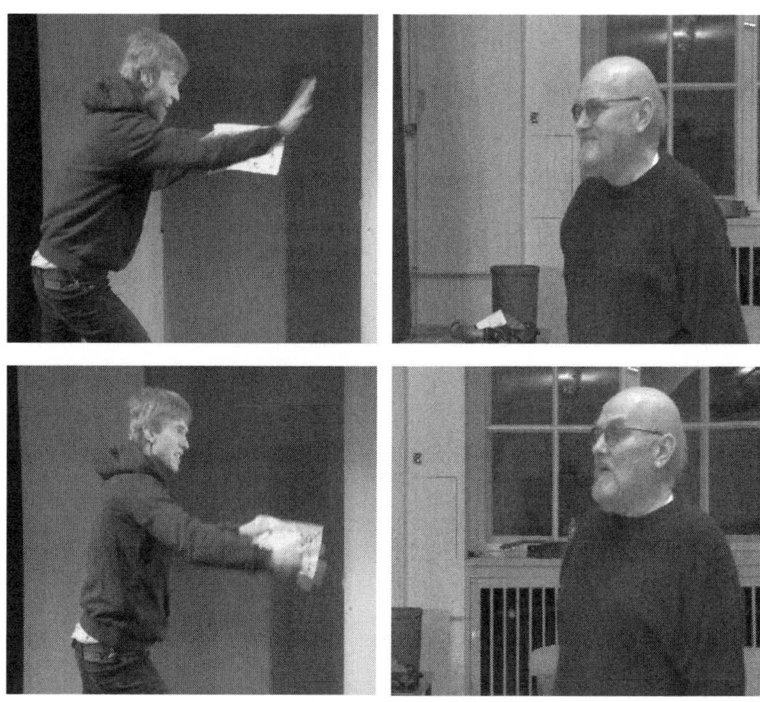

Horst Hawemann und Studierender in einem Seminar. Filmstills aus der DVD *Studieren an der Hochschule für Schauspielkunst Ernst Busch*, Regie und Kamera: Dennis Pauls

V

# EIN DIALOG IST MEHR ALS EIN GESPRÄCH

Ein Dialog muss entstehen. Nicht alles, was zwei Leute zueinander sagen, ist ein Dialog. Der größte Feind des Dialogs ist die Selbstdarstellung. Ein altes Gesetz des Theaters: Man spielt immer den Partner. Man hört aus dem Partner heraus, was man ihm antworten möchte. Man ist nicht ständig mit seiner eigenen Antwort beschäftigt, ohne zu wissen, wo der Partner überhaupt hin will.

Was heißt das: Zum Dialog bereit sein? Nicht nur zum Gespräch, sondern zum Aufenthalt? Zum Dialog bereit sein, das heißt eine Partnerschaft akzeptieren, für wichtig halten. Wenn man sagt, jemand sei „dialogunfähig", dann ist dieser Jemand noch lange nicht gesprächs- oder redeunfähig. „Quatschen" tritt gewöhnlich ein, wenn man auf die anderen Ausdrucksmittel verzichtet. Der Dialog tut das nicht. Um sich dem Wesen des Dialogs anzunähern, würde ich zuerst eine Dialogform vorschlagen, die zwischen einem sprechenden Darsteller und einem Darsteller, der mit den anderen Mitteln arbeitet, stattfindet. Also: Sprache im Dialog mit Gestischem, im Dialog mit Gang, im Dialog mit Pause, im Dialog mit Haltung. In diesem Dialog hat zunächst nur einer der beiden Worte zur Verfügung, aber der Partner kann, wenn er über die anderen Ausdrucksmittel am Dialog beteiligt ist, schließlich Worte entstehen lassen. Ein Dialog mit Ausdrucksmitteln, wobei das führende Ausdrucksmittel die Sprache ist.

Ein Dialog findet statt, wenn zwei oder mehrere Darsteller sich zueinander und miteinander ausdrücken, also nicht nur zusammen reden. Das ist wichtig und nur praktisch auszuprobieren, weil dann der sprechende Darsteller den Einfluss auf sein Reden durch den Partner bemerkt. Wenn ich rede und sehe, dass sich da eine bestimmte Haltung anfertigt oder dass einer weggeht oder dass einer eine Geste der Aufforderung oder der Abneigung oder des Missverständnisses zeigt, so wird der Dialog aus dieser Partnerschaft der Mittel gestaltet.

Sprache und Mittel werden so verwendet, dass der andere Darsteller nicht den Zwang spürt, dass er während des Zuhörens an Worten arbeiten muss, sondern dass die Worte über die anderen Ausdrucksmittel und ihre Möglichkeiten und Begrenzungen entstehen. Wenn ich mit der Geste, der Haltung, der Pause nicht weiter komme, dann brauche ich die Sprache.

**Nummer: „Denkmal"**

**Ein Spieler trifft auf ein Denkmal, dargestellt von einem anderen Spieler. Denkmal, das heißt eigentlich schon in sich: „Denk mal!" Das ist nicht Marmor, Stein und Eisen, sondern bereits der Beginn eines Dialogs: Denk mal an ... Goethe, an Krieg, oder Gott!**
**„Denk mal", das ist der erste Satz, eine Aufforderung. Sie kommt *unausgesprochen* vom Denkmal. Doch der Spieler, der dieses Denkmal darstellt, gibt ihm auch einen Gestus, eine Haltung. Das Denkmal kann im Moment nicht sprechen, aber auffordern.**
**Dann begibt sich der andere Spieler in einen Dialog mit dem Denkmal. Er darf sprechen. Er muss aus diesem Denkmal heraus einen Dialog entwickeln. Das Denkmal hört zu, es ist ja auch ein Spieler. Und irgendwann, wenn es Lust hat, oder wenn die Partnerschaft mit dem Spieler es dazu auffordert etwas zu tun, dann soll es dem auch folgen. Wenn der Spieler also Mist erzählt oder Aggressionen ablässt oder, im Gegenteil, die Nähe sucht, dann kann sich das Denkmal auch als „Ersatzmensch" zu Wort melden. Aber wenn ein Denkmal anfängt zu sprechen, dann muss schon etwas passieren. Denkmäler quatschen nicht, sie reden auch nicht, aber sie können etwas erzählen.**

Das ist eine Nummer zu einer Dialogszene, die auch bestimmte andere Entscheidungen beinhaltet: Zum Beispiel überlässt der Denkmal-Spieler zunächst dem Mitspieler die Führung. Er weiß ja noch nicht, wohin er will. Wichtig beim Dialog ist, dem anderen die Möglichkeit zu geben, die Richtung seines Denkens, Fühlens, seines Tuns darzustellen, und nicht zu unterbrechen. Man sollte nicht einsteigen, ohne zu wissen, wohin geht das Temperament, die Lust und die Laune, die gedankliche Richtung, die Thematik des anderen. Es führt zu nichts, wenn man unterbricht und nicht weiß, wohin der andere will. Partnerschaft ist nicht Gleichstellung, sondern Interesse aneinander. Dem Interesse Raum geben!

Nachdem man die Richtung oder das Temperament oder die Problematik mitbekommen hat, gibt es folgende Möglichkeit: Spieler A, der bisher geführt hat, setzt ein Zeichen der Übernahme für den anderen. Das kann durch die Haltung passieren, aber keinesfalls technisch: Ich bin jetzt so weit, weiter komme ich im Augenblick nicht, weiter will ich im Moment nicht. Es ergeht eine Aufforderung an den Partner. Es handelt sich also nicht um eine Machtübernahme im Gespräch, wie wir es laufend erleben – wer schneller dran ist, wer lauter brüllt, wer geschickter ist, übernimmt –, sondern funktioniert in der Partnerschaft so, dass der eine Spieler den anderen auffordert. Der eine braucht den anderen, und das muss er ihn spüren lassen.

Es findet also eine *Übergabe* durch Spieler A statt. Ebenso kann auch eine *Übernahme* durch den Spieler B erfolgen, wenn der bisher Zuhörende an einem bestimmten Punkt seinerseits seinem Partner ein Zeichen gibt. Das kann sprachlich erfolgen: Jetzt halt mal die Klappe, stopp mal... Oder durch ein gestisches Zeichen, das man dem Partner gibt. Dann hat auch der anführende Sprecher sein Ziel erreicht, indem er den anderen bis zu dem Punkt gebracht hat, an dem er mitmacht. Und das allgemeine Gefühl, jetzt müsste ich mal dran sein, kommt nicht auf.

Dieses Zeichen-Geben ist ganz wichtig. Es signalisiert dem Partner: Ich bin fertig. Mach weiter. Ich übergebe. Oder: Ich bin so weit. Ich bin bereit. Lass mich mal! Das ist wie eine Aufforderung zum Tanz.

**Nummer: Frei nach Shakespeare**

**Zwei Spieler: Einer von beiden sitzt in Ruhe auf einem Stuhl, ihm ist die Aufgabe gestellt worden, nur Einverständnis zu zeigen – nicht mehr. Er soll mit allem, was auf ihn zukommt, einverstanden sein, abnicken, ohne Text.**
**Der zweite Spieler kommt und sagt frei nach Shakespeare: „Ich will nicht mehr putzen, nicht mehr Fische schuppen ..."**
**Der Angesprochene zeigt Einverständnis.**
**Der sprechende Spieler redet weiter: „Ich will nicht mehr bügeln, nicht mehr aufräumen, ich will nicht mehr meine Bücher lesen ... Ich will nicht mehr..."**
**Das hat eine gewisse Dramatik, ein Befreiungsprozess findet statt; bei Shakespeare endet das mit dem Ausruf: „Freiheit! Heißa! Freiheit!"**
**Hier hat man einen sprachlichen Gestus, dessen Haltung klar ist, und ganz einfache Worte, die aus dieser Haltung kommen.**
**Der Spieler auf seinem Stuhl gibt immer Zeichen: Okay, alles in Ordnung. Ich bin völlig einverstanden.**
**Natürlich entwickelt sich da etwas. Und der andere packt immer mehr aus: „Ich will nicht mehr ...".**
**Damit wächst das Problem und auch ein Konflikt. Ein Spieler will den Widerspruch, aber der andere streitet nicht. Ich will nicht mehr putzen! Und der andere fällt schon ins Wort: Kein Problem. Putze nicht.**
**Es entwickelt sich ein Konflikt, weil kein Widerspruch erfolgt.**
**Der zuhörende Spieler kann natürlich in der Zeit, in der er sein Einverständnis zeigt, an den Moment denken, an dem er übernimmt.**

**Irgendwann gibt es ein Zeichen: Ich will nicht mehr mit dir reden, oder es gibt ein gestisches Zeichen: Ich kann nicht mehr!**
**In der ganzen Zeit konnte der zuhörende Spieler entscheiden, wie die Geschichte weitergeht. Vielleicht hat er unterwegs beim Zuhören entschieden: Ich gehe zum Mitspieler hin und bringe ihn um. Oder vielleicht nehme ich ihn nur einfach in den Arm.**

Einer lässt dem anderen Zeit, zu entwickeln, nicht nur inhaltlich, sondern auch von den Mitteln her, von der Intensität, von der Spannung, vom Temperament, vom Konflikt usw. Und der andere übernimmt dann die Szene und kann weitermachen.

Der Reiz der Nummer ist auch – das ist meinem Grundprinzip nahe –, dass der zuhörende Spieler in der Zeit des Hörens, während er nur dieses eine Mittel hat, nämlich das des Einverständnisses, selbst nach den Folgen suchen und sie auswählen kann. Und wenn die Suche einfach damit endet, dass nach dem vielen Ich-will-nicht-mehr der andere aufsteht und sagt: Was will *ich* jetzt?

Es gibt die Erfahrung, dass die Spieler beim Reden immer zueinander wollen. Sie klumpen zusammen auf einem Haufen. Das ist durch Absprache ganz einfach zu vermeiden: Sobald ihr auf einem Haufen klumpt, euch zu nahe seid, werdet ihr eine Reihe zusätzlicher Schwierigkeiten haben. Einem Menschen aus der Nähe etwas direkt ins Gesicht sagen, das steht unter einer anderen Spannung, als wenn man sich entscheidet, die Entfernung zu nutzen, also sein Territorium, seinen Aufmerksamkeitskreis und seine Möglichkeit, nahe an ihn ranzugehen. Um es mit dem Leben zu vergleichen: Bis auf bestimmte, ganz intensive Momente sind die Menschen voneinander entfernt. Es gibt Situationen, in denen sie sich sehr nahe sind, aber das sind sehr intensive und entwickelte Situationen. Stell dir vor, du triffst einen fremden Menschen auf der Straße und sagst ihm mit der Nase „Guten Tag". Da flüchtet der. Natürlich, Wiedersehensfreude und alle möglichen Formen von Liebe, Hass, Gewalt, also alle entwickelten Situationen, suchen die Nähe – und die baut sich aus der Entfernung auf.

**Nummer: Hinter der Wand**

**Man setzt zwischen zwei Spieler eine Wand und sagt ihnen, dass sie später wieder weggenommen wird. Jetzt aber ist die Konzentration auf den Partner hinter der Wand gerichtet: Wie sieht er aus? Was macht er? Diese Konzentration ist viel größer, da die Spieler intensiv miteinander beschäftigt sind.**

Sammlung zu „Wand“ (wieder aus dem Leben gegriffen):

Man redet gegen die Wand.
Die Wände haben Ohren.
Man rennt bei dir gegen eine Wand.
Zwischen uns steht eine Wand…

Alle diese Redewendungen sind Dialogbegriffe, die man als spielerische Umwege benutzen kann. Wenn die Wand weggenommen wird, sind die Spieler überrascht. Man muss sich umorientieren oder das vorher Gespielte umnutzen. Das direkte Suchen des Partners, das Finden des Partners erzählt etwas und bewegt das Handeln. Man kennt den Partner nicht schon, man lernt ihn kennen. Man hatte eine Vorstellung, jetzt hat man eine Wirklichkeit, und dazwischen macht man Erfahrungen. Man erfährt seinen Partner aus der Ferne (hinter der Wand) und aus der Nähe. Annäherung ist ein wichtiger Prozess, Zusammensein oft leider nur ein Zustand.

**Liebe die Pause!**

Wenn nur geplappert wird, merkt jeder, dass die Pause fehlt.

Eine Sammlung (wieder mit einem Schlenker ins Leben):

Mach mal Pause!
Red’ nicht pausenlos!
Ich brauche dringend eine Pause…

Es ist einfach so, die Wirklichkeit schlägt solche Dinge vor. Außerdem drücken die gewählten Mittel auch immer das ganz persönliche Verhältnis des Darstellers zum Text aus. Natürlich ist bei einer Improvisation immer ein persönliches Verhältnis zum Text da. Als Spielleiter muss ich dieses persönliche Verhältnis zu den Worten sehen. Wie entsteht es, welcher persönliche Gestus liegt dem Sprechen eines Spielers zugrunde? Man hat seine Schnellsprecher, seine Stolperer, seine Versprecher… Dieses individuelle Verhältnis zur Sprache sollte man unbedingt nutzen und nicht Vergleiche untereinander herstellen, wie es häufig vorkommt. Es ist auch Unsinn, andere damit zu beschäftigen, wie es bei einem selbst laufen könnte. Wie ich einen Text sprechen würde, das ist meine Annahme. Wichtig sind das Herausfinden und die Akzeptanz des sprachlichen Grundgestus, den der Spieler hat. Und wenn ein Text-Stolperer seinen Weg zum Text geht, wird man mehr Erfahrungen machen, als wenn ein eleganter Auswendig-Lerner ihn mir vorführt. Dieses persönliche Verhältnis zur Sprache ist wichtig. Und bei literarischen Texten sollte man auf eine persönliche Aneignung des Textes achten. Nicht den Text nur lernen. Es geht um die persönliche Aneignung des Textes durch den Spieler selbst. Wie eignet *er* sich den Text an? Über welche Hindernisse, Wichtigkeiten, Zu- und Abneigungen, mit welchem Temperament, mit welchen Gedanken? Und wenn er „hängt“, dann ist das eine persönliche Leistung, kein persönliches Versagen.

### Grundtypische Haltungen und sprachlicher Gestus

Natürlich gibt es auch Übungen, wie Dialoge entstehen können, zum Beispiel, wenn man eine typische Grundhaltung eines Spielers festlegt und mit ihr beginnt. Aber zuerst bietet sich wieder eine Sammlung an. Die Sammlung ist dazu da, dass alle Spieler sagen: Aha, kenn' ich. Das ist die erste Meinung zum Thema und ein Beitrag dazu. Was für Grundtypen gibt es – in einer Schulklasse wie in der Welt der Erwachsenen?

Jetzt sammelt man:

> Großmaul – gibt es großmäuligen Text? Ja.
> Sprechen und Sprache treten in eine dichte Beziehung.
>
> Angeber – gibt es angeberische Wörter? Ja. Eine Haltung? Ja. Einen Gang? Ja.

Im Arbeitsprozess ist es dann meistens so, dass der Angeber durch die Wortbenutzung auch den sprachlichen Ausdruck dafür findet.

Weitere Möglichkeiten:

> Besserwisser – Jubler – Knurrer

Der Besserwisser tauscht Wörter aus, korrigiert. Der Jubler findet Töne für Wörter und ein Temperament in Sätzen. Der Knurrer reduziert, verknarzt Wörter. Das sind alles grundtypische Haltungen, die einen typischen sprachlichen Gestus haben, den man kennt, der auch inhaltlich besondere Wörter, Sätze, Texte hervorbringt.

**Nummer: Mit einem „Knurrer“**

**Auf einer Bank sitzt ein Knurrer. Ein Mitspieler kommt ganz normal mit einem ganz einfachen Text, z. B.: „Guten Morgen, wie geht es dir?“. Damit ist der Spieler, der die Szene führen wird, angegeben. Der Knurrer hat das konkrete Ausdrucksmittel, er ist ausgestattet mit diesem Gestus und verknurrt alles. Man kann sich das vorstellen.**
**Der des Weges Kommende versucht es nun weiter. Er fragt aber nicht gleich: „Warum knurrst du?“ Wenn er das tun würde, wäre vermutlich die Antwort: „Schlechte Laune.“ Damit wäre die Szene zu Ende. Schluss.**
**Der des Weges Kommende versucht es also mit normalen Worten. Ganz normal heißt, da ist keine Belastung drin. Er erzählt ganz normal seine Geschichte weiter: „Ich habe gestern ...“.**

**Der eine hat das Ausdrucksmittel, das Knurren, in der Hand. Der andere, der die Szene führt, hat noch kein bestimmtes Ausdrucksmittel zur Verfügung. Die Frage ist: Bei wem entsteht der Konflikt?**
**Natürlich bei dem, der normal des Weges kam. Dazu muss er es aber eine Weile aushalten, er muss sich beknurren lassen, so lange, bis er sich sagt:**
**Geh' ich weg? Nein, das ist uninteressant.**
**Knurr' ich auch? Schon besser, aber auch nicht besonders gut.**
**Lese ich ihm ein Gedicht von Nikolaus Lenau vor? Oder kippe ich die Bank mit ihm um?**
**Singe ich eine Frühlingslied, oder was auch immer?**
**Mit anderen Worten: Handele ich spontan, bewusst oder gestaltet?**
**Wichtig ist, eine Überraschung entdecken zu lassen, auch bei dem Spieler, der normal des Weges kommt. Der Spielleiter sollte nicht von vornherein bei der Aufgabenstellung ansagen, man solle sich eine Überraschung ausdenken; man muss das dem Spieler überlassen.**

Der Spieler, der normal des Weges kommt, ist zunächst enttäuscht, weil er scheinbar keine besondere Aufgabe hat. Aber zum Wesen des Improvisierens und des freien Umgangs mit den Dingen gehört auch die *Entdeckung der Aufgabe* auf der Bühne, das Entdecken beim Machen. Das bedeutet, dass man die Aufgabe so stellen muss, dass dies ermöglicht wird: Du kommst einfach rein und – bitte *nichts Großes* machen, keine Aufregung, bleibe dabei, du kommst nur. Aber ab einem bestimmten Punkt kannst du dann ... Vielleicht musst du auch ... Da der Knurrer hauptsächlich mit seinem Knurren beschäftigt ist und nach Gründen dafür sucht, hat er die Aufgabe, Wörter und Sätze seines Mitspielers zu benutzen.

Vereinfachen kann man die Geschichte, indem man sagt, dass der Knurrer (Jubler, Besserwisser usw.) mit dem Textmaterial arbeiten soll, das der des Weges Kommende mitbringt. Dadurch kann er sich noch mehr auf seine Gestaltung orientieren. Er verknurrt das „Guten Morgen", er benutzt die Worte des anderen und verknurrt sie. Er kann sich bei dem Anspieler bedienen. Daraus entsteht beim „Normalen" ein Moment der Entscheidung, ein Moment des Fast-nicht-mehr-Ertragen-Könnens. Und er übernimmt dann die Lösung des Problems, weil die Situation eben nicht mehr „normal" ist.

Sprache braucht immer einen Weg – und der geht über die Benutzung der Mittel. Lösungen sind immer schön, wenn sie auf der Bühne gefunden werden. Sie können deshalb kaum vorgegeben und hier aufgeschrieben werden. Wenn man sie vorschlägt, kommt man über zu wenig Hindernisse zu ihnen, der Weg wird verkürzt. Wenn ich sage: Ihr sollt euch am Ende küssen, wird der Prozess dahin verkürzt, auch veralbert, wie auch immer. Wenn aber ein Knurrer auf der Bank sitzt und ein normales Mädchen des Weges kommt, das irgendwann entscheidet: Ich löse dieses Problem, indem ich ihn *trotzdem* küsse ... *Trotzdem* küssen ist viel besser, als einfach so küssen. *Trotzdem* ist ein Überwindungswort, aber auch ein Widerstandswort, ein Mutwort, Streitwort.

Natürlich kann man auch zwei Grundhaltungen gegeneinander stellen. Eine Jublerin trifft auf einen Besserwisser. Vielleicht bringt die Jublerin den Partner zu einem besseren Wissen oder ihr vergeht der Jubel bei einem Besserwisser. Oder ...? Da gibt es Möglichkeiten sehr unterschiedlicher Entwicklung. Das Feste – die Grundhaltung – wird sich bewegen.

### Fixierungen

Beim Mitschreiben der improvisierten Texte, was ja manchmal nötig ist, kann man unterschiedliche Varianten nehmen. Entweder zwei Personen schreiben jeweils nur einen Part des Dialogs zwischen zwei Spielern mit. Man nimmt nur die Rede eines der Spieler auf. Dann können die beiden Aufschreiber den Dialog mit „verteilten Rollen" lesen. Beim Aufschreiben findet eine Art natürlicher Auslese statt, denn natürlich ist nicht jedes Wort auf dem Papier angekommen, ein anderes ist dafür dazugekommen. Oder, das ist die zweite Variante, man bittet, mit Lust und Laune nur die schönsten, treffendsten und auffälligsten Wörter mitzuschreiben. Am uninteressantesten ist das protokollarische Mitschreiben.

In bestimmten Arbeitsetappen der Fixierung ist das Erinnern wichtig. Erinnern! Wenn man z. B. etwas wiederholt und gern den Text wieder haben möchte, den man schon hatte, muss man sich erinnern dürfen. Erinnern ist in diesem Fall ein schöpferischer Vorgang, nicht ein Kramen nach Wörtern, um sie in die richtige Reihenfolge zu bringen. So trennt man den Text vom Handeln und der Spieler kommt nicht weiter. Nicht etwa weil er „hängt", sondern weil er nicht mehr handelt. Und dann sitzt da unten einer und bläst ihm sofort den Satz rein! Lässt man dem Spieler aber Zeit, über die benutzten Mittel die Worte selbst wiederzufinden, wird er sich darüber – über die Situation, sein Handeln, über den Partner – an den Text erinnern. Dann ist der „Hänger" eine Erinnerungspause und nicht ein Textversagen.

Übrigens – wenn ein Spieler seine Geschichte beendet hat und er dann im Rückspiel seine Worte von den Zusehern hört, entsteht wieder das, was als eine Form der Fixierung der Arbeit wichtig ist: Er ist überrascht. Was, das hab ich gesagt? Erstaunlich! Merke ich mir! Oder man sagt: Spielt die Szene doch mal von hinten.

**Die Astrid-Nummer**[1]

**So fängt sie an: Ein Darsteller sitzt vor dem Spielort. Er heißt Paul.**
**Paul sagt an: „*Paul*, erhebe dich!" Er könnte auch sagen: Steh auf!**
**Das tut er. Nicht mehr und nicht weniger. Er erfüllt seine Ansage.**
**Dann gibt er sich vor: „*Paul*, mache bitte drei große Schritte vorwärts!"**
**Das macht er.**
**„*Paul*, fasse dir an den Kopf!"**
**Auch das wird *nach* der Ansage getan.**
**„*Paul*, renne in eine Ecke!"**
**Er tut es.**
**„*Paul*, drehe dich um!"**
**„*Paul*, hocke dich hin!"**
**„*Paul*, halte dir die Augen zu!"**
**„*Paul*, springe auf!"**
**„*Paul*, renne weg!"**
**„*Paul*, falle hin!"**
**„*Paul*, krieche von der Bühne!"**

Was ist das Besondere an dieser Nummer? Der Darsteller spricht sich mit seinem Namen an, und zwar vor jedem Tun. Das macht die Ausführung wichtig. Er erfüllt mit sich und für sich einen Auftrag. Das, *was* er tun will, lenkt die Aufmerksamkeit darauf, *wie* er es tun wird. Was und Wie finden nicht gleichzeitig statt. Die eigene Namensnennung macht den Vorgang ungewöhnlich. Wer spricht sich schon bei einfachem Tun selber an?

Was ist das Erstaunliche an dieser Nummer? Der Darsteller wird nun gebeten, den Vorgang zu wiederholen. Aber: Er spricht die Ansage nicht mehr laut aus! Er spricht sie *innen*. Mit gleichem Wortlaut. Unbedingt sprechen – nicht denken (natürlich ohne Lippenmurmeln). Mit der inneren Stimme. Danach führt er aus! Und es fällt ihm alles ein, was er vorher nur einmal gemacht hat. Aber die Ansage muss wiederholt werden; es funktioniert nur, wenn er wieder die einzelnen Aufträge an sich selbst stellt. Er erinnert sich so genau, weil er sich die Aufgabe sprechend vorgelegt und dann handelnd erfüllt hat. Er kann sich zweimal an eine Sache erinnern.

---

[1] Der Name dieser Nummer ist der Schauspielerin Astrid Meyerfeldt gewidmet, die sie eindrucksvoll darstellte.

Wichtig ist, dass einfache körperliche Aufgaben gestellt werden, die sprachlich konkret und knapp angesagt werden. Schwierig wird es auch, wenn die Vorlagen zu viele Wiederholungen enthalten, z. B.: „Paul, mach einen Schritt nach links... und noch einen... dann nach rechts... in die Mitte... wieder nach links... und nach rechts..." Das ist nicht erinnerbar. Man muss die Mittel auseinanderhalten. Man schlägt sich einen Gang vor, dann eine Haltung, danach Gestisches, dann einen Blick, eine räumliche Beziehung usw. Natürlich begrenzt man die Anzahl der Vorlagen.

Für die Entwicklung dieser Nummer wird die einfache Aufgabe erweitert. Ein Ziel wird benannt: Der Darsteller soll am Ende seines Weges eine für ihn wichtige Entdeckung machen. „Paul, eine Sternschnuppe fällt dir in den Weg!"

Eine andere Erweiterung: Dem Macher wird eine Grundhaltung vorgeschlagen. Zum Beispiel: Paul ist ein verträumter Typ. Jetzt führt Paul seine einfachen Ansagen verträumt aus. Aber: Die Haltung wird nicht mit Worten angesagt! Also nicht so: „Paul, mach mal einen verträumten Schritt!" In der Ansage wird die Haltung hörbar, dann sichtbar. Ein verträumter oder zorniger Typ nimmt sich verträumt etwas vor. Wichtig: Diese Haltung kann er ändern. „Paul schau in den Spiegel!" Dann geht es vielleicht bei Paul nicht verträumt weiter.

Aber es bleibt dabei: Gestisch-körperlich arbeiten! Die Vorlage nicht zerreden! Keine monologischen Reden! Keine Befindlichkeitsauskünfte! Keine Begründungen! Ansagen – Zeigen!
Noch eine Variante: Der Ansage wird jetzt ein bezeichnendes, ein charakterisierendes Beiwort mitgegeben.

„Paul, stehe *beschwingt* auf."
„Paul, schwinge drei Schritte vorwärts."
„Paul, drehe dich tänzelnd."
„Paul, falle unglücklich um."
„Paul, erhebe dich umständlich!"
usw.

Man sollte diese Nummer immer in der einfachsten Form beginnen und sie dann entwickeln.

Wer ihren Reiz in der Einfachheit nicht entdeckt, der wird Schwierigkeiten haben. Wer die Nummer als Vorführung von darstellerischer Wichtigkeit versteht, hat sie nicht verstanden. Diese Nummer wird nicht „gespielt", sie wird ausgeführt. Sie zielt nicht auf „Wirkung"!

Sie macht einige Entdeckungen möglich. Sie kann auch als eine Raumübung verstanden werden und gibt Auskünfte über die „Organik" des Ausführenden.

Bei der Wiederholung der Nummer ohne die hörbare Ansage kann man noch eine interessante Entdeckung machen. Bevor man die Nummer dem Darsteller erklärt, delegiert man dazu jemanden aus der Gruppe vor die Tür. Drinnen entsteht durch Ansage die Nummer. Dann bittet man den Unwissenden, der die Entstehung der Nummer nicht erlebt hat, dazu… Er sieht die erste Wiederholung, ohne die Ansagen.

Er soll danach erzählen, was er empfunden hat.

Es wird erstaunlich sein.

**Die Astrid-Nummer mit zwei Spielern**

**Aufgebaut wird wie bei der Solonummer. Nur die Ansagen wechseln sich ab. A sagt an und führt aus. Dann B. Doch nun gibt es eine andere Entwicklung, denn B hört und sieht, was A macht und umgekehrt. Es kommt also zu Beziehungen zwischen beiden, zu einer Partnerschaft, zu einem Kennenlernen, einer Annäherung oder Entfernung, Zu- oder Abneigung, Berührung …**

**Beispiel:**
**Paul sagt an: „Paul, greif dir Paulas Hand."**
**Paula sagt an: „Paula, berühre Pauls Arm."**
**„Paul, lege deine andere Hand auf ihre Schulter."**
**„Paula, nimm sein Gesicht in deine Hände."**
**„Paul, lehne dich an Paula."**
**„Paula, küsse Paul!"**

Die einfache Ausführung dieser Absichten ist überraschend in der Wirkung. Was man noch intensiver in der Wiederholung ohne Ansage sehen kann. Man sieht, wie eine Beziehung aufgebaut wird, und kommt ohne wortreiche Vorbereitungen gefühlsangereicherter Art aus. Das „Gefühl" entsteht beim Machen, beim Berühren – nicht beim Ansagen.

Paula erfährt von Paul, was er vorhat. Sie kann ausgewählt antworten. Zudem verlieren beide eine gewisse Scheu, wie sie bei solchen Vorgängen auftritt und die sich in verkrampften Albernheiten äußert, vor allem dann, wenn man als Darsteller eine solche Situation zum ersten Mal szenisch umsetzen soll. Man geht nicht „gefühlig" zur Sache, sondern „erfühlt" sie durch konkretes Handeln. Man entwickelt die Berührungen in der Partnerschaft.

Diese Nummer kann weiter entwickelt werden. Man benennt zwei Darsteller, die den Aufbau der Nummer von außen mit einer besonderen Aufgabe begleiten. Während Paul und Paula ihre Begegnung angesagt herstellen, finden die beiden anderen Worte, die dabei gesagt werden könnten. Sie „betexten" Paul und Paula, stellen einen möglichen Dialog her, unabhängig voneinander, aber abhängig von dem, was sie sehen und dabei empfinden. Sie müssen unbedingt davon ausgehen, was in der Begegnung an möglichen Worten enthalten ist, und nicht welche dagegen erfinden, witzeln oder geistreicheln. Während Paula und Paul ihren Vorgang ohne die Ansagen wiederholen, können die Texter ihre Wortvorschläge noch einmal überdenken. Das heißt, dass sie die Worte vorher nur angedacht haben. Erst bei einer erneuten Wiederholung sprechen sie den Text für Paula und Paul. Jeder Texter für seinen Spieler.

Diese hören nun Worte, die ein anderer für sie empfunden hat. Sie bemerken einen Text für ihr Handeln. Was sie sich „gemerkt" haben, wird in der Wiederholung für einen Dialog genutzt. Sie haben auf einmal etwas zu sagen, aber es sind nicht ihre Worte.

Einige der „fremden" Worte werden verloren gehen, andere werden in das Handeln aufgenommen werden und nicht mehr fremd sein. Sie verwenden die Worte, gebrauchen oder verlieren sie, weil sie sie nicht gebrauchen konnten, weil sie aus ihrem Handeln nicht entstehen konnten. Dann entstehen eigene Worte …

Was sich hier beim Aufschreiben einigermaßen kompliziert anhört, ist in der praktischen Nutzung einfach zu verstehen. Überhaupt: Das „Machen" vereinfacht. Es klärt und erklärt auf sinnliche Weise. Und: Bei dieser Nummer sind Entdeckungen zu machen, die hier nicht aufgelistet wurden, in der Hauptsache solche, die die Partnerschaft betreffen.

**Die Astrid-Nummer mit drei Spielern**

**Gearbeitet wird wie oben beschrieben, aber mit einer Besonderheit: Die drei Darsteller machen sich ihre Ansagen immer abwechselnd. Dabei entstehen Beziehungen zwischen zwei und drei Darstellern.**
**Also: Paula hat die Nähe zu Paul gesucht. Da baut sich was auf. Was macht Peter? Lässt er eine Entwicklung zu oder mischt er sich ein und stört die Beziehung? Wie entscheidet sich Paula oder Paul? Es entsteht eine Konfliktsituation, ein Dreierkonflikt.**

Konflikte haben immer mit Entscheidungen zu tun! Natürlich kann sich auch einer der drei aus der Beziehung heraushalten. Auch das ist eine Entscheidung. Aber damit wäre einer nicht mehr an der Entwicklung beteiligt, wäre Betrachter, Begleiter, eine Randfigur, der entweder gänzlich aussteigt und seiner Wege zieht oder sich in der Reserve abwartend aufhält, um an einem bestimmten Moment der Entwicklung einzugreifen und seine eigenen Früchte zu ernten.

Diese Dreiernummer hat ihren besonderen Reiz durch die Entscheidungen, die von jedem der drei zu treffen sind. Es müssen Entwicklungen beobachtet werden und Möglichkeiten einer Beteiligung gefunden werden. Ich handle so, dass er weiter handeln kann. Ich arbeite für meinen Partner und er für mich. Die Dreiernummer ist so etwas wie eine gespielte Dramaturgie.

**Die Astrid-Nummer als Gruppenübung**

**Eine Gruppe Spieler begegnet zum ersten Mal dem Raum, in dem sie geraume Zeit arbeiten werden. Sie führen sich mit Ansagen durch diesen Raum. Erkunden ihn. Keiner ist Zuschauer. Alle sind unterwegs. Man kann sich treffen, wenn ein anderer einen interessierenden Ort gefunden hat.**
**Man kann verloren gehen. Man kann verharren. Vielleicht etwas bewegen ... Ähnliches kann man auch auf der leeren Arbeitsbühne unternehmen oder später auf einer gestalteten Bühne.**

### Text Text Text

Bei einem Stück sollte man die Masse der Wörter nicht zum erschreckenden Augenblick für die Spieler machen. Die berühmte Frage: Wie lernt man so viel Text? Man lernt nicht Text, man erhandelt sich den Text und überprüft ihn am Buch. Und wenn man einen Dialog anfängt, warum reicht einem da nicht für einen längeren Probenzeitraum der eine Satz des Spielers A und der eine Satz des Spielers B? Warum müssen gleich eineinhalb Seiten geschafft werden? Schon in den ersten Sätzen findet man viel heraus. Möglicherweise findet zwischen den beiden Sätzen nichts statt. Das herauszufinden, ist auch eine Leistung. Oder man findet heraus, zwischen meinem ersten Satz und dem ersten Satz des anderen ist ein qualitativer Unterschied. Hat das etwas zu bedeuten, dass ich siebzehn Worte habe und der andere nur drei? Das mag formal erscheinen, aber das wird von guten Stücken sofort widerlegt. Wie kommt es, dass in meinem Text am Ende immer drei Punkte stehen und bei dem anderen die Ausrufezeichen? Oder:

Wieso ist mein Text so praktisch? Stell mal die Tassen in den Schrank, leg die Tischdecke auf… Wie sind die Worte des anderen?

Als Antwort reichen manchmal zwei Sätze. Es geht nicht darum, dass diese Sätze eine besondere Dramatik enthalten, sondern es geht einfach um ihre Aufschlüsselung. Leute, die dafür einen Sinn haben, wissen, dass Kafka der Meister der ersten Sätze ist, auch Márquez. Es geht um diese Aufmerksamkeit: Was ist mein erster Satz, was steckt in ihm drin? Ich möchte, dass alles mit einer gewissen Lust gemacht wird.

Ein Beispiel: *Die Möwe* von Tschechow beginnt mit ganz einfachen Sätzen. Guckt mal, wie er die Sprache behandelt. An sich ist an den Sätzen literarisch nichts Besonderes, aber die Situation und die Art und Weise der Formulierung machen sie dazu. Der Satz: „Ich bin eine Möwe. Nein. Nicht. Doch.“, besteht aus ganz einfachen Wörtern und ist doch ein Sujet für eine kleine Erzählung. Ganz einfache Geschichten, die man nur durch die Aufenthalte in den Texten mitbekommt.

**Nummer: Der Boxring**

**An zwei Ecken im Ring sitzen Spieler, die „Assistenten“, jeweils mit einem aufgeschlagenen Textbuch. Sie verfolgen die Szene.**
**Zwei andere Spieler im Boxring beginnen ganz normal mit je einem eigenen Satz.**
**Damit beginnt die Auseinandersetzung. Sie haben nur diesen einen Satz, also geht jeder in seine Ecke und lässt sich von seinem Assistenten einen Satz vorschlagen, den bringt er zum Spielpartner. Der sucht mit eigenen Worten zu entgegnen. Wenn das nicht klappt, geht er in seine Ecke, wo der Assistent schon dabei ist, einen passenden Satz aus dem Buch herauszusuchen. Er übergibt ihn dem Spieler und dieser trägt ihn in den Ring zu seinem Partner.**

Das ist ein lustiges Spiel, sehr anstrengend, d. h. in der Ecke sitzt so ein beratender Co-Autor oder ein praktizierender Dramaturg. Das kann man auch ganz frei nur mit einem Thema machen. Es gibt in diesem Fall wieder zwei Spieler und die beiden Berater in den Ecken, zu denen die Spieler sich hinspielen, nur dass sie sich dort jetzt improvisierten Text abholen. Eine Variante wäre auch, am Schluss die Berater und die Wege zu ihnen wegzulassen und das Ganze zu wiederholen. Dabei ist es überhaupt nicht wichtig, die Szene Wort für Wort zu wiederholen, sondern man versucht, die Szene wiederherzustellen.

Die Annäherung an einen Text geschieht auf verschiedenen Wegen. Ich glaube, wenn diese Wege spielerisch und gestaltender Art sind, ist das einfacher. Auch der Verlust eines bestimmten Satzes oder Wortes ist bemerkenswert. Verluste zu bemerken, ist hoch interessant. Warum ging eben dieser Satz verloren?

Das alles sind Annäherungen an Dialoge. Sie beschreiben eher, was ein Dialog ist, als dass sie erklären, wie man einen Dialog führt. Was ist das – ein Dialog? Und mit welchen Mitteln arbeitet er? Diese Fragen erscheinen mir wichtig in diesen Zeiten, wo die Menge an Worten bereits als Zeichen von Wichtigkeit gilt. Auch, um sich gegen dieses ständige Sich-zu-Wort-Melden zu wehren, das heutzutage für die eigene Selbstdarstellung notwendig zu sein scheint. Das Geheimnis besitzt nach wie vor der Schweiger.

In einem meiner Stücke, *Kokori*, spricht ein Kind den Satz: „Ich bin nie mehr zu trösten." Während der Proben passierte es, dass die Darstellerin der Mutter des Jungen an dieser Stelle aus der Handlung ausstieg: „Jetzt muss ich aber mal anhalten. Jetzt muss ich aber überlegen, Moment mal." Sie stieg aus der Handlung aus, weil sie diesen Satz sehr ernst nahm: „Ich bin nie mehr zu trösten." Und diese Unterbrechung auf der Probe hat sich dann auch im Stück erhalten.

Mir geht das oft beim Fernsehen so. Ich höre in einer Sendung der belanglosen Art so nebenbei: „Wir wissen, dass die Kinderfeindlichkeit in Deutschland fast die größte in Europa ist", sagt der Kinderschutzbund. Da sage ich doch: Stopp! Anhalten! Da kann man doch nicht flott drüber weggehen und dann beim Gänseblümchen landen. Da muss man doch geradezu anhalten. Stopp! Da muss man was unternehmen.

Ein Ansager sagt: „Top-Thema Krieg". Da muss man doch auf den Knopf drücken und sagen: Moment mal! Anhalten! Top-Thema kann Herr Bohlen sein. Ist Krieg denn kein Problem mehr? Ist das alles Tagesordnung?

Da sagt einer: Hör doch *einfach* nicht hin!

Der andere: Ich kann *nicht einfach nicht* hinhören.

Diesen Satz entdeckt man nur beim Sprechen.

**Nummer: Ansagen, was passieren wird**

**Auf der Bühne zwei Spieler, jeder hat einen Satz. Beide Spieler sagen *vorher* an, wie sie diese Sätze zu sagen gedenken. Dazu können sie so viele Wörter nehmen, wie sie wollen. Aber: außerhalb der Bühne ansagen, vorlegen!**

**Zum Beispiel: „Ich habe jetzt gleich zu sagen: ‚Auf Wiedersehen'. Ich sage das endgültig, für immer, hinterlasse Macht und Ekel…" Und der andere sagt: „Ich sage: ‚Hau ab'. Aber da Ekel usw. besetzt sind, mache ich das ganz anders und zwar mit Liebe und Zuneigung."**
**Beide Spieler haben eine Absicht angesagt, und die muss erfüllt werden. Die Ansage aktiviert. Ist auch ein Versprechen, das erfüllt werden will.**

Jetzt muss man mal an Brecht erinnern, der ja nichts anderes gemacht hat. *Was* geschieht wird angesagt und dem Publikum bekannt gemacht, weil es auf das *Wie* achten soll. Das Was kennt er schon. Man kann das auch umdrehen: Man stellt dieses Wie vor und sieht dann, was passiert. Das ist ein sehr schönes Spiel.

Variante 1:
Man kann das als ganz einfache Übung machen, mit dieser Ansage von draußen: „Ich, Paul Meier-Lagerfeld, gehe einmal über die Bühne. Mehr mache ich nicht. Ich gehe nur einmal über die Bühne. Von links nach rechts, das weiß ich noch nicht. Gut, ich entscheide mich jetzt: Von links nach rechts gehe ich einmal über die Bühne. Wirklich, Paula. Ich gehe *nur* über die Bühne. Da ist nichts, kein Hintersinn, kein Thema, kein Geheimnis, keine Hinterlist, keine Intrige, nichts. Ich gehe *nur* über die Bühne."

Und der Spieler, der jetzt, nach so viel Vorwort, über die Bühne geht, der wird was merken, der macht bei der Ausführung einige Erfahrungen. Man soll das selbst mal ausprobieren; ich kommentiere das nicht, aber man beachte das Wort „nur". Oder ganz was Einfaches: „Ich komme jetzt, geb' dir die Hand und sage: ‚Guten Tag'. Nichts weiter." In dem Moment, wo ich losgehe und das tue, was ich angesagt habe, bin ich nicht mehr ganz ich selbst. Ich zeige etwas, habe Verantwortung und fühle mich irgendwie anders. Ich stelle aus und ich zeige vor. Ich bin ein Darsteller.

Variante 2:
Man kann das auch mit einem Dialog machen. Der Darsteller, der die Szene führt, sagt an: „Ich treffe jetzt Luise und werde zu ihr hingehen. Ich werde sie am Oberarm berühren und sie an mich ziehen." Luise hört die Absichten. Die Ausführung dieser Vorlage ist der erste Schritt. Luise kann sich auf den zweiten Schritt vorbereiten, den sie ansagt, damit der Partner einen dritten Schritt planen kann.

Es ist auch eine schöne Nummer, in Vorbereitung eines Dialogs zu sagen: „Ich habe drei Sätze, damit werde ich ihr alles sagen, alles, was ich ihr schon immer sagen wollte. *Alles*!" Das führt uns zum Dialog zurück.

Variante 3
Oder man macht eine Szene, die das Zusammentreffen zweier Menschen zeigt. Die beiden Spieler sitzen getrennt auf Stühlen und beschreiben, was sie sagen und tun werden, und was der Partner daraufhin vermutlich auch tun und sagen wird. „Ich komme herein, setze mich hin und werde ihr zuerst sagen: ‚Ich liebe dich über alle Maßen', und dann wird sie wahrscheinlich das und das sagen." Man plant also die Szene. Man spielt vor, man ist darstellerisch vor der Szene. Und die andere Spielerin weiß, was der Partner vorhat, und erzählt auch, was sie alles machen wird. Und dann treffen sie sich und führen es aus. Sie beginnen also nicht mit gar nichts oder irgendwas, sondern kennen die Absichten des Partners, denen sie folgen oder sich verweigern können.

Sie sind jetzt nicht so orientiert auf das Nachsprechen fremder Worte, sondern darauf aus, in einer bestimmten Situation die fremden Worte wiederzufinden.

Variante 4:
„Was wäre, wenn?" – Manchmal ist auch die konjunktive Methode sehr produktiv. Was könntest du, was *möchtest* du? Man kann das mit einer Szene, auch mit einem Dialog machen, indem zwei Partner sich gegenseitig etwas wünschen: Ich hätte gern, dass du weit weg von mir stehst. Gut, sagt der andere, aber dann wünsche ich, dass du sitzt und …

Das ist ein Spiel mit viel Erwartung. Und wenn dabei herauskommt: Ich könnte mir vorstellen, wie du mich umarmen würdest, wenn du könntest. Das wäre etwas, was mich mächtig interessieren würde.

Man könnte, man müsste … heißt eigentlich doch: Probieren wir es mal.

## Die Szene

Die Szene wird behandelt wie ein Stück. Man sucht die durchgehende Handlung. Bestimmt Anfang und Ende. Dazwischen bewegt die Handlung die Szene. Jeder Anfang hat ein Davor, jedes Ende ein Danach. Das macht Anfang und Ende wichtiger, und die Handlung ist die Folge von etwas. Man kennzeichnet die vorgestellten Umstände, unter denen sich die Handlung entwickelt.

Für die Entwicklung wird es nötig, die Hindernisse oder auch Widerstände zu finden. Handlung ist immer die Überwindung von Hindernis und Widerstand, sonst ist es Tätigkeit. Handlung ist auch immer zusätzlicher Gewinn, eine neue Qualität, ein Mehr als vorher. Tätig sein kann man auch im Stillstand, handeln nicht. Das Handeln charakterisiert sich durch das Ziel. Auf dem Wege sind Hindernis, Widerspruch, Konflikt, Entscheidungen und Bewältigungen die bewegenden Elemente.

In der durchgehenden Handlung müssen die Ereignisse (auch Drehpunkte der durchgehenden Handlung) bestimmt werden. Ereignisse entwickeln und verändern die Handlung. Die Ereignisse lassen sich in der Szene finden oder für die Szene erfinden. Die Bewertung der Ereignisse bestimmt den Charakter der Handlung. Es gibt Ereignisse für die Figur und für die Geschichte. Das Ereignis in der Geschichte wird von den Figuren unterschiedlich bewertet, das charakterisiert sie und bestimmt ihre Eigenständigkeit.

Nehmen wir zum Beispiel *Der Streit* von Marivaux. Die Entdeckung neuer Welten ist hier das Ereignis. Das erfreut die eine Figur, eine andere ängstigt das, eine dritte vergnügt das Ereignis. Hier kann man noch andere Verhaltensweisen zu einem Ereignis ausprobieren. Für jede Figur ändert sich das Handeln entsprechend ihrer Bewertung.

In einer Szene oder einem Stück treten ganze Ereignisketten auf. Sucht man sie nicht, bewegt sich die Handlung nicht vorwärts. Der Regisseur kann natürlich außer seiner Bewertung der Ereignisse der Szene andere Ereignisse für Figuren und Geschichten erfinden. Das macht dann das Besondere seiner Interpretation aus. Die Interpretation der Ereignisse hat sich mit der Zeit verändert, weil sich natürlich die Bewertung ständig ändert.

Ereignisse können im Augenblick ihres Auftretens eine plötzliche Veränderung der Handlung bewirken. Das kann aber auch eine Zeit brauchen und das Ereignis wirkt sich erst viel später aus. Möglicherweise wird es von einer Figur überhaupt nicht erkannt. Das Ereignis muss nicht immer im Handeln sichtbar gemacht, also veröffentlicht werden, es kann im Innern arbeiten und erst später zum Ausdruck kommen.

Nach der vorbereiteten Handlungsanalyse, bei der festgestellt wurde, *was* in der Szene geschieht, beginnt die Beschäftigung mit dem *Wie*. Es stellt sich also die Frage nach der Interpretation. Ihren Charakter offenbaren die Figuren durch ihr Handeln in bestimmten Situationen und dadurch, wie sich andere zu ihnen verhalten, wie sie sich äußern und übereinander reden. Welche Ausdrucksmittel benutzt eine Figur, führt sie oder wird sie geführt? Wie ist ihre Beteiligung am Konflikt, wie der Anteil an Lösungen? Was ist das besondere Verhalten der Figur, das sie unverwechselbar und unaustauschbar macht? Das unterschiedliche Verhalten der Figuren zeigt sich in der unterschiedlichen Benutzung der Ausdrucksmittel und ihrer Bewertung.

In der Anfangsphase der Arbeit soll man das alles der Szene entnehmen. Im Verlauf der Proben kann man eigene Lesarten und Absichten umsetzen – aber auch dabei sind dramaturgische Überlegungen anzustellen, die für die Inszenierung grundlegend sind.

### Wir befragen die Szene

Diese Fragen sind ungeordnet, sie können früher oder später im Probenverlauf gestellt werden:

Was sind die Ereignisse der Szene?
Welche Grundhaltungen bestimmen den Anfang?
Wo sind die Konflikte und bei wem?
Wer führt die Szene?
Welche Ereignisse kann man in die Szene einfügen?
Welche Varianten der Grundhaltungen sind probierbar?
Was für eine Überschrift hat die Szene?
Welche Themen benennt die Szene?
Wo ist der Höhepunkt in dieser Szene?
Gibt es ein grundtypisches Verhalten?
Welche Vorgeschichte ist möglich?
Welche Folgen kann die Szene haben?
Wie verteilen sich die Ausdrucksmittel? Welche?
Was ist ein erzählendes Arrangement in dieser Szene?
Welche Informationen ergibt die erste Lesung der Szene?
Wie behandeln die Darsteller die Sprache?
Was sind die wichtigsten Worte für welche Figur?
Wie beginnt die Szene?
Was für ein Kostümteil aktiviert?
Was könnte das wichtigste Ausdrucksmittel sein?
Wer benutzt welchen Raum?
Was ist Naivität, Staunen? Und was das Gegenteil?
Welche Improvisationen könnten die Arbeit an der Szene begleiten?

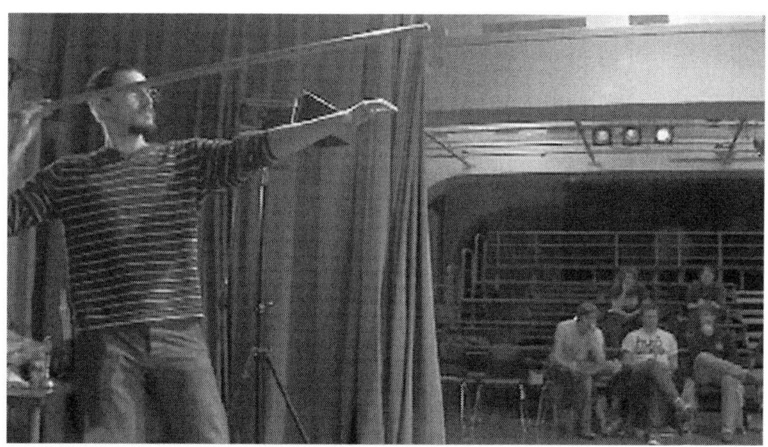

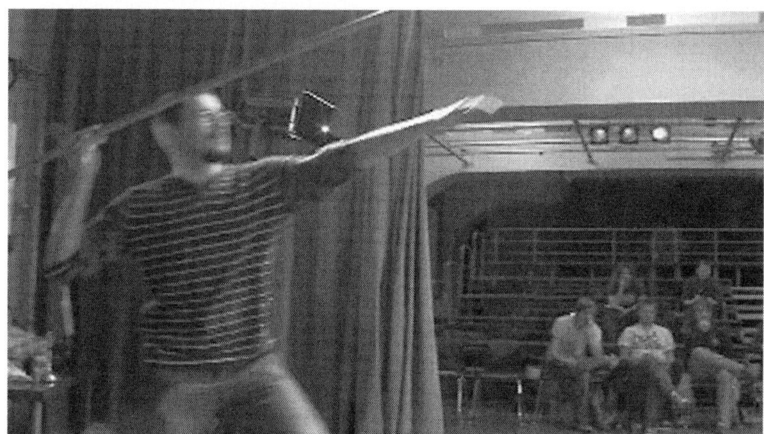

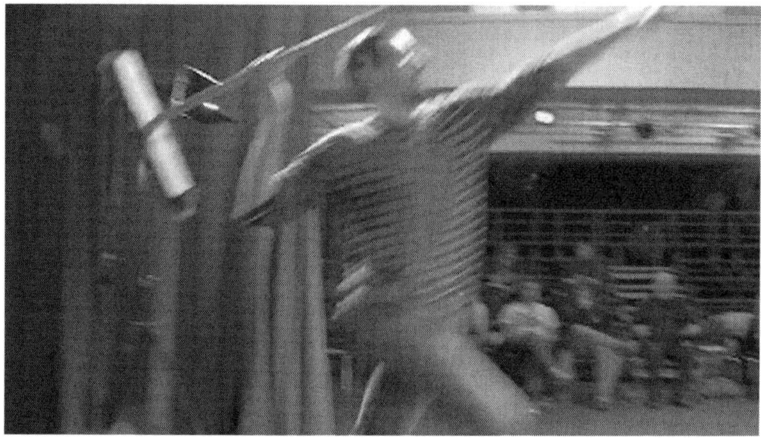

Probensituation während eines Seminars von Horst Hawemann. Filmstills aus der DVD *Studieren an der Hochschule für Schauspielkunst Ernst Busch*, Regie und Kamera: Dennis Pauls

VI

# ERREGENDE VORGÄNGE

**Nummer: „Ich ändere mein Leben!"**

**Ein Spieler sagt: „Ich ändere mein Leben!". Bei der Ansage weiß der Änderer noch nicht, wie, wann, warum er was in seinem Leben ändern will. Er stellt zuerst nur den Anspruch auf und hat ein Problem mit der Ausführung. Die Absicht ist stark formuliert. Danach zeigen sich Schwächen. Er sammelt Möglichkeiten: Vielleicht ändert er mit einem zufälligen oder mit einem albernen Einfall sein Leben. Vielleicht herumschwatzend, vielleicht gewaltsam, vielleicht hat er Glück und findet etwas Verwendbares im Augenblick des Machens. Das entwickelt und erreicht ein merkwürdiges Ziel, wovon er am Anfang noch nichts ahnte. Er überrascht sich vielleicht. Geschieht das nicht, bleibt er im alten Leben und behauptet es als ein neues.**

## Erregung

„... durch einen Reiz ausgelöste Veränderung eines Zustandes". So definiert ein altes Wörterbuch das Wort und benennt damit einen wichtigen Aspekt der Erregung für das Theatermachen – die Veränderung eines Zustandes.

Erregung entsteht. Sie handelt mit. Sie verändert. In der gebräuchlichen Benutzung des Wortes, wird Erregung als ein Zustand gesehen, wobei es sich wohl mehr um eine Aufregung handelt. Die ist aber nur eine Ausdrucksform der Erregung, ein Resultat von Erregungen.

Die Erregung ist etwas Bewegendes und Entwickelndes, und nicht ein Gemütszustand. Am Anfang ist man nicht erregt, sondern man wird erregt. Die Erregung bewegt sich immer von außen nach innen, wenn man einen Prozess meint und nicht einen Zustand. Sie braucht einen Grund, einen Anlass, auslösende Faktoren.

Gesammelt:

Das erregt meine Aufmerksamkeit.
Es erregt meine Sinne.

Meine Neugier und mein Interesse werden erregt.
Eine Aufgabe, ein Ziel, ein Thema erregt mich.
Das erregt meine Phantasie...

Oder:

Paula *erregt* Aufsehen.

Da wird bei anderen etwas in Bewegung gesetzt. Betrachtende oder Betroffene beschäftigen sich mit Paula, nicht nur mit sich selbst. Natürlich gab Paula Grund dazu durch unübliches Handeln, Aussehen oder Auftreten. Das fordert ein Verhalten heraus. Das „Aufsehen-Erregen" ist aber nur der Anfang einer Beziehung, die sich entwickelt, weil sie Haltungen bei den Partnern herstellt und zum Problem und Konflikt für die Beteiligten werden kann.

Da *erregt* einer ein Ärgernis!

Hier ist das Ergebnis schon angegeben, das Verhalten der Umgebung benannt. Erregung entwickelt sich zum Ärgernis, und es bleibt sicher nicht dabei. Es wird zurück- und dagegengehandelt.

Etwas *erregt* die Sinne!

Alle Sinne? Oder welche? Womit werden die Sinne erregt?

Klar ist jedoch, dass sich ein Zustand verändert, zu dem Vorhandenen kommt etwas dazu. Schön daran ist, dass das sinnlich passiert. Aber wohin entwickelt sich das? Sicher wird man empfindender, aufmerksamer und durch Wahrnehmungen bereicherter, vielleicht aber auch gefährdeter und ängstlicher.

Die Vorstellung *erregt*!

Der Gedanke *erregt*!

Wie muss der Gedanke aussehen, der mich erregt, und das nicht nur für den Augenblick, sondern im Weiterdenken? Er muss mich aufhalten. Er braucht Zeit, verstanden zu werden. Es muss die Frage beantwortet werden, was mich an diesem Gedanken erregt. Bewegt er mehr als nur mein Interesse, beunruhigt er meine Phantasie, fordert er eine Leistung von mir, kann ich mich thematisch engagieren? Macht er Lust auf Gestaltung?

Die von mir sehr geschätzten Schauspieler am Theater in Neubrandenburg, das es nicht mehr gibt, versammelten sich zur Vorbereitung einer Inszenierung. Sie sammelten erste Gedanken und Ideen. Ich war nur Mithörer, also interessierter Empfänger der Angebote. Vieles erregte nicht nur meine Aufmerksamkeit, sondern auch meine Vorstellungen einer möglichen Umsetzung. Aber ich wünschte mir eine Pause nach jedem erregenden Gedanken, „eine Rast zum Klären“, einen Aufenthalt. Die Gedanken stapelten sich! Ein Ideenfest!

Am nächsten Tag waren die Ideen zerflattert. Sie hatten sich verwirrt und waren nur noch eine undeutliche Erinnerung. Es muss gesagt werden, auch wenn es sich nicht gut anhört: Erregung braucht eine Organisation, und wenn es wie in diesem Falle nur eine Mitschrift ist.

Weitere Sammlungen:

Eine erregende Geschichte: Eine Mauer fällt.
Ein erregender Moment: Es werde Licht.
Ein erregendes Zusammentreffen: Ich treffe meinen alten Lehrer.
Ein erregendes Gefühl: Ich stehe vor einem Auftritt. Es muss nicht Theater sein.
Ein erregender Auftritt: Martin Luther King.
Ein erregendes Erlebnis: Ich schreibe einen guten Text.

Und noch mehr:

Es erregt meine Aufmerksamkeit. (Man stelle sich vor, dass einem Menschen so etwas nie passiert!)
Das erregt meinen Verstand. (Hoffentlich nicht zu selten.)
Es erregt Missfallen. (Zu viel. Zu oft. Zu sehr.)
Den erregt alles. (Dem muss geholfen werden.)
Ich spüre eine innere Erregung. (Es fängt etwas an. Ich weiß noch nicht, was und wohin mich das führt.)
Ich weiß nicht, wohin mit meiner Erregung. (Rauslassen oder nicht.)
Rege dich ab! (Sehr volkstümlich. Erregung im Rückwärtsgang.)

Neben augenblicklichen Erregungen interessieren die andauernden. Sie können eine ganze Szene und mehr bewegen und bestimmen. Ein Beispiel. Eine bestimmte Situation erregt meinen Verdacht. Der Weg zu einer Bestätigung oder Nichtbestätigung des Verdachtes dauert an. Alles was geschieht, unterliegt der besonderen Beobachtung. Das Misstrauen als Haltung entwickelt sich. Selbst einfaches Handeln muss sich einer misstrauenden Beobachtung stellen. Man kann sich vorstellen, wie belastend die Situation werden kann. Man kann sich vorstellen, zu welchen folgenschweren Falscheinschätzungen es kommen kann, zu welchen Irrtümern und zu welchen Ver- und Zerstörungen.

„Ist Verdacht das erste auf dieser Insel des Misstrauens?“, schreibt der Dichter Richard Leising, und er meint das Land, „in dem ich leben will – aber muss“. Mit dem Verdächtigen beschäftigten sich viele Menschen und auch große Organisationen mit hohem Aufwand von Material, Geld und Zeit. Das erregt heute die Gemüter längst nicht mehr so, wie es sein sollte. Politische Erregungen, wie Abrüstung, Ostermärsche, Friedenskampf, und, und, und, passen den meisten nicht mehr in „ihren Kram". Man will seine Ruhe haben, da stört zuerst die Erregung.

Ein anderes erregendes Beispiel: „Von Einem, der auszog, das Fürchten zu lernen." Für ihn gibt es nichts, was seine Furcht erregen kann, weshalb er die Furcht auch nicht kennen kann. Dieser Vorgang macht eine ganze Geschichte aus und hat ein wichtiges Thema. Was diesem Furchtlosen fehlt, sieht auf den ersten Blick wie ein Vorteil aus, es kann aber ein großes Problem werden. Er kennt die Gefahr nicht, und das lässt ihn gefährlich leben. Er lebt ohne Vorsicht! Was für ein erregender Einfall. Da will einer etwas lernen, vor dem sich andere fürchten.

Eine Variation zum Thema: Was fehlt einem Menschen, bei dem *nichts* Erstaunen und Verwunderung erregt? Ihm fehlt das Staunen, die Neugier, das Überraschende, das Neue … Ihm fehlt die Fähigkeit zur Erkenntnis! Er kann nicht klüger werden. Also sollte er ausziehen, das Staunen zu lernen. Oder lernen, mit der Dummheit zu leben.

Aus der Unfähigkeit, sich zu erregen, entstand eine Figur in meinem Stück *Die einsame Insel*. Sie hieß „Kennich" und handelte entsprechend dieser Behauptung. Sie kannte alles. Und entwickelte daraus Machtansprüche. „Kennich" konnte nur etwas aufhalten, was er noch nicht kannte.

**Nummer: Aufmerksamkeit erregen**

**Paula steht auf freiem Feld und schaut intensiv in den Himmel. Die Situation ist als Spiel nicht unbekannt.**
**Andere kommen dazu und suchen das Oben ab. Sie wollen sehen, was Paula (nicht) sieht. Sie hat eine Aufmerksamkeit, die man auch Neugier nennen kann, erregt, weil es selten geworden ist, dass Menschen intensiv in den Himmel schauen. Sie rennen eher unter ihm herum.**
**Was entwickelt sich bei den Himmelsguckern? Was äußern sie? Einen Spaß, Probleme, Konflikte (also Spannungen), Beziehungen, Haltungen …**
**Schließlich ist da nichts zu sehen, aber man schaut dennoch hin. Plötzlich findet man einen Schuldigen für sein eigenes merkwürdiges Tun. Paula wollte einfach nur in den Himmel gucken, schon hat sie Probleme auf der Erde.**

**Nummer: Eine erregende Beziehung**

**Paul steht herum. Eine Unbekannte kommt des Weges. Sie küsst Paul im Vorübergehen. Paul bleibt geküsst zurück.**
**Was macht das unerwartete Ereignis mit ihm?**
**Was wird in Bewegung gesetzt? (Bitte mehr als nur eine Reaktion!)**
**Was ändert sich bei Paul?**
**Er wird es handelnd herausfinden, wenn er nach der Plötzlichkeit des Kusses die Situation empfindet, danach bewertet und dann mit den Folgen umgeht.**
**Das Gleiche kann auch mit einer Ohrfeige probiert werden oder mit einer plötzlichen Beschimpfung.**

Variante 1:
Paula steht herum. Ein Wanderer kommt des Weges und drückt ihr einen schweren Koffer in die Hand. Wortlos geht er weiter. Welches Problem hat Paula jetzt, nicht nur in der Hand? Wird nur Neugier erregt oder gleich Furcht?

Variante 2:
Paul steht herum. Eine schnelle Unbekannte flüstert ihm etwas Schönes, Peinliches, Böses oder Dramatisches ins Ohr. Die Flüsterin verschwindet rasch. Paul hat überraschend etwas Überraschendes erhalten. Zuerst landet es im Ohr – und wo dann?

Variante 3:
Paula und Paul stehen gemeinsam herum. Eine Person überschüttet sie mit heftig klingender fremder Sprache und lässt die beiden dann mit ihrem Nichtverstehen allein. Versuchen sie, nur die Wörter zu übersetzen, oder finden sie andere Möglichkeiten, zu verstehen?

Variante 4:
Zwei Typen bringen eine dreistufige Treppe herein und stellen sie vor Paula auf. Dann verschwinden sie ohne jede andere Mitteilung. Was erregt Paula an, auf, vor und hinter der Treppe?

Bewegend und erregend sind in allen Situationen die Fragen: Was ist das, soll das? Warum ich? Wieso Kuss oder Treppe? Wer war das? Wie weiter? Diese Fragen müssen „groß" gestellt werden. Die Antworten werden dringend gebraucht. Neugier ist zu wenig. Ist man Opfer einer Provokation, Objekt einer Verspottung oder öffentlichen Diskriminierung, Teilhaber an einem Wunder, oder vielleicht nur Partner in einem erregenden Spiel?

Weitere erregende Fragen:

„Wie hältst du es mit der Religion?“
„Ich weiß nicht, was soll es bedeuten?“
„Warum hast du so große Zähne?“
„Was war zuerst da …? “
„Liebst du mich?“
„Wohin mit dem Klavier?“
„Horch, was kommt von draußen rein?“
„Wer bist du?“
„Wie lange dauerte der Dreißigjährige Krieg?“
„Wann kommt Godot?“

Variante 5:
Paul steht herum. Ein Wesen kommt vorbeigeweht, malt ihm zwei Tränen unter die Augen und weht weiter. Paul ist äußerlich verändert. Was verändert sich noch?

Variante 6:
Paula steht da. Ein Typ stellt eine Wand vor ihr auf und geht weg.
Paula ist hinter der Wand verschwunden. Was tut sie dahinter, was davor und überhaupt?

Variante 7:
Paul ist auf der Bühne. Ein Mädchen kommt und legt ihm eine Waffe in die Hand. Sie flieht. Paul will die Waffe loswerden (oder nicht). Beides geht nicht so einfach und nicht leicht von der Hand.

Variante 8:
Paula steht herum. Sie wird von anderen umstellt. Sie machen nichts oder sie verhalten sich irgendwie, beispielsweise grinsen sie oder sagen das kleine Einmaleins auf, oder …

Variante 9:
Paul steht friedlich herum. Eine Vorbeigehende drückt ihm ein beschriftetes Demoplakat in die Hand und lässt ihn damit allein!

Alle diese Vorgänge gehen davon aus, dass ein Darsteller plötzlich *behandelt* wird und so zum *Handeln* aufgefordert ist – und zwar von Umständen und Ereignissen, die er nicht erwartet hatte und auf die er keinen Einfluss hat. Wobei das Ereignis nicht als kleiner Zwischenfall gewertet wird, sondern als Problem, das sogar Konflikte bringt.

Was könnte einen Politiker erregen?
Die Zukunft? Die Vergangenheit? Die Gegenwart? Der Augenblick? Oder der geringe Repräsentationswert seines Büros?

Was könnte eine Verliebte erregen?
Die Ehe der Eltern?

Was kann einen Lehrer erregen?
Die eigenen Kinder? Der Ruhestand? Die Dummheit?

Was erregt einen Schauspieler, einen Hamlet, einen General, einen Liebhaber, einen Taubenzüchter, einen Stoiker, einen Zauberer?

Nachdem die Spieler typische Erregungen gefunden haben, die zu dem General gehören, und ihn als solchen kennzeichnen, kann der General natürlich auch noch über andere Erregungen verfügen, die ihn individualisieren. Diese und ähnliche Versuche sind geeignet, sich Figuren zu nähern, weil sie den Figuren Probleme schaffen, die sie „menschlich“ machen, weil sie über Erregungen verständlich werden und nicht über formale Behauptungen. Zudem entgeht man durch die subjektive Erregung einer konkreten Figur dem gängigen Klischee.

**Nummer: Die mitgebrachte Erregung**

**Nicht jede Erregung entsteht auf der Szene. Sie hat sich schon vorher aufgebaut und wird mitgebracht.**
**Der angesammelte Frust eines schlechten Tages kommt am Abend nach Hause und trifft auf schuldlose Partner.**
**Die entwickelten Glücksgefühle des einen begegnen einem anderen, der weit entfernt von Ähnlichem ist.**
**Ein vorhandenes Misstrauen vermehrt sich an Unschuldigen.**
**Eine heftige Intrige vergiftet Beziehungen.**
**Eine zurückliegende Beleidigung rächt sich an der falschen Person.**

Die Erregung wird als ein unter anderen Umständen entstandenes Resultat mitgebracht und trifft auf andere, die an dieser Entwicklung nicht beteiligt waren.

Nummer: Ein „erregter" und ein „normaler" Typ

Der „normale" Typ fragt normal nach dem Weg zum Bahnhof. In die Antwort oder Nicht-Antwort packt der erregte Typ seine gesamte mitgebrachte Erregung. Er nutzt die Gelegenheit, sie loszuwerden, ausgiebig und anhaltend. Die Vernunft bleibt auf der Strecke. Der zufällige Partner ist nicht mehr als ein Mülleimer, der geprügelte Sack, ein Prellbock, der Blitzableiter oder die Wand, an die man mit dem Kopf rennt.
In dieser Nummer kann auch ein Verzweifelter oder eine Glückliche auf einen zufälligen Partner treffen.
Oder zwei Darsteller bringen ihre sehr gegensätzlichen, schon entwickelten Erregungen zueinander.
Wichtig in dieser zufälligen Partnerschaft ist, dass der erregte Darsteller die Möglichkeit der Entwicklung hat und nicht zu schnell unterbrochen wird. Er muss seine Erregung kennen lernen, aus dem Zustand einen Prozess machen.
Je mehr Entwicklung ein Partner beobachten und aufnehmen kann, umso mehr Darstellungsmöglichkeiten ergeben sich auch für ihn.

Nummer: Die „bestellte" Erregung

A bestellt bei B ein „Zuspiel" für sich. Bekommt er es „geliefert", erregt er sich trotzdem daran.
Zum Beispiel: „Lächle oder grinse mich ausdauernd an!"
Der Zuspieler erfüllt den Auftrag. An diesem bestellten Grinsen findet A viele Gründe, die ihn erregen (aufregen). Da kommt Verdacht hoch, wird Missachtung empfunden, Arroganz gesehen, Verhöhnung vermutet, ein Angriff auf die Person gespürt. A fühlt sich der Lächerlichkeit ausgeliefert – und handelt entsprechend.
B sollte nur grinsen und auch nicht davon ablassen, wenn er sehr erregt dazu aufgefordert wird. Da hier eine Verabredung der Umstände stattgefunden hat, kann die Erregung nur gespielt werden. A übt sich also in Erregung.

Variante 1:
A bittet einen Partner, voll des Lobes zu sein. In Haltung, Gestik und Wort alles prima zu finden, was A macht. Wie geht A mit den bestellten Angeboten um?

Variante 2:
A fordert eine Gruppe von Zuspielern auf, ihn zu beschimpfen, zu kritisieren, zu bemäkeln, zu verunglimpfen. In einer Rundumabwehr übt er sich in Widerstand, entstehen Verteidigung und Angriff, Sieg oder Niederlage.

Andere einfache Bestellungen:

Nur ansehen …
Gar nichts machen …
Die Hand halten …
Umarmen …
Vortanzen …
Durch die Gegend schubsen …
Sage mal zu mir: „Ich hasse (liebe) dich!“
Nur Zuhören …
Sich ausziehen …
„Weiter, weiter, weiter“ treiben …

Wichtig: B führt nur die Bestellungen aus. Er macht das Spiel mit, ohne sich selbst zu verändern. Das ist nicht so einfach, denn natürlich entsteht bei ihm das Bedürfnis zu handeln. Er muss es zunächst unterdrücken. In einer Wiederholung kann man das ändern. Jetzt kann sich B mit seiner entstehenden Erregung an dem Spiel beteiligen. Erregung braucht Entwicklung, und die muss man ihr ermöglichen, sonst entsteht dass, was man im Volksmund „künstliche Erregung“ nennt. Knopfdruckerregung. Die bestellte Erregung könnte dazu verführen. Sie tut es nicht, wenn man sich, erkennend, mit dem Wesen der Erregung beschäftigt und nicht mit der Emotionalität. Sie kann Ziel sein, aber nicht Start.

**Nummer: „Schrei mich mal an!“**

**Eine Spielerin bestellt sich bei einem Kollegen eine Handlung: „Schrei mich mal an!“**
**Der Kollege bedient sie. Mehr nicht.**
**Der Spielerin reicht das nicht aus. Sie bittet um eine Wiederholung, und noch eine.**

**Der Kollege bedient sie intensiver. Mehr nicht.**
**Endlich ist sie zufrieden: „Warum schreist du mich so an? Wer bin ich! Was erlaubst du dir?"**
**Sie übt den Widerstand an einem Helfer. Wenn sie ein zufrieden machendes Ergebnis für sich gefunden hat, geht sie nach nebenan und nutzt ihre neue Erfahrung im Alltag des Lebens:**
**„Warum schreien Sie mich an? Wer sind Sie?"**

Andere Bestellungen:

Schubse mich!
Küss mich!
Mach mir ein Kompliment!
Verschwinde!
usw.

Natürlich macht sich auch der Bediener eigene Gedanken zu diesem Vorgang – und darüber was für eine Rolle er dabei gespielt hat. Die sollte er aber in dieser Nummer zurückhalten. Allein geblieben, kann er sie monologisch verarbeiten.

**Nummer: Angekündigte Erregungen**

**Heute platze ich irgendwann.**
**Ich drehe gleich durch!**
**Ich werde irgendwann laut!**
**Ich gehe aus mir heraus!**
**Ich werde überhaupt nicht reagieren!**
**Sage kein Wort!**
**Mache alle nieder!**
**Fange gleich an zu heulen.**
**Lache mich tot.**
**Bringe ihn oder mich um.**
**Verneine alles.**
**Fange Diskussionen an.**
**Mache nur das Gegenteil.**
**Liebe *alle*.**

In einer szenischen Übung sollten diese Pläne wirklich angesagt werden. Man kann sie auch mit einer Vorgeschichte, mit Gründen oder Rechtfertigungen versehen: „Ich bringe ihn um, weil alle Versuche, ihn zum Schweigen zu bringen, erfolglos waren!“, „Ich reagiere überhaupt nicht, was auch geschieht. Zuerst werden sie das nicht merken, dann verwundert sein, um sich schließlich Sorgen zu machen. Dann sehe ich weiter.“

**Nummer: Bewährungsproben**

**Ein Darsteller trifft auf eine Situation, in der er sich bisher noch nie befunden hat. Von der Handhabung dieser Situation hängt einiges für ihn ab, also übt er sie vorab. Er *trainiert* in einem vorgestellten Raum, nicht mit vorhandenen Partnern, nur in der Phantasie vorhandene Situationen:**

**Er muss sich in einer Runde von Feinschmeckern und Weinkennern bewähren.**
**Er muss einen wirkungsvollen Auftritt mit Rundumbegrüßung beherrschen.**
**Wie viele Gesichter hat das Lächeln? Er braucht verschiedene.**
**Was ist Bescheidenheit? Wie zeigt man sie erfolgreich?**
**Wie erreicht man eine größere Aufmerksamkeit für sich?**
**Wie lobt man sich in die Nähe einer wichtigen Person?**
**Wie kann man sich an jedem Gespräch beteiligen, ohne eine Ahnung vom Thema zu haben?**
**Wie macht man einen Skandal?**

Das Besondere an diesen Nummern ist, dass jemand in der Einsamkeit eine öffentliche Wirksamkeit *übt*. Er braucht eine Haltung. Ist er clever und hat er eine Methode? Vielleicht verzweifelt? Siegessicher? Oder …?

**Nummer: Gedanken mit Bedenken**

**Diese Nummer beschäftigt sich mit der Frage: Welche Folgen können Gedanken haben, und wo können Bedenken hinführen?**
**Man nutze für diesen Monolog den Konjunktiv:**

**Wenn ich jetzt die anderen überholte, dann wäre ich an der Spitze ...**
**Aber bin ich an der Spitze, könnten die anderen denken, ich hätte ... ich wäre ...**
**Wenn ich mich in der Mitte aufhielte, dann sähe das so aus als ...**
**Bliebe ich Letzte, dann hätte ...**
**Ginge ich überhaupt nicht mit, was würden ...**
**Käme ich zufällig des Weges, könnte keiner ...**

Es ist wichtig in diesem Monolog alle Bedenken aufzufinden und zu untersuchen, bevor der Spieler eine Entscheidung trifft – oder die Bedenken sind so schwerwiegend, dass er sich nicht entscheiden kann.

Andere Bedenken:

Wenn ich sie anspräche ...
Würde ich zuerst grüßen ...
Mache ich den ersten Schritt, wäre ...
Ich könnte ihn belügen ...
Wäre ich der Chef ...
Hätte ich die Möglichkeit ...

Die Erregung sollte mit den Bedenken zunehmen, und jeder angesprochenen Möglichkeit muss eine Hoffnung, eine Chance gegeben werden, die aber zu neuen Bedenken führt. Das kann in die Ausweglosigkeit führen, oder aber zum Erfolg. Das ist aber in jedem Fall ein anstrengender, bisweilen quälender Prozess.

Erregungen sind immer ein Prozess. Sie haben einen Anfang durch ein Ereignis, oder eine Reihe von Ereignissen. Die Beziehung zu diesem Ereignis, seine Bewertung und Behandlung schaffen Emotionalität. Zum Beispiel: Einen Darsteller erregt die Art und Weise der Bewältigung oder Nichtbewältigung des Ereignisses. Die Erregbarkeit ist eine wichtige Grundfähigkeit des Schauspielers; deshalb sollte sie geübt werden, und zwar auch über Umwege, wie hier vorgeschlagen.

**Nummer: Die Kugel rollt**

**Da steht ein Kegel – natürlich ein Darsteller. Er wartet auf die Kugel, die ihn zu Fall bringen wird. In einiger Entfernung bereitet sich ein aggressiver Kegler auf den Wurf vor. Der Kegel fürchtet Kugel und Werfer.**

Gleich werden ihm die Beine weggehauen. Er hat drei Probleme: Der Mann, die Kugel, der Treffer. Doch das größte Problem ist die Vorstellung von dem, was gleich geschehen wird.
Die Kugel startet und rollt und rollt. Den Darsteller erregt die Furcht, die sich unaufhaltsam nähert, die auf ihn zu rollt, ihn erregt die Wut und Verzweiflung des Ausgeliefertseins, die Frage nach dem Sinn (des Lebens); vielleicht aber auch die Hoffnung, dass der Abschuss daneben geht. Er kann sich entscheiden zwischen Aufstand und Ertragen. Aber die Kugel rollt! Er sieht, hört, riecht und schmeckt die Kugel, die ihn schmerzlich berühren wird.
Da der Darsteller nicht als Kegel denken und fühlen kann, entsteht die Erregung natürlich aus menschlicher Erfahrung. Die Nummer ist nur ein Umweg über ein Objekt.

**Andere „sportliche" Nummern**

Vor der Ausführung eines entscheidenden Elfmeters erregen den Spieler die schwere Last der Verantwortung, die Vorstellung von einem möglichen Versagen samt öffentlicher Meinung, die Sorgen um seine Karriere, oder auch der vorweggenommene Geschmack von Sieg und Erfolg. Vielleicht bewegt ihn auch erregend ein Rachegefühl für erlittene Spielerschmach ...

Weitere „sportliche" Erregungen:

Ein erfolgloser Bockspringer mit seiner Erregung vor dem Start.
Das Sprungbrett in höhnischer Erwartung des Nichtskönners.
Der Bock mit solidarischen Hilfsangeboten.
Die Sprungmatte mit Mut machender Bereitstellung von weichen Landungsmöglichkeiten
Ein Tennisball zwischen zwei Schlägern. Der eine Schläger ist tatsächlich ein „Schläger".

**Nummer: Erregung im Himmel**

Hoch oben im Himmel (oder an einem anderen Ort ohne direkte Einflussmöglichkeiten) hockt ein Spieler und entdeckt weit unter sich ein

**Ereignis, eine Situation oder ein Problem, das ihn beunruhigt und zum Eingreifen auffordert, einlädt oder zwingt. Er versucht sich einzumischen, zu verhindern oder zu verändern. Warnt oder stört, ergreift Partei, leidet oder wütet weit weg vom Geschehen. Er versucht, den Lauf der Dinge zu beeinflussen.**
**Aber er ist im Himmel oder hoffnungslos weit entfernt, um etwas beeinflussen oder ändern zu können. Hilflosigkeit erregt mächtig.**
**Wollen zwei Darsteller im Himmel helfend tätig werden, damit sich unten etwas ändert, kann es auch zu Problemen im Himmel kommen.**

Bei dieser Nummer werden die Macher eine gewisse Freiheit in der Darstellung bemerken. Die Phantasie kann wuchern, weil sie, erstens, nicht am Geschehen beteiligt sind. Die Szene findet ja unten statt und sie stehen darüber. Zweitens erschaffen sie sich die Vorgänge selbst und tun dabei so, als kämen sie von den anderen. Sie erregen sich also an Problemen, die sie selbst erfunden haben. Da ist viel in Bewegung gebracht, und das glaubhaft umzusetzen, ist eine erregende Aufgabe.

**Beziehungen**

Man hat *keine*, *eine* oder *mehrere* Beziehungen. Man baut eine Beziehung auf oder ab. Findet oder verliert sie. Legt keinen Wert darauf. Nutzt sie aus oder ab. Sie bleibt einseitig oder undurchsichtig. Man stellt sie mit Gewalt oder eher zufällig her. Man hat sie nicht nur zu Menschen, auch zu Dingen, zur Natur, zur Umgebung, zum Raum und zur Sprache (oder nicht). Zu fast allem oder zu gar nichts. Man zahlt dafür und wird bezahlt dafür.

Beziehungen sind richtig oder falsch, erfolgreich oder erniedrigend. Sie binden oder trennen. Sie heißen Geschäft oder Liebe, sind gefährlich, gewinnbringend und zerstörend … Diese Aufzählung, die hier nur unterbrochen, aber längst nicht beendet ist, sagt etwas über ihre große Wichtigkeit aus.

Deshalb wird die Beziehung durch eine Sammlung von Begriffen erweitert:

beziehungslos, beziehungsweise, beziehungsreich oder -arm, Beziehungsmuffel, Beziehungsproblem, Beziehungsdschungel, Beziehungsdrama, Beziehungskonflikt, Beziehungsstörung, Beziehungsrausch, Beziehungsklüngel, Vitamin B, Beziehungstäter, Partnerbeziehung, Hass-, Liebes-, Geschäfts-, Dienstbeziehung …

Alles steht in Beziehungen zu allem! Vielleicht ist es das, was „die Welt im Innersten zusammen hält“? Sie sind eine umfangreiche Beschäftigung wert, die in diesem Text nur einen Anfang hat.

## Entwicklung von Beziehungen – Szenische Anfänge

1

Da sitzt eine auf einer Bank. Sie hat einen Stuhl gekauft. Ein Fremder setzt sich dazu. Der hat den gleichen Stuhl gekauft. Wie kommen sie sich näher? Vielleicht durch eine Ungleichheit? Was trennt sie? Haltungen?

2

Es sitzen zwei Einsame mit zwei Einkaufstüten auf einer Bank. Ein Dialog entsteht aus dem Inhalt der Tüten. Drei Dinge, die vorher nicht benannt und nicht vorgezeigt werden, sind das Material für ein Gespräch. Die Beziehung entwickelt sich aus den Tüten.

3

Ein *motz*-Verkäufer steht unter der S-Bahnbrücke Frankfurter Allee. Er hält die Zeitung in Brusthöhe, manchmal etwas höher, fast vor dem Gesicht, manchmal tiefer. Er spricht nicht, fordert nicht zum Kauf auf. Er steht da und wartet darauf, dass man zu ihm kommt. Er bietet nicht an, biedert sich nicht an, er schaut nicht an. Man kann die Verkaufsabsicht nur ahnen.

Weiter: Eine Spielerin, die mit der Grundhaltung der „Verständnisvollen“, tritt zu ihm und zeigt natürlich Verständnis. Soziales, menschliches, politisches, finanzielles Verständnis. Durchaus ernst zu nehmendes Verständnis. Aber vielleicht zu viel auf einmal, zu sozialanalytisch oder einfach nur zu bemüht.

Eine „Beraterin“, eine weitere Grundhaltung, macht Vorschläge zur Verbesserung der Verkaufschancen. Schlägt Texte vor, Haltungs- und Ortsveränderungen, sie „macht“ vor. Sie inszeniert. Auch hier unbedingt die Karikatur vermeiden. Besserwisser, Belehrer und Einmischer sind hierzulande eine durchaus häufige Erscheinung und selten Komiker.

Andere Typen:

Der Misstrauische (Geld für Schnaps!)
Der Neugierige (Hast Du Familie?)
Die Verantwortliche (Du blockierst den Bürgersteig!)
Der Genervte
Der Ordnungsamtliche
Der Typ aus der Vergangenheit
Die Zeitungspraktikantin mit ihrem ersten Interview

**Partnerschaft: Geben – Nehmen – Geben**

Vier Beobachtungen zum Aufbauen einer Partnerschaft für eine Szene. Erstens. Zentral ist die Frage: Was will der andere? Wohin will er und warum? Erst, wenn ich das erfahren habe, kann ich ihm folgen, ihn unterstützen oder behindern, ihm Hindernisse aus dem Weg räumen oder welche aufstellen, ihn begleiten oder bleiben, wo ich bin.

Zweitens: Behindere ich den Partner zu früh, indem ich ihn zu schnell aufhalte, seine Entwicklung stoppe, dann stoppe ich auch meine Entwicklung. Erfahre ich in der Darstellung zu wenig von meinem Partner, weil ich ihm keine Gelegenheiten gebe sich darzustellen, kann ich ihm auch nicht viel zurückgeben. Beide treten auf der Stelle, was sich zumeist in einem ziellosen Dauergerede ausdrückt. Es fehlen die Perspektiven.

Drittens. Es *führt* immer nur ein Partner! Wenn er den anderen braucht, dann *übergibt* er das Handeln. Er signalisiert: Ich bin jetzt so weit, dass ich dich brauche. Entwickle unsere Beziehung weiter, mache sie anders. Befördere mich! Gib sie an mich zurück, wie ich sie an dich wieder zurückgeben werde.

Viertens. Einer *lenkt*, der andere *denkt mit* bis die Führung wechselt. So hat das Handeln eine Perspektive.

**Nummer: Viele gegen einen**

**Mehrere Leute überschütten einen Einzelnen mit Vorwürfen. Von allen Seiten *hagelt* es Vorwürfe. Der Einzelne nimmt die gesammelten Vorwürfen entgegen. Wenn es zu viele geworden sind, das Anhören zu einem Problem geworden ist, das sich allein nicht mehr tragen lässt, handelt er. Im Ertragen haben sich Möglichkeiten des Handelns ergeben. Eine Entscheidung konnte getroffen werden.**

Hier eine Auswahl (in starken Verben):

Einsehen.
Verteidigen!
Angreifen!
Diskriminieren!
Verdächtigen!
Beschuldigen!

Drohen!
Leugnen!
Ignorieren!

Spielarten:
Einige erziehen an einem anderen herum.
Mehrere belegen einen mit Verboten.
Viele fordern von einem Einzelnen Veränderungen.
Erteilen Befehle. Erteilen Aufträge.

Einfaches Tun erzeugt Erregungen.
Ein weiteres Beispiel. A räumt auf, um, weg, ab. Und das ausdauernd. Der andere hält das aus. Eine gewisse Zeit, mit einiger Geduld. Die Zeit vergeht und die Geduld schwindet. Der Aufräumer redet nicht. Er erklärt sein Tun nicht. Das wird unerträglich. Eine Krise entsteht. Die hat Folgen. B übernimmt. Was Aufräumen war, wird ein Problem, wird ein Konflikt.

Spielarten:
A schweigt anhaltend. Redet ununterbrochen.
A pfeift ausdauernd.
A lacht oder kichert ohne Ende.

**Nummer: Hyde-Park-Reden**

**Wie bekannt, kann sich im Londoner Hyde Park jeder hinstellen und eine Rede halten.**
**Ein Spieler stellt sich als Redner auf ein Podest und macht die Welt mit seinen merkwürdigen Überlegungen bekannt. Das geht von Welterrettungsszenarien über Rassismus im Tierreich zum UFO bis zu neuen Küchengeräten oder sexuellen Techniken usw.**
**Die Herumstehenden übernehmen die Rede und entwickeln sie weiter, beenden sie oder erkämpfen sich die Tribüne. Das Recht auf eine „freie Rede" führt zu einer Darstellung der Welt, wie sie selbst die schlimmsten Zyniker nicht beschreiben können. Die Freiheit wird grenzenlos. Was, selbst wenn es komisch aussieht, als ziemlich erschreckend empfunden werden kann. Es gibt auch eine hässliche Freiheit. Und das wäre ein Thema, an dem man Erregung ausprobieren kann.**

### Erfahrungen

Jeder Mensch macht Erfahrungen. Es gibt also viele Erfahrungen, und sie häufen sich. Man nennt sie manchmal einen „Erfahrungsschatz", obwohl der auch ein Misthaufen sein kann. Schatz oder Mist – beides bereichert als Erfahrung! Für seine Erfahrungen schuf sich der Mensch eine besondere Sprache, einen bildlichen, sprichwörtlichen, zuweilen dichterischen Ausdruck.

Erfahrung macht den Meister.
Erfahrung macht klug.
Wer's versucht, wird's erfahren.
Böses erfährt man früh genug.
Das Leben hat ihn in die Ecke gestellt.
Er hat seine fünf Sinne nicht beisammen.
Das Leben hat ihn gebeutelt, jetzt ist er im Aufwind.
Man lebt nur einmal. Leben und leben lassen.
Man muss das Leben nehmen, wie es kommt.
Reiß dich zusammen!

Ist das nicht die Literatur der Wirklichkeit? Die ganz reale Prosa und Poesie des Lebens? Nennen wir es nicht „Lebensweisheit". Erfahrungen machen selten klüger, geschweige denn weiser. Die meisten Menschen sind eher froh, ihre Erfahrungen einigermaßen unbeschadet überstanden zu haben, und wenige davon sogar glücklich. Aber eines bewegt sie doch, nämlich wenn sie bei einem anderen wiederfinden, was mit ihnen schon passiert ist. Aus diesem Wiedererkennen entstanden dann die Zeichen und Formeln, bildhafte Sätze und bezeichnende Gesten, verdichtete knappe Ausdrücke für Umstände, in denen sich schon mal jeder befunden hat.

Irgendeiner formulierte einmal den Satz: „Ich war am Boden zerstört." Dieses Bild und Gefühl kam anderen so bekannt vor, dass sie diesen kurzen Satz über einen langen Vorgang als absolut zutreffend empfanden und ihn nun selbst benutzten. Und jeder, der ihn hörte, wusste, was gemeint war. Er fühlte, was gemeint war! Und er „entdichtete" für sich, was andere zur Erfahrung „verdichtet" hatten. Diese Ausdrücke sollte ein Darsteller suchen, finden und für alle Fälle sammeln. Es gibt sie für alle Fälle des Lebens.

Zum Beispiel der Begriff „Wand": Die Wände haben Ohren!
Jeder hat schon mal gelauscht oder ist belauscht worden. Doch dieses Bild steht für mehr. Es steht für heimlich und „unheimlich". Es steht für Atmosphäre, Haltung, für Arrangement, Wortfurcht, Verdacht …

Keine Regieanweisung kann wirkungsvoller sein, auch wenn sie noch so wortreich daherkommt, als dieser Satz für eine Situation.

Andere „Wände“:

An die Wand gestellt!
Gegen Wände reden. Oder rennen!
Mit dem Kopf durch die Wand!
Die eigenen vier Wände.

## In übertragenem Sinne

Die Formulierung besagt doch, dass man einen Sinn woanders hin überträgt, wo er eigentlich nicht hingehört. Vielleicht so: Eine Sau benimmt sich säuisch. Also, wie eine Sau! Sie kann ja wohl auch nicht anders. Aber wenn ein Mensch sich säuisch benimmt, könnte er auch anders.

Da er aber keine Sau ist – benimmt er sich nur säuisch. Er benimmt sich menschlich säuisch! Das tut der Sau unrecht, ist menschlich anmaßend (wie viele solcher sinnlichen Übertragungen).

Probiere man also einmal aus, was dabei herauskommt, wenn ein Versager, das „arme Schwein“ sich „fürstlich“ aufführt.

Wie sieht das aus, wenn sich einer „königlich amüsiert“; wenn ein harter Kerl plötzlich „mütterlich“ wird oder ein General „kindisch“?

Wie ist man als Polizist oder Zuhälter „päpstlicher als der Papst“?

Versucht mal „buchhalterisch“ zu lieben. Oder „soldatisch“.

„Wie die Wilden“ sich zu benehmen, kennt man sicher. Aber man probiere es doch einmal im konkreten Sinne.

Was ist ein „himmlisches“ Gefühl oder eine „verteufelte“ Laune?

Um das herauszufinden, wird man sich zuerst mit dem Ursprung, mit dem eigentlichen Sinn, beschäftigen müssen: Was ist der Himmel und was der Teufel?

„Er stolziert stolz wie ein Pfau.“ Das schlägt einen Gang vor, den man sich von einem Vogel entliehen hat. Man ist also nicht der Urheber, sondern der Nachahmer. Wobei man nicht unbedingt Pfaustudien betrieben haben muss. Es reicht auch die bildliche Vorstellung, man braucht nicht die Kopie.

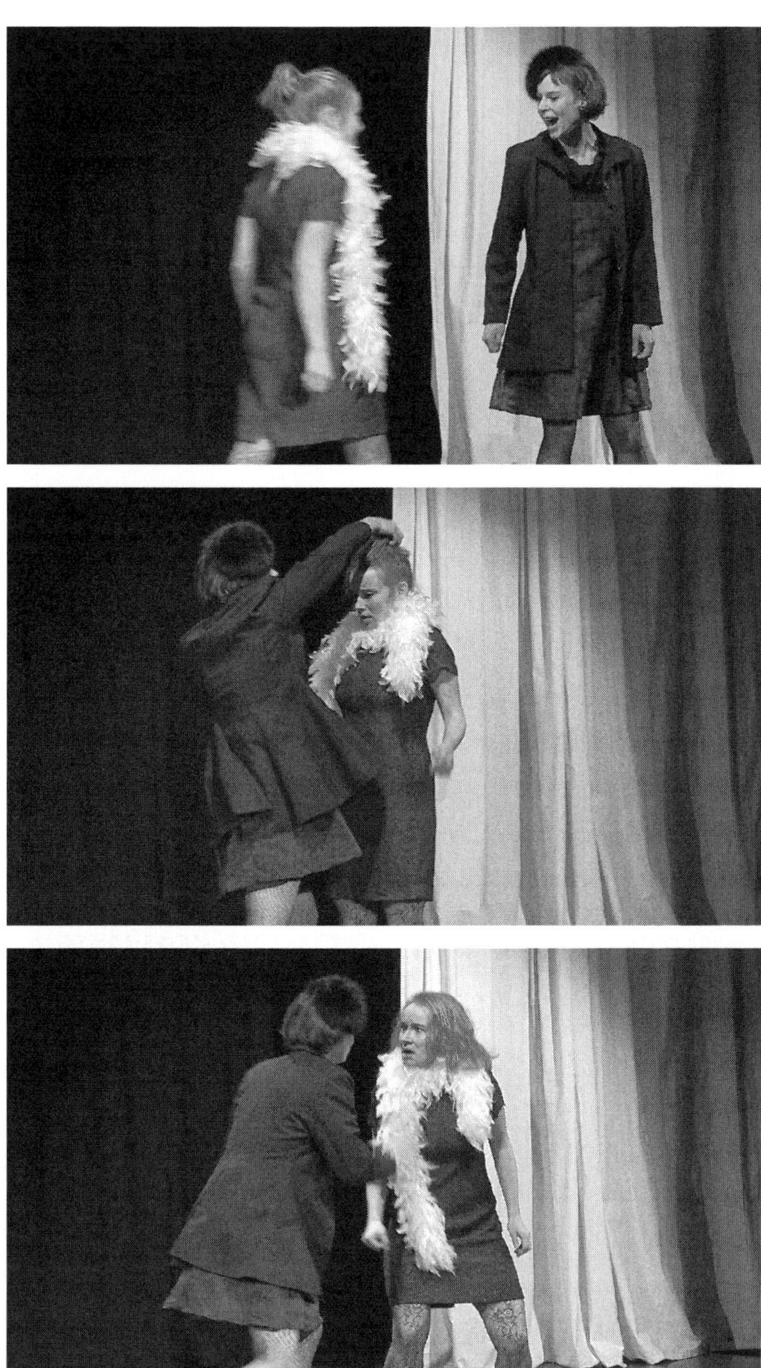

Studierende während der Probe. Fotos Hans-Jochen Menzel

VII

# WIE ENTSTEHT EINE FIGUR?

Eine Figur sollte mehr Inhalt haben, als von ihr vorgezeigt werden kann. Der Mensch ist zum Glück viel mehr, als ich von ihm weiß, als von ihm zu sehen, zu hören und konkret zu erfahren ist. Man kann ihn auch erahnen und erfühlen. Ihn erklären kann die Bühne nicht. Sie kann eine offene Begegnung stattfinden lassen, bei der man Beziehungen eingeht oder nicht, sich annähert und entfernt, Einverständnis und Widerspruch austauscht. Eine Menschenkenntnis trifft auf eine andere Menschenkenntnis. Beide sind unvollständig. Das macht die Begegnung für die Beteiligten folgenreich.

Das Grundverhalten einer Figur bestimmt oft den Anfang des Handelns, es hat eine Vorgeschichte und besitzt bestimmte Ausdrucksmittel, die sich wiederholen und sich oft schon sehr verfestigt haben. Erfahrung und Überzeugung begleiten die Figur durch viele Situationen. Diese Grundhaltung verändert sich nur durch besondere Ereignisse, während die Figur ihr Grundverhalten durch die Entwicklung in einer Geschichte formt.

Bleibt die Grundhaltung, das Grundverhalten unveränderlich, haben wir es nicht mit einer Figur zu tun, sondern mit einem „Typen". (Also ist Mephisto ein Typ und Faust eine Figur).

Die Wirklichkeit benennt viele Grundtypen, weil sie leichter zu erkennen sind als Figuren, deren Wesen man erforschen und ihr Verhalten und ihre Entwicklungen in Erfahrung bringen muss. Typen werden zumeist nach kurzer Kenntnis benannt, aus eigener Erfahrung bestimmt. Ihr Grundverhalten ist schnell durchschaut, wenig veränderlich, ohne Geheimnis und fast immer von unübersehbarer Deutlichkeit. Verschiedene Formen grundtypischen Verhaltens lösen beim Aufeinandertreffen starke Konflikte aus. Seltener ist, dass ein Typus mit seinem eigenen Verhalten Probleme hat, weil dann die Chance bestünde, sich zu ändern, also eine Figur zu werden. Ein „Typ" hat grundsätzlich wenig Tiefe, ist entweder Oberfläche oder wird von seiner Umgebung oberflächlich als Typ etikettiert. Er ist häufig Objekt der Satire. Aber ein Grundverhalten ist nicht mit einem Grundtypus gleichzusetzen. Ein Mensch kann eine ängstliche Grundhaltung haben, während ein bestimmter Typus ein Angsthase ist.

## Biografie

Es ist hinlänglich bekannt, dass eine Figur, im Gegensatz zu einem „Typen", eine Biografie haben sollte, aus der Anteile auf die Bühne gelangen. Das ist die szenische Biografie. Viele Teile werden nicht zu sehen sein, aber bei den Proben die Arbeit an der Figur unterstützen.

Man kann die Biografie auch Vorgeschichte nennen, was darauf verweist, dass noch etwas danach kommt. Die Figur bekommt eine Perspektive. Sie hatte eine Vergangenheit, erhält eine Gegenwart, die auf der Bühne zu sehen ist, und eine Zukunft. Diese ist nur ein gedanklicher Entwurf, der sich aus Vergangenheit und szenischer Gegenwart entwickelt. Ein Zuschauer fragt immer nach Zukunft. Tut er es nicht, dann ist etwas zu Ende gebracht worden. Das Theater sollte nichts zu Ende bringen. Es schließt sich nur ein Vorhang, Fragen bleiben offen. Was wird aus der Viola in Shakespeares *Was ihr wollt*, was aus Katharina in *Der Widerspenstigen Zähmung*, was aus den übrig gebliebenen Protagonisten in Wedekinds *Frühlingserwachen*? Natürlich geht es nicht um eine konkrete Beantwortung. Die offenen Fragen sind die Verlängerung eines Aufenthaltes im Theater.

Wir haben einmal Zuschauer einer Inszenierung am Kindertheater – wo, wenn nicht dort – noch viele Jahre nach der Aufführung immer wieder um eine Nacherzählung gebeten. Erstaunliches war da von den jungen Erwachsenen zu hören. Die gezeigte Geschichte wurde verändert erzählt und vor allem erfuhren die Figuren eine ganz andere Bewertung. Zehn Jahre gelebtes Leben beteiligten sich am Theater.

**Eine biografische Übung: Wie es angefangen hat**

**Figuren erzählen ihre Geschichte von einfachen Anfängen her, die der Dichter so nicht aufgeschrieben hat. Sie beginnen dort, wo das Stück noch nicht begonnen hat. Die Schauspieler wissen, was der Text vorschlägt, sie kennen die Entwicklung der Handlung. Sie haben erfahren, wie eine Figur in die Geschichte eintritt, was ihr begegnet, und wie sie die Geschichte verlässt. Gestatten wir uns, einen Anfang vor den Anfang zu setzen. Den erfinden wir mit Hilfe von Entdeckungen, die wir im Autorentext gemacht haben. Wir schaffen uns eine Situation, in der wir uns Figuren und Vorgängen über einen Umweg annähern können. Ich will das eine „sammelnde angewandte Improvisation" nennen. Sie hat ein Ziel, nämlich vor der Interpretation die ungebundene Phantasie mit den Figuren und Vorgängen spielen zu lassen.**

Ein Beispiel:
Die engagierte Schauspielstudentin A erarbeitete die Rolle der Antigone. In dem Stück will eine Schwester ihren toten Bruder gegen das ausdrückliche Verbot des Königs begraben. Der Bruder war in der Schlacht getötet worden. A wollte sich dem Tod über das Leben nähern. Sie holte sich vom Korridor einen Kommilitonen und ernannte den Zufälligen zu Polyneikes, dem Bruder. Mit ihm gemeinsam improvisierte sie Szenen aus glücklicheren Tagen, aus Kindheit und Jugend, weit weg von Krieg und Tod. Der verblüffte Partner, weder im Stoff, noch mit dem Stück vertraut, ließ sich zu einem Spiel verführen aus Lust und Tollerei. Der Ort war ein Spielplatz. Das war aber auch der Platz, wo die Leiche des Polyneikes unbegraben im Staub lag. So bereitete sich die Szene vor. Sie war vom Leben bewegt.

Ein zweites Beispiel:
Ich inszenierte in Petersburg Brechts *Mutter Courage*. An das Theater war eine Schauspielschule angeschlossen, an der man schon sehr jung seine Ausbildung beginnen konnte. Ich nutzte diese besonderen Bedingungen und besetzte die Kinder der Courage mit sehr jungen Darstellern. Voller Ehrfurcht vor dem großen Dichter und dem, was sie von den Besonderheiten seines Theaters wussten, kamen sie zur ersten Probe. Der Händlerwagen der Marketenderin war von den russischen Bühnenhandwerkern beeindruckend gestaltet worden. Die jungen Schauspieler bewunderten ihn. Man sah ihnen an, was er bei ihnen auslöste. Sie wollten mit ihm spielen. Einfach herumspielen. Das durften sie. Lange dauerte das Spiel. Es machte Spaß. Mit diesem Wagen zogen sie später durch das Elend eines Krieges.

Bei der Interpretation vorhandener Texte muss man den szenischen Biografien der Figuren auf die Spur kommen, da in ihnen Motive ihres Handelns zu finden sind. Wie ist das Leben gelaufen, wo angekommen und wohin bewegt es sich? In einem guten Text sind solche Auskünfte enthalten. Hat man sie erkannt, kann man diese Figurenangebote des Dichters erweitern. Bei historisch angesiedelten Personen muss man das sogar, um sie für die Gegenwart wichtig zu machen. Zu den Biografien kommen die Interpretationsabsichten, sie entwickeln oder verändern die Figur. Verändern heißt, sich mit dem Vorgeschlagenen auseinandersetzen. Eine alte Qualität sollte durch eine neue Qualität ergänzt oder ersetzt, aber nicht durch „modische“ Anpassungen geschmückt werden. Die *Räuber* von Schiller in Eisenbahneruniformen zu stecken, ist keine neue Idee, was man auch daran erkennt, dass diese Figuren schon in Försterbekleidung oder Bademänteln zu sehen waren. Diese Ideechen langweilen. Ein *Hamlet* im Frack in einer englischen Aufführung hat eher interessiert.

Die Figurenerkenntnisse begleiten den Spieler während der Proben, aus ihnen kann er Haltungen, Bewertungen, Konfliktverhalten und Entwicklungen schöpfen. Er findet für die Biografie szenische Umsetzungen. War der bisherige Lebensablauf einer Figur gezeichnet durch Niederlagen, Unterdrückung und Zwang, dann werden die szenischen Handlungen dieser Person kaum von Wagemut, Tatendrang und Entscheidungswillen bewegt werden – wenn nicht besondere Ereignisse auftreten, die zu einer Veränderung drängen oder zwingen.

**Übung: Der Biografie-Parcours**

**In einen großen leeren Raum werden in einer Linie mit Zwischenräumen Sitzmöbel aufgestellt: eine Fußbank – ein Kinderstuhl – ein Küchenstuhl – ein Schulstuhl – eine Parkbank – ein Bürostuhl – ein Sessel – ein Schaukelstuhl – ein Kneipenstuhl – ein Lehnsessel – ein Rollstuhl ...**
**Diese Möbel werden Zeichen für Lebenssituationen. Der Spieler bewegt sich von einer erdachten Lebenssituation in eine nächste. Ein Lebenslauf entsteht.**
**Da sich nacheinander verschiedene Spieler beteiligen, die natürlich nicht an einer Wiederholung interessiert sind, sammelt sich viel verschiedenes Leben an.**
**Die Übung erweitert sich, wenn man Gegenstände, die bestimmte Lebensabschnitte begleitet haben, aufreiht. Oder Bekleidungen: *Schuhe*! Von den ersten – zu den letzten.**

Häufig verzichtet die moderne Dramatik auf Biografien. Man will eine größere gestalterische Freiheit für eine Figur oder den jeweiligen Typus herstellen. Die bewusste Abwesenheit einer Biografie ist eine Entscheidung des Dichters und ein Hinweis auf die Interpretation. Es ist die Frage zu beantworten, warum den Figuren keine Biografie gegeben worden ist. Warum haben Wladimir und Estragon in *Warten auf Godot* keine? Warum verzichtet die absurde Dramatik fast immer darauf? Ein Mensch ohne eine konkrete Biografie öffnet sich auf besondere Weise der Interpretation. Seinem Handeln fehlt eine Begründung, eine Erklärung, was den Zuschauer dazu bringt, nach beidem zu suchen. Ein besonderes Interesse entsteht durch das Befragen der Figur. Der Zuschauer sucht im Absurden nach dem Konkreten. Das ist ein natürlicher Vorgang, zu dem man ihn nicht auffordern muss.

Warum hatten die sozialistisch-realistischen Kulturregierer so ein restriktives Verhältnis zur abstrakten Malerei? Sah der Werktätige einen „Stahlschmelzer vor dem Hochofen“ mit glitzernden Schweißperlen auf dem Arbeitergesicht, Leistungsbereitschaft im Blick und Zukunft in den Händen, dann blieben keine Frage offen. Bei *Guernica* von Picasso entstanden in der Betrachtung gedankliche Bewegungen, die in viele Richtungen unterwegs waren und oft dort ankamen, wo sie die Staatsmacht beunruhigten. Sie entkamen der Beeinflussung.

## Auskünfte über Menschen

**Nummer: Auskünfte über Menschen – mit minimalem Ausdruck**

**Dies sind *Versuche*, wie man Auskünfte über Menschen erhalten kann, in denen man Ansätze für ein typisches Verhalten findet, um sich in der Menschengestaltung auszuprobieren und seine vorhandene „Menschenkenntnis" nutzen kann.**
**Eine Schar Kinder ist zu betreuen. Sie haben sich in der Umgebung verstreut. „Melanie!", ruft jemand. Dabei charakterisiert der Spieler das augenblickliche Tun von Melanie nur im gestalteten Rufen des Namens.**
**„Melanie!" (Du nervst!)**
**„Kevin!" (Hör endlich auf!)**
**„Sascha" (Du bist aber auch ein Unglücksrabe)**
**„Paul, Paul, Paul?" (Was machst du denn da schon wieder?)**

Es wird in einem Namensaufruf deutlich, dass Melanie wieder einmal nervt, Kevin sich herumstreitet, bei Sascha wieder einmal etwas danebengeht. Man kann das Spiel durch einen zweiten Spieler erweitern, der den Ruf des ersten durch einen Satz ergänzt, der das Tun des Angerufenen genauer charakterisiert: Der erste: „Aaantoon!" Ein zweiter erweitert den Ruf: „Musst du immer alles wegnehmen!" Man hat also einen das Spiel störenden kleinen Egoisten in der Gruppe. So kann der Spieler eine Reihe von Kindern vorzeigen. Vorstellbar wird, was nicht zu sehen ist. Zuneigung, Kritik, leichte Verzweiflung, sogar Ängste und Erstaunen handeln in einer Namensnennung mit.

Variation:
Besuch wird erwartet. Eine Spielerin sieht vom Fenster im vierten Stock die Ankunft der Gäste und charakterisiert (interpretiert) die Ankommenden für die Anwesenden. Sie macht sich eine Vorstellung von dem neuen Gast, greift auf Erfahrungen mit ihm zurück, sieht eine Bestätigung oder erkennt Neues, dazu bezeichnet sie auch ihre Erwartungshaltung und ihr vorhandenes Verhältnis zu dem Ankommenden. Das alles versucht sie nur über die sprachliche Behandlung des Namens auszudrücken.

Das hört sich in der Aufgabenstellung sehr kompliziert an, im Ausprobieren ist es das nicht. Wer hat nicht schon einmal in einem Namen Zuneigung, Aggression, Warnung, Erziehung oder Stolz untergebracht?

Also:

„Oma Lisbeth!" (Sieht die wieder süß aus.)
„Onkel Emil!" (Schon besoffen.)
„Die Meyers!" (Oh, Schreck!)
„Mein Bruder!" (Schick gemacht.)

Die übrigen Anwesenden können sich beteiligen. Sie bestätigen die Ansagen oder nehmen eine andere Haltung zu den Angekündigten ein, dann sind die Meyers nicht mehr nur Schreck auslösend, sondern auch ein ulkiges Pärchen oder ein erstaunlicher unerwarteter Besuch. Menschen werden mit minimalen Mitteln *vorstellbar*.

Erwartungshaltungen sind aussagekräftig. Sie enthalten immer auch erste Mitteilungen über Personen, und wenn nicht, sollte man sie in die Erwartung einfügen. Das baut ein Interesse auf, eine erste Beziehung zu der erwarteten Figur, die sich später bestätigt oder verändert. Mit „Nichts" kommt keiner! Von „Nichts" erwartet man selten etwas.

Wenn man nicht weiß, womit einer, wie und warum kommt, dann hat er eben ein Geheimnis, dann bringt er etwas Unbekanntes mit. Dann suche ich in der Beziehung zu seinem Handeln nach Auskünften. Das Unbekannte beunruhigt meine Phantasie. Die kann sich irren, zu falschen Einschätzungen führen, aber sie sammelt. In der Beschreibung, Charakterisierung, Interpretation eines anderen stelle ich auch mich selbst dar, weil sie nicht frei ist von subjektiver Haltung, Kenntnis und Betrachtung. Ein Beispiel: Onkel Paul, der als nervender Schwätzer erwartet wird, kommt und – schweigt! Warum?

Das Interessante an den vorgeschlagenen Übungen, Auskünfte über Menschen zu geben, ist die Art und Weise der Darstellung. Man hat nur einen minimalen Ausdruck, den gestalteten Namen, zur Verfügung, mit dem man sein Verhältnis zu einem anderen zeigen kann. Durch eine Beziehung wird dieser charakterisiert. Natürlich nicht vollständig. Dafür hat man noch andere Mittel.

**Nummer: Die Annonce**

**Eine Spielerin „erstellt" eine Zeitungsannonce zum Zwecke einer Partnerschaft. Sie benennt Forderungen, Wünsche und Hoffnungen, die sich durch einen Partner erfüllen sollen. Sie „bastelt" sich einen Menschen.**

**(Man lese entsprechendes Material in den bunten Blättern nach!) Damit charakterisiert sie sich selbst und den Wunschpartner. Ein doppelter, fragwürdiger Erkenntnisgewinn ist das Ergebnis.**

In einem szenischen Versuch sollten vor allem die „Formulierungsmühen" das Problem sein, also die Wortwahl auch Mühe machen. Dazu ist es nötig, dass die Mühen, einen Partner „vorstellbar" zu machen, ernst genommen werden. Die „Inserentin" arbeitet daran. Witzeleien bieten sich an, aber geben eben nur einen Witz her.

Diesen szenischen Versuch kann man erweitern durch einen Adressaten der Annonce, der sich mit den Bedingungen, die er vorfindet, vergleicht, Übereinstimmung oder das Gegenteil entdeckt. Auch andere Varianten können ausprobiert werden: Die Annonce wird nicht allein aufgesetzt, sondern mit Hilfe von Beratern. Andere Umstände – andere Entwicklungen.

**Nummer: „Menschenkenner"
oder Auskünfte über eine Figur durch eine Figur**

**Es gibt „die Menschenkenner" in Anführungszeichen und ohne. Hier interessieren uns die ersteren, also Leute, die über besondere Kenntnisse von Menschen zu verfügen glauben – nämlich solchen, die aus sogenannten Erfahrungen entstanden sind. Man lässt diese „Menschenkenner" szenisch Auskünfte geben.**

**Beispiel: Der Pförtner.
Er sieht die Menschen im Vorübergehen, also nur kurz. Der Pförtner-Spieler versucht viel zu erfahren – bei wenigen Möglichkeiten. Das äußere Erscheinungsbild liefert ihm Material, das verschafft ihm eine oberflächliche Menschenkenntnis.**

**Je wichtiger er seine Position nimmt, was die meisten Pförtner tun, umso endgültiger wird seine Charakterisierung, trotz der geringen Möglichkeiten. Als Pförtner weiß man Bescheid, schließlich mussten unzählige Menschen an seiner „Loge" vorbei, und die wollten alle etwas von ihm, nicht er von ihnen. Die Auskünfte entstehen also aus den Umständen, dem Status und der persönlichen Haltung. Sie charakterisieren nicht wirklich, sondern sind vor allem eine Ansicht mit viel Behauptung. Sie kommen aus einer völlig überschätzten Wichtigkeit, aus einer Position der Macht.**

Entwickelte Spielsituation:
In der Loge ein Alt-Pförtner und ein Neu-Pförtner. Der Neue wird in Sachen „Menschenkenntnis“ belehrt. Der Alte nimmt die Unterweisung sehr wichtig und argumentiert mit seiner „professionellen“ Erfahrung. Mit zunehmender Erregung vergreift er sich sogar am Schicksal seiner Kundschaft. Er „erfindet“ Menschen und vermittelt diese Erfindungen als Menschenkenntnis.

Variante:
Zwei Pförtnerinnen im Ruhestand sitzen auf einer Parkbank. Einige Normalmenschen kommen vorbei. Die beiden verhalten sich noch immer „professionell“. Sie sitzen immer noch in ihrer „Loge“. Vielleicht sieht die eine nur das Gute im Menschen, die andere nur das Gegenteil. Aber beide haben eigentlich nichts mehr zu sagen, zu bestimmen, zu erlauben oder zu verbieten, denn die Vorbeikommenden wollen nichts mehr von ihnen.

**Nummer: Die „Putzfrau“ oder das „Zimmermädchen“**

**Es ist mir natürlich bekannt, dass die Bezeichnung „Putzfrau“ unkorrekt ist, aber für eine Darstellung ist aus dieser Benennung mehr zu holen als bei einer „Gebäudereinigungskraft“ oder „Raumpflegerin“. „Putze“ erzählt mehr. Auch „Haushaltshilfe“ hat was, oder „Zugeh-Frau“. Nebenbei: Es ist auffällig und auch eine Nachfrage wert, warum immer mehr frühere Berufsbezeichnungen eine Verschönerung durchmachen müssen: Arbeitnehmer oder -geber, Lehrbeauftragter, Strafvollzugsbediensteter, Briefzusteller ...**
**Die „Putze“ kann ihre unfeinen Entdeckungen im Hause eines Bankchefs nicht länger für sich behalten. Sie muss reden! Erstaunen: Geld stinkt doch!**
**Das Zimmermädchen hatte die Ehre, das Hotelzimmer eines bedeutenden Menschen zu „betreuen“. Was bleibt von der Verehrung? Kam sie ihm vielleicht „menschlich“ näher? Sieht sie ihn mit anderen Augen? Welche Fragen stellt sie sich und welche Antworten hat sie nicht?**
**Eine Gruppe von „Putzen“ feiert ein Fest mit ihren „Reinigungserfahrungen“. Sie schaffen zwar erfolgreich den Dreck weg, aber sie haben ihn nicht hergestellt. Interessant sind nicht nur die schmutzigen Umstände, sondern die Vorstellungen von den Verursachern. Hinter jedem Dreck steht auch ein Mensch.**

**Ein Extra:**
**Bericht der ehemaligen Putzfrau von Faust. Vor allem über das Studierzimmer. Gelehrsamkeit und Bücherstaub. „So möchte kein Mensch mehr weiterleben …“**

Was haben die Reinigungskräfte über die Räumlichkeiten und deren Bewohner in den Königsdramen von Shakespeare zu vermelden? Wie kommt es zu so viel Blut und wie kriegt man das wieder weg?

Was verbindet (oder nicht) eine heutige Hilfsköchin mit Aschenputtel? Wie wird sie von einer „Spezialistin“ gesehen? Kann sie beratend tätig werden? Wie könnte die Rache einer Reinigungskraft an einem „Sauberkeitsprediger“ in der Politik aussehen? Was holen „Müllmänner“ an Menschenkenntnis aus den Abfalltonnen? Was ist eine Königin des Drecks in der Darstellung einer Putzfrau mit Hochschulabschluss? Wie definiert eine „Putze“ das „deutsche Reinheitsgebot“? Wie lebt man vom Dreck, mit Dreck oder… im Dreck? Dreck ist immer ein Resultat! Wo kommt er her?

**Nummer: Erkenntnisse eines Spitzels**

**Ein Spitzel beschäftigt sich nicht aus natürlicher Neugier mit einem Menschen. Ihn interessiert nur, was er mit dem anfangen kann, was er über ihn und von ihm herausgefunden hat. Er ist zielorientierter Personenerfasser. Was nicht ans Ziel führt, als Information nicht zu verkaufen ist, das wird aussortiert.**
**Hier interessiert nicht nur das Verachtenswerte an der Bespitzelung. Aber es ist einen Versuch wert, den Spieler, der den Spitzel darstellt, an der Erarbeitung dieser Figur zu beteiligen. Dabei sollte man ihm gewisse Beobachtungsqualitäten zubilligen.**

**In ein festes soziales Gefüge kommt ein Neuer hinzu. Man kennt ihn nicht. Er übernimmt eine Position. Man setzt auf ihn Spitzel, besser: Informanten an. Schlüssellochgucker, Nachbarnbefrager, Einkaufsbeobachter, Bekanntschaftssucher, Sportfreunde, Jugendfreunde, Geliebte, Brieföffner, Pressepraktikanten und ähnliche Nachrichtenbeschaffer. Diese Spezialisten lässt man berichten.**

Um das Spiel nicht zu zerreden, sind ihnen nur wenige Sätze gestattet. Die müssen professionell knapp sein, das Wesentliche benennen. Mit ihrer Hilfe entsteht eine Figur. Eine von vielen Seiten betrachtete und zusammengesetzte Person. Die Vorstellung ekelt, darum sollte man nicht nur negative Betrachtungen abverlangen. Es kann auch Überraschendes vermeldet werden. Man will alles von einem anderen wissen und das über Umwege herausfinden.

Vielleicht kann man einen „Spitzel“ auf Gretchen ansetzen, um mehr von dem kärglich beschriebenen Mädchen zu erfahren. Oder man setzt einen Spitzel auf Rosenkranz und Güldenstern an. Ein Spitzel für Spitzel! Und was treibt Ferdinand, wenn er nicht bei Luise oder Lady Milford ist? Was macht Antigone in ihrer Freizeit, und wie geht Medea mit ihren Kindern um? Das wären dann schon Umweg-Etüden. Sie seien denen vorgeschlagen, die Zeit und Lust zum Ausprobieren haben.

Oder einfacher:

Woher kommt es, dass Lehrer Meyer immer so fröhlich ist?

Wo ist Paul jeden Donnerstag?

Warum ist Paula so schweigsam?

Der „Spitzel“ als Fragenbeantworter!

Womit er dann auch kein Spitzel mehr wäre. Sei’s drum. Wir haben ihn eben verändert.

Und was ist mit der Menschenkenntnis der Darsteller? Was davon vorhanden ist: nutzen, zulassen, einbringen, abholen, anhören, nachfragen... Um Berichte bitten. Zu konkreten Beispielen auffordern. In entsprechenden Situationen darstellen. Wirkungen von Menschenkenntnis beschreiben. Probleme, die man damit hat, benennen. Deutliche Worte finden. Engagierte Worte!

Der Mensch ist in der szenischen Darstellung ein „gesammelter“ Mensch, ein Bündel verschiedener, unterschiedlicher, ausgewählter und verdichteter Menschlichkeit. Die Menschenkenntnis des Darstellers sorgt für Wiedererkennung und für Vergleichbarkeit. Beide beteiligen sich an der Figurenfindung, und verhindern die Austauschbarkeit. Das geht unter die Oberfläche, unterstützt die Glaubhaftigkeit und entzieht die Figur dem alleinigen Diktat des Regisseurs; denn seine Kenntnis von Menschen ist begrenzt, wie bei jedem anderen Menschen auch.

Übrigens: Der nichtprofessionelle Darsteller bringt besondere Kenntnisse von konkreten Menschen mit, nämlich aus Bereichen des Lebens, in denen sich selten ein Schauspieler oder Regisseur aufgehalten hat. Er kommt aus seiner Wirklichkeit, macht Theater und kehrt in seine Lebensumstände zurück. Vom Alltag des Lebens weiß er anderes, zumeist mehr als der professionelle Schauspieler, von der Schauspielerei weniger. Er weiß mehr, weil er sich im Alltag aufhält, und er wird aus diesem Alltag schöpfen wollen, denn das ist es, was er kennt und was ihm Sicherheit gibt. Das muss ihm gestattet sein.

Um eine Meinung über eine Figur zu entwickeln, muss man sie umfassend betrachten, von allen Seiten und in der Tiefe. Ist sie nur ein Gerüst, bestehend aus vielen Stangen, kann dies am Beginn der Proben durchaus etwas stützen. Bleibt es aber dabei, wird es auch Nachteile eines solchen Gerüstes, durch das noch der Wind pfeift, geben – nämlich keine Dauerhaftigkeit, nur eine Vorläufigkeit, etwas zu Äußerliches, zu Durchsichtiges, mit wenig Geheimnis, zu wenig Fleisch, zu viel Konstruktion. Kein Kern, nur eine vorläufige Umschalung. Eine anfängliche Meinung will nicht so bleiben, wie sie ist. Entweder es entsteht aus ihr etwas, oder auch nicht, sie wird sich ändern. Ihr Ziel ist es, zu einer Überzeugung zu werden. D. h. nicht nur von sich selbst überzeugt zu sein – das wäre zuständlich –, sondern andere zu überzeugen. Das ist ein Prozess!

**Nummer: Was weiß der Hausmeister von Menschen?**

**Dies ist eine szenische Meinungssuche: Wie sehen und beurteilen bestimmte Personen aus ihrer Perspektive andere Menschen?**
**Vorschläge:**
**Die Nachbarin am Gartenzaun ...**
**Das alte Paar auf dem Balkon ...**
**Die heftigen Biertrinker in der Kneipe ...**
**Ein Gerichtsvollzieher ...**
**Die Verkäuferin in einer Edelboutique ...**
**Der Politiker am Wahlstand ...**

**Dabei sollten die Darsteller nicht nur das beschreibende Wort nutzen, sondern auch die anderen Ausdrucksmittel des Menschen, die ja auch die Gestaltungsmittel des Schauspielers sind.**

Beispiele:

Wenn einer so aussieht, dann ... (Haltung)
Wer so herumrennt, der ... (Gang)
Wie der spricht, das ... (Haltung, Sprachgestus)
Was der denkt, ist ...
Wer sich so bewegt, der ... (Gestik)
Was die mit ihrem Hinterteil anstellt, zeigt ... (Körperlichkeit)
Wie die den Besen anfasst, beweist doch ... (sozialer Status)
Wie die sich benimmt, das ist doch das Letzte ... (Beziehung)

Oder auch:

Die ist hochmütig bis in die Sandalen und eitel wie eine Provinzdiva.
Die schleppt ihren Garderobenspiegel mit sich herum und guckt dir durch die Jacke auf deinen letzten Kontoauszug.
Sie wackelt mit dem Arsch und den Locken.

**Nummer: Die Typenpräsentation**

**Das Fernsehen lässt zu Werbezwecken für eine neue Serie deren Typen flott, bedeutend oder vielversprechend aufmarschieren. Man hört aus dem Off oder direkt, wer sie waren, sind oder werden. Welche Probleme sie mit sich herumschleppen, welchen Schaden oder welchen Wert sie haben, wie es bei ihnen privat, dienstlich, sexuell und überhaupt aussieht. Ob sie heimlich saufen oder fremdgehen, wie sie es mit der Natur, der Religion oder der Kindererziehung halten, welche Schlaf-, Ess- und Körperpflegegewohnheiten sie haben. Welche Autos, Yachten und Urlaubsziele sie bevorzugen ... Welche Lebensziele sie haben. Welche Intrigen sie schon beherrschen oder sich noch entspinnen werden.**

**Die dazu vorgeschlagene Nummer geht so. Eine Gruppe von Fernsehschauspielern marschiert auf. Natürlich werbend. Das heißt *vielversprechend* und mit dem besonderen Sendungsbewusstsein. Sie kündigen ihre Figuren an (siehe oben).**
**Da es vorher keine Absprachen gegeben hat, wissen sie nichts von den Absichten der Mitspieler. Sie müssen also beweglich bleiben, wenn das, was sie für ihre Figur geplant hatten, schon von einem anderen bedient wird. Natürlich sollen sie unterscheidbar sein, sich Figurenvorteile verschaffen und ihre Entwürfe ins Zentrum der Aufmerksamkeit stellen. Das Wettbewerbsdenken wird merkwürdige Blüten treiben. Es geht nicht so sehr um eine Figur, sondern um die Hauptfigur.**

Mag der Ansatz für diese Nummer auch etwas dämlich sein, so lässt sich doch ein tieferer Sinn und eine befördernde Nützlichkeit dabei entdecken. Man beschreibt Figuren (eher Typen), macht sie vorstellbar. Man wirbt für seine Figur, deshalb muss sie etwas zu bieten haben. Man macht sie unterscheidbar, und in der dargestellten Sammlung von Ankündigungen werbender Art zeigt sich vielleicht neben viel Müll, trivialer Verlogenheit, geistiger Schonkost und angestrengter Witzigkeit auch der eine oder andere interessante Blick auf den Menschen. Man übt Figurenentwürfe in einem darstellenden Spiel. Bedient sich schauspieleregoistisch oder figurenegoistisch und erfüllt dabei auch eine „angenommene“ Zuschauererwartung. Da fällt plötzlich etwas auf und aus dem Rahmen dieser Serienvorstellung. Und das macht Lust auf ein Ausprobieren in einem anderen Rahmen.

Dem Genre entsprechen solche Vorschläge wie:
Der Förster im Silberwald.
Die Fünf von der Intensivstation.
Die Rettungsschwimmer vom Titisee.
Unser geliebtes Hausschwein Grete.
Die Müllmänner und die Hausbesetzer.
Der Club der schönen Detektive.

Diese Themen schönen oder karikieren die Wirklichkeit, aber sie finden in ihr statt und dienen der „Unterhaltung“. („Die Menschen wollen das sehen.“) Der Spieler sollte sie ernsthaft behandeln. Nicht die Parodie der Wirklichkeit parodieren. Dem Kitsch einen überzeugenden Ausdruck geben. Die beklopptesten Probleme glaubhaft machen. Das gelingt dann, wenn man bei der Herstellung schöpferische Anstrengung bemerkt. Dann wird in dem Unsinn manchmal ein Sinn entstehen. Es wird sich für Augenblicke eine Wirklichkeit einmischen, vielleicht ungewollt, aber notwendig, weil der Mensch nicht endlos unsinnig sein kann.

**Nummer: Umweg zu einer Person**

**Ein „großfressiger“ Angeber wird vorgestellt. Es kann der neue Chef oder ein erwarteter Besucher sein.**
**Also schaut ein Darsteller aus dem Fenster und lässt den Angeber aus der Ferne kommen. Er berichtet und zeigt den Mitspielern, was er von dem Ankommenden „sieht“. Wie er ihn als Angeber „sieht“. Er wird aus der Entfernung nur ein Äußeres, einen Gang, eine Haltung, vielleicht Gestisches beschreiben und zeigen können. Begleitende Objekte werden erfunden ...**
**Der vorgestellte Angeber nimmt eine erste Gestalt an.**

Variante 1
Ein anderer Darsteller sieht durch ein Schlüsselloch den Angeber. Heimlich kann er weitere Details der Personenbeschreibung entdecken und an den Mitspieler übermitteln. Er kann Beobachtungen aus der Nähe machen. Eine Beziehung in sicherem Abstand entsteht.

Variante 2
Der Angeber befindet sich hinter einer Wand in einem Nebenraum. Die Mitspieler sehen ihn nicht, hören aber seine großfressige Sprache. Man erfährt von den Beziehungen zueinander. Das wird von den Mitspielern vorführend kundgetan.

Nun hat man über dargestellte Umwege Gang, Haltung, Gestik, Aussehen, Sprache und vielleicht auch Frisur, Klamottenmarke, Deodorant usw. eines Angebers gesammelt. Daraus kann ein anderer Spieler nun eine Person herstellen, nicht nur aus seiner Sicht, sondern aus mehreren Ansichten. Der großfressige Angeber ist von verschiedenen Seiten „behandelt" worden. Mit einer solchen Sammlung kann man sich über einen Umweg einer Person nähern, die ein Stück vorschlägt, oder aber einen Typ erfinden.

Eine andere Möglichkeit sei hier nur als Idee benannt und zum Ausprobieren vorgeschlagen: „Das laufende Gerücht". Mehrere Darsteller tragen einander Gerüchte zu, zum Beispiel über einen angekündigten „Neuen". So entsteht in einer „Gerüchteküche" eine Person.

**Nummer: Ersehnt, erwünscht, erhofft**

**Drei Darstellerinnen sitzen zusammen und erwarten einen Gast. Jede für sich und jede auf ihre Weise drückt das in Worten aus. Wer ist dieser vorgestellte Gast? Ein Mann, ein Retter, ein Schenker ...**
**Der Erwartete kommt durch die Tür und kann die vorgetragenen Sehnsüchte, Wünsche, Hoffnungen der drei Wartenden improvisativ nutzen oder gegenteilig mit ihnen umgehen.**
**Das kann zu einer Umweg-Etüde werden, die aus einer konkreten Stücksituation kommt (beispielsweise zu Tschechows *Drei Schwestern*).**

In der Improvisation entstehen „Typen" und „Figurentypisches", nicht Figuren. Besondere Aufmerksamkeit sollte dem Grundtypischen gewidmet werden, also dem unverwechselbaren, alles bestimmenden Verhalten, dem Wesentlichen.

**Nummer: In jeder Ecke Karate**

**Ein Mädchen, wahrscheinlich ein zartes, übt an allen möglichen Orten, bei allen Gelegenheiten Karate oder einen anderen modischen Kampfsport. Aber sie tut das nur heimlich, allein oder in einer Ecke.**

**Sie zeigt keine besondere Begabung und ihre Fähigkeiten entwickeln sich auch nur langsam. Allerdings ist sie sehr clever im Auffinden von Gelegenheiten, eine ihrer Kurzübungen durchzuführen.**
**Wenn nun einer annehmen sollte, irgendwann das Resultat ihres heimlichen Tuns im Besonderen und wirkungsvollen finalen Einsatz zu erleben, der muss unbedingt enttäuscht werden. Sie veröffentlicht ihre Fähigkeiten nicht. Sie übt und übt und verzichtet auf die Anwendung.**
**Der Zuschauer wird mit dem Versprechen gereizt, ein Ende wird ihm vorenthalten.**

Wenn man eine große Gruppe von Spielern hat und es gelingt, an jeden ein grundtypisches Verhalten anzubinden, dann wird aus jedem einzelnen Spieler ein Spezialist für einen Typus. Während man mit mehreren Leuten arbeitet, können die, die gerade nicht auf der Bühne sind, die Spielenden beobachten und einwenden: Moment. Das, was du da spielst, gehört zu meinem grundtypischen Verhalten. Das wurde ausprobiert mit Kindern. Sie verteidigten sehr energisch ihre Typen, wodurch diese noch überzeugender wurden. „Es ist doch nicht schlecht, ein Angsthase (Haltung) zu sein. Man kann schnell weglaufen."

Wird ein Grundverhalten gegen ein anderes gesetzt, sorgt das natürlich immer für Konfliktstoff. Wenn man solche Umwege Figuren zugrunde legt, muss man nicht befürchten, dass das Typische die Figur verarmt oder reduziert, denn man hat das Typische in seiner Entstehung, in seinem Bestehen, in seiner Entwicklung und in seiner Konfrontation mit dem „Rest der Welt" gesehen, man ist ihm sinnlich begegnet.

Christian Dietrich Grabbe:

„Dem schönsten Antlitz fehlt
zur höchsten Zierde
oft nur ein Blattergrübchen,
eine Narbe."

Wilhelm Bölsche:

„Der Mensch ist eigentlich bloß eine sehr verwickelte Kuckucksuhr im Sinne einer reinen Kraftmaschine."

Federico Garcia Lorca:

„Das Theater braucht Gestalten auf der Bühne, die ein poetisches Gewand tragen und zugleich ihre Knochen, ihr Blut erkennen lassen."

### Kleider machen Leute oder Kostüm und Bewegung

Der Darsteller bewegt das Kostüm, und das Kostüm bewegt den Spieler. Er *trägt* es, was nicht dasselbe ist wie: Er hat es an. Das Tragen weist auf eine Wertschätzung, sicher auch auf eine Notwendigkeit hin. „Er *trug* einen Anzug", verweist auf etwas Besonderes, eine Situation. Wenn er einen *anhat*, ist das etwas weniger Besonderes, vielmehr etwas Nützliches. Das eine erzeugt ein „Aha, Anzug!", das andere ein „Na und, Anzug."

Der Anzug verlangt fast immer nach einem beschreibenden Attribut: schwarz, vergammelt, zu weit oder zu eng, festlich, unmodern, geborgt, verklemmt, teuer, dienstlich usw.

Das Gleiche gilt für das Kleid. Doch da kommt noch einiges dazu: schön, erotisch, anschmiegend, durchsichtig, wehend, Sommer, Frühling, auffallend, verrückt, streng, blumig, selbst gemacht, kurz oder lang, kleidsam… Diese Attribute lassen sich in der Regel nicht für den Anzug verwenden. Dafür hat die Frau das Kostüm. Da ist der Anzug wiederzufinden. Er wurde dem Mann weggenommen. Beim Anzug und Kostüm kann man etwas ausziehen, und es bleibt noch etwas Angezogenes übrig. Beim Kleid nur die Unterwäsche. Es gibt also große Unterschiede beim Ausziehen, und die Gründe, es zu tun unterscheiden sich auch sehr.

Die berühmten Jeans sind ein besonders auffälliges Beispiel für die (begrenzte) Bewegung in einer Hose. Die vielen Taschen sind Verstecke und Aufenthaltsorte für die Hände. Der knappe Sitz macht ein eigenes Körpergefühl, ein vorgezeigtes. Es spielt immer ein kleiner Cowboy mit. Sicher sind Jeans eine Haltung. In all ihrer gestylten Unterschiedlichkeit bleiben sie das auch immer, seien sie nun Designermodelle oder billiger Verschnitt.

Aber es gibt auch andere Haltungen, und die sollten nicht immer nach Jeans aussehen oder in ihnen verschwinden. Zum Glück machen sie nur untenherum gleich. Man bitte doch einmal eine Jeansträgerin, auf der nächsten Probe einen Rock zu tragen. Das kann zum Ereignis werden, eine Befreiung aus einer Form. Ein Darsteller bringt seine Konfirmationshose mit oder die seines Opas. Einfach nur mal zum Probieren. Ein kleiner Rock- und Hosenumweg. Man kann ja zu den Jeans zurückkehren. Aber dann weiß man, warum. Dann ist das eine Entscheidung!

Es gelang mir unlängst, mit einiger Mühe, eine Studentin der Filmregie bei einer Schauspielübung zu überreden, einen Rock anzuziehen. Sie hatte keinen. Er wurde ihr geliehen. Das Ergebnis war außerordentlich bewegend. Eine besondere Aufmerksamkeit aller Beteiligten war ihr sicher. Sie hatte sich erfolgreich „verfremdet".

## Zeig her deine Füße, zeig her deine Schuh

Das Barfußsein ist auf Proben, vor allem in Workshops in Mode gekommen. Nichts dagegen beim Warmmachen oder bei Übungen. Bei szenischer Arbeit sollte man zu Fußbekleidungen greifen. Sind alle barfuß, ähneln sich die Füße. Der Schuh macht den Unterschied. Ein Schauspieler spielte den *Hauptmann von Köpenick*. Seine wichtigste Frage zum Kostüm war: „Was für Schuhe trage ich?". Ein Mann ohne Bleibe rennt sich „die Hacken ab" nach einer Aufenthaltsbescheinigung und einer Arbeit. Der Mann ist Schuster. Das Kostüm dieser Figur baute sich anhand der Schuhe auf, und der Schauspieler suchte im Fundus nach einem abgelaufenen Paar. Er trug es auf jeder Probe. Es ging die Rede, dass er mit ihnen nach Hause ging, wo er die alten Schuhe jeden Tag cremte und polierte.

Schuhe sind nicht nur für das Gehen da. Sie machen den Gang und der ist ein wichtiges Ausdrucksmittel. Der Schuh ist die Verbindung zum Boden, die Erdung, der Kontakt zur Welt.

Einige Beispiele:

Ein Verliebter bekommt von seiner Liebe ein paar Schuhe geschenkt. Da Fakten in einer Liebe anfangs keine Rolle spielen, hatte das Mädchen natürlich nicht nach der Schuhgröße gefragt. Der Verliebte trug die viel zu kleinen Schuhe und zeigte keine Qualen. Schön war die Liebe, aber schön war auch, nach dem Rendezvous aus den Schuhen zu steigen. Verliebt sein heißt auch, unbequeme Schuhe tragen. Bei der entwickelten Liebe kann man sie umtauschen.

Es gibt Darsteller, die ziehen Stiefel an und sehen sofort militärisch aus. Bei anderen sieht man das Gegenteil, und sie müssen im Umgang mit den Stiefeln erst beweisen, wie soldatisch sie sind.

Es gab auf dem berühmten Markt von Odessa nach dem Krieg einen Stand, der bot *nur* einzelne Schuhe an, rechte oder linke. Auf einem Markt in Ulan Bator erhält man linke und rechte Schuhe, muss sie sich aber selber aus einem großen Haufen heraussuchen. Ich war dort und sah die Menschen in Schuhen wühlen, sie fanden manchmal keine passenden und nahmen nur ähnliche.

Warum heißt der Handschuh eigentlich Handschuh?

Was ist ein Überschuh? Er ist eine szenische Wiederentdeckung wert.

Eine Diktatorengattin wurde nur durch die Anzahl ihrer Schuhe berühmt. Eine chinesische Weisheit: Wir gehen immer den gleichen Weg, wechseln nur manchmal die Schuhe.

Der Schuh ist beteiligt am Marschieren, Trippeln, Stolzieren, Stolpern, Wandern, Tanzen, dem Auftritt, dem Erreichen von Zielen, an der Müdigkeit, am Treten und Getretenwerden, an Standfestigkeit und Schwäche …

Der Leisetreter braucht den besonderen Schuh. Die Konfirmandin kriegt einen mit hohen Absätzen. Neonazis machen sogar die Schnürsenkel ideologisch. Für Aschenputtel bringen die Schuhe einen märchenhaften Aufstieg und schmerzliche Erfahrungen. Sandalenträger sind besondere Menschen und Latschenträger auch.

Kinder, die in den schlechten Zeiten nach dem Kriege für einen reichen Bauern die Kühe hüteten, warteten am frühen, kühlen Morgen hoffnungsvoll darauf, dass die Kühe ihre Fladen auf die Wiese fallen ließen. Sie stiegen barfuß in die warme Scheiße, die an ihren Füßen zu Schuhen trocknete. Das wärmte und schützte vor Brennnesseln. Ich war dabei, wie die Scheiße jubelnd begrüßt wurde.

Man kann auf leisen Sohlen daherkommen. Die Hacken zusammenknallen. Jemandem auf die Füße treten. Herumlatschen. Sich vergrößern oder verkleinern. Paula trug nur, wenn sie allein ausging, hohe Absätze. Nach der Scheidung von Paul – immer! Und wozu gibt es die gewaltigen Plateausohlen? Doch nicht nur zum Laufen. Dazu sind sie am wenigsten geeignet. Sie stellen den Menschen auf ein Podest. Der Schuh macht nicht nur den Gang. Er ist und macht auch eine Haltung!

Also: Schuhe sind einen Aufenthalt wert, bevor man losgeht. Der Schuh ist das einzige Bekleidungsstück, das immer eine innige und direkte Beziehung zum Fußboden, zur Erde hat. „Ich erkenne meine Schweinchen am Gang“, sagte meine Großmutter immer. Ich bin mir sicher, dass sie damit auch die Schuhe meinte, denn sie brachten etwas mit aus der Welt, den Staub der Spiele und die Schrammen von Abenteuern.

**Schuhübungen**

**Ein Schuhputzer poliert die Schuhe. Sind die Besitzer gegangen, hat er, aus seiner Perspektive, was zu erzählen.**

**In einem Hotel stehen die Schuhe vor den Zimmertüren. Sie werden zur Verbesserung eingesammelt – mit Kommentar. Oder sie werden geputzt zurückgebracht – mit Problemen.**

**Die Tochter vergreift sich heimlich an den besten Schuhen der Mutter.**

**Eine Gruppe befreit sich von den Schuhen und erlebt das Gefühl „barfuß“.**

**Mit Museumsfilzlatschen auf historischem Parkett. Das reizt zu besonderen Bewegungen. Schlittern in heiligen Räumen.**

**Problem: Falsche Schuhe. Eine Fußbekleidung wird schuldig.**

Eine Anekdote zu Chaplins Schuhen. Ein Tramp ist unterwegs. Die Schuhe sind viel zu groß und auf unendlichen Wegen breitgetreten. Die Schuhe tragen den Tramp nach links und rechts. Sie brechen aus und verweilen länger auf dem Boden, als es für ein Vorankommen gut ist. Sie machen kleine lustvolle Ausflüge, aber man kann an ihnen auch die Sehnsucht nach dem Bleiben empfinden. Er wirft seine Füße in die Welt. Würde er ein Bein vor das andere setzen, käme er mit Sicherheit schneller ans Ziel, aber selbst bei den häufigen Verfolgungen tut er das nicht. Er bleibt immer ein Spaziergänger mit einem Spazierstöckchen.

## Der Kragen – ein Kostümteil und mehr

Wenn es jemandem „an den Kragen“ geht, dann nicht nur an das Kostüm, sondern dann geht es um den Hals und den Kopf. Der Stehkragen heißt nicht nur so, weil er steht, sondern weil ein Kopf darauf gestellt ist, den er wichtigmacht. Den „Schillerkragen“ hat vielleicht der Dichter getragen, aber er ist auch ein Zeichen gegen die Enge im Kopf. Befreit also nicht nur den Hals. Der hochgestellte Mantelkragen wird nicht nur von diversen Kriminalkommissaren getragen. Der Kragen schützt nicht nur vor dem Wetter. Warum wohl tragen ihn bestimmte Typen auch bei bestem Wetter hochgestellt? Er macht draufgängerisch und abwehrbereit. Andere Typen stellen sogar den Hemdkragen hoch, damit er zum modischen Stehkragen wird.

Der „Spitzenkragen“ ist oft die Fortsetzung oder Unterstützung der Haarpracht. Er soll den Kopf bedeutender machen oder verhübschen, also wird er auf ein „geklöppeltes Tablett“ gestellt.

„Hochgeschlossen“ lässt keinen geöffneten Knopf zu. Der Körper wird ein- und abgesperrt. Das ist eine Haltung! Der „Bundkragen“ ist gar keiner. Er braucht einen, den man anknöpfen kann. Er wurde zumeist von Arbeitern getragen. Ohne Kragen bei der Arbeit, weil er zu schnell verdreckte, wenn man schwitzte. Mit Kragen beim freizeitlichen Bier. War man ein besserer Arbeiter, ein Vorarbeiter, wurde ein gestärkter Stehkragen angeknöpft. Dann war man ein „Stehkragenproletarier“. Versuchte Vornehmheit mit begrenzten Mitteln.

Mit einem Rollkragen kann man den Hals kaschieren. Aber auch er betont den Kopf. Er wurde früher von Künstlern bevorzugt, als Protestkragen gegen die Krawatte. Es gibt berühmte Rollkragenträger.

Das Militär gebrauchte Kragen, die nur in seltenen Fällen geöffnet wurden. Sie gehörten zu einer Kleiderordnung. Aber vielleicht sollten sie auch den Läusen den Zugang zum Rest des Körpers erschweren. Das Militär hat auch die Kragenbinde erfunden, den Wechselkragen. Ohne weitere Beispiele zu bringen, kann festgestellt werden, dass der Kragen Haltungen macht, innere ebenso wie äußere, modische und soziale. Und er hat immer mit dem Kopf zu tun, nicht nur weil er in seiner Nähe ist.

Nicht nur eine Anekdote: Bei einer Probe zu einem Lenin-Stück an einem Moskauer Theater stellte sich die wichtige Frage: Wie schläft Lenin? Nachthemd oder Pyjama kamen überhaupt nicht in Frage. Nach langer Diskussion, sicher auch Konsultationen, entschied man, dass der Lenin-Darsteller den oberen Knopf seines Hemdes öffnet, wenn er sich aufs Bett legt. Mehr öffnete er nicht.

Das erzählt doch etwas und ist mehr als nur witzig. Es ging nur um einen Knopf am Hemdkragen. Man kann das für idiotisch halten, was es auch ist, aber man kann auch etwas erfahren über die Bedeutung eines Knopfes, über die Wichtigkeit des Details in größeren Zusammenhängen. „Endlich ist bei ihm ein Knopf aufgegangen", sagt man und meint, es ist etwas verstanden worden.

Will man ein Kostüm aufbauen, muss man es aus seinen Teilen bewusst zusammensetzen. Dabei geht man vom Körper aus. Ein bestimmter Kopf braucht einen bestimmten Hut. Was ist das also für ein Kopf? Was will der? Doch sicher nicht nur aussehen. Man hat den Hut nicht nur auf, man *trägt* ihn, hat ihn absichtsvoll ausgewählt. Eine Form sitzt auf einem Inhalt. Da hängt ein ganzer Körper dran. Der Hut endet an den Füßen und dazwischen ist eine Haltung. Was macht der Hut, wenn er sich nicht auf dem Kopf aufhält? Er wird ein Objekt, das gestisch bewegt wird, gehandhabt wird.

**Nummer: Wer hat den Hut auf?**

**Mütze und Zylinder treffen sich. Natürlich auf den Köpfen von Spielern.**
**Stahlhelm und altes Damenhütchen mit Kunstkirschen begegnen sich.**
**Designermodell und Fez. Dazwischen liegen Welten und Kulturen.**
**Zwei gleiche Hüte sitzen auf unterschiedlichen Köpfen.**
**Ulkhut und Arbeitsschutzhelm...**

### Gang mit Hut

Der Hut führt. Alles zieht auf ihn hin: die Augen, der Blick, der Körper sind abhängig vom Hut. Wenn die Augen beim Hut sind, können sie nicht woanders sein. Die Füße müssen den Boden sehen, tasten, erfahren und erfassen. Man ahnt, sie treten weichen Sand, oder ist es nur die Vorsicht, die weich macht? Und doch ist alles gradlinig in der Langsamkeit. Der Körper sitzt im Stehen, der Kopf sitzt auf dem Hals. Aber das Requisit ist nicht allein die Ursache für ein Verhalten. Ein Stofftier im Revers beeinflusst zwar den Körper, aber vielmehr den Charakter der Person, den man zu erblicken meint.

Die Hutträger bauen Beziehungen auf. Das ist eine Kopf-, keine Hut-Handlung! Die Hüte sind Objekte mit Auskünften und einem gewissen Erzählwert. Sie verweisen auf Haltungen. Wer den Hut flott in den Nacken geschoben hat, sieht die Welt anders als jener, der ihn tief in die Stirn gezogen hat. Der eine öffnet sich, der andere verschließt sich.

Werden Kostüme markiert, sucht sich der Spieler in seiner Probenumgebung Dinge, mit denen er etwas „bezeichnen", andeuten kann. Die Andeutung erzählt oft mehr als eine perfekte Anfertigung oder das aus einem Theaterfundus entliehene Fertigteil. Der andeutende Gegenstand soll durch das szenische Behandeln seine Bedeutung erfahren. So macht man ihn glaubhaft. Ein normaler Alltagsschal wird Stola oder Boa. Ein Schuhkarton wird Zylinder. Ein Tischtuch wird Umhang, Schleppe. Ein Papierkorb ein Ritterharnisch. Die Hälfte eines Balls kann zur Glatze werden.

Aber noch interessanter ist die gezielte Verwandlung durch eine Veränderung an den normalen Sachen, die der Darsteller auf der Probe an sich und bei sich trägt, mit denen er aus seinem Alltag kommt. Eine gewendete Jacke verändert. Eine hängende Hose macht einen anderen Gang. Zieht man Hemd- oder Pulloverärmel über die Hände entsteht eine andere Gestik und Haltung. (Man denke an den Pierrot.)

Eine Darstellerin verkürzt oder verlängert den eigenen Rock oder borgt sich andere Schuhe aus. Eine mitgebrachte Winterwollmütze wird damit geschmückt, was man bei sich hat. Strümpfe werden über die Schuhe gezogen... Die Silhouette wird durch Ausbeulungen verändert. Durch Füllungen werden Bauch, Hinterteil, Brust, Schultern hervorgehoben. Dabei weniger an einen auffälligen ulkigen Effekt denken, sondern an eine „Figur machende" Veränderung. Eine Pappe unters Hemd geschoben macht einen Flachbauch. Man kann diese Mittel im Verlauf der Proben reduzieren oder ganz weglassen, wenn dadurch eine Haltung entstanden ist. Der Darsteller kann dick handeln, ohne so auszusehen. Aber eine konkrete Erfahrung hilft ihm dabei. Ein Kostümumweg!

Ob ein Kostüm Freiheiten gibt, beengt, verkleinert oder vergrößert, ansehnlich oder unansehnlich macht, wichtig oder unscheinbar, arm oder reich, poetisch oder bürokratisch, brutal oder friedlich, kann man mit und in seiner Alltagsbekleidung durch oft nur kleine Veränderungen erzeugen. Das ist eine Annäherung an eine Rolle, die damit umgeht, was ein Spieler schon hat und was daraus werden kann. Er verfremdet etwas Bekanntes.

**Nummer: Anders aussehen – anders handeln**

**Aus vorhandenem Dingen werden zwei Spieler geschmückt. Man kann ein Ziel benennen, zum Beispiel: Miss „Kosmetik“ oder Mister „Flasche“, und eine bestimmte Situation vorschlagen. Zum Beispiel: vor einem Rendezvous, einer Prüfung, einem Antrittsbesuch, auf einer Polizeiwache, nachts unter einer Straßenlaterne ...**
**Die beiden materialbehängten Darsteller treten in Beziehung zu ihrem Aussehen, dann zu einem Partner. Sie machen sich mit zwei Fremdheiten bekannt. Zuerst soll eine Beziehung zu der erfolgten Veränderung gefunden werden. Der „angezogene“ Spieler muss die Kostümierung für sich klären, die Verwandlung empfinden. Die äußerliche, fremdbestimmte Haltung wird eine innere.**

**Nummer: Klamottentausch**

**Eine Gruppe hat sich mit vielen Klamotten versorgt.**
**Habgier, Neugier oder Verkleidungssucht greifen zu!**
**„Das passt Dir nicht!“**
**„Das passt mir!“**
**„Passt ihm nicht ...“, „...ihr nicht“, „Zeig her!“**
**„Gib mir!“**
**„Her damit!“**
**Der Vorgang macht keinen guten Text, auch weil er zu äußerlich und materiell ist und eine starke innere Beteiligung ausschließt. Wer grabscht, wühlt und klamottet, sucht nicht nach großen Worten. Bald sehen die Darsteller aus wie sie schon immer oder nie aussehen wollten. Da ihre Verwandlung in Hast, mit Gier, Gewalt, vielleicht auch Spaß, aber ohne Überlegung, Kontrolle und bewusste Entscheidungen stattgefunden hat, müssen sie nun mit einem neuen Aussehen umgehen, etwas anfangen.**

Sie beschäftigen sich mit ihrer äußeren Formung und suchen nach einer inneren Entsprechung. Das kann verwundern, überraschen, entsetzen, verwirren ... Das kann Problem und Konflikt werden, aber auch Aussicht.

Es stellen sich Fragen nach den Ausdrucksmitteln, denn aus der äußeren Verwandlung entstehen andere Gänge, Haltungen, Beziehungen, Texte, ein anderer Status, sogar dramatische Entwicklungen oder einfach nur Geschichten. Zum Beispiel diese: Vielleicht sind bei dem Klamottentausch auch eigene Teile verloren gegangen, so dass man nie mehr so aussehen wird, wie man einmal ausgesehen hat.

Es wird aufgefallen sein, dass es hier nicht um das große kunstvolle Kostüm in Entwurf und Ausführung geht. Das die Proben begleitende Kostüm ist gemeint, das mit-handelnde. Es wird nicht angefertigt vom Kleiderbügel genommen, sondern setzt sich zusammen und baut sich auf, ist in Teilen wichtig und nicht als Ganzes.

## Das erzählende Detail

Oft schlägt es der Schauspieler vor. Er steckt sich das Abzeichen einer Partei an die Jacke oder ein auffälliges Tuch in die Brusttasche eines schäbigen Anzugs. Er bindet sich die Krawatte auf eigene Art und sucht aufwendig nach den besonderen Hosenträgern. Er lässt sich die Ärmel kürzen und beult die Taschen aus. Lässt das Hemd aus der Hose und die Hose hängen oder zieht sie bis fast unter die Achseln hoch. Er knetet sich den Hut zurecht und leiert die Strümpfe aus. Er nimmt den Anzug mit ins Bett und schläft drei Tage auf ihm.

Er findet ein weggeworfenes Unterhemd. Er macht kleine Anschaffungen für die Figur, die ihm weniger für das Bild, sondern mehr für seine Darstellung wichtig sind, als besondere Aufmerksamkeiten – *Zeichen*! Er wartet nicht, bis ihm etwas gegeben wird, er nimmt sich was. Man kann sicher sein, dass er mit seinen Fundstücken handelt. Und er sucht figurenbezogen. Bedient die Eitelkeit einer Figur oder den sozialen Status, das Umfeld oder die Lebenssituation, das Genre oder die individuelle Besonderheit, die Biografie und das Typische. Er verbessert, korrigiert und konkretisiert seine augenblickliche Existenz.

Das heutige Theater (ausgenommen die Oper) arbeitet vorwiegend mit dem „zusammengebauten“ Kostüm, nicht mit der stilistischen Einheit, sondern mit erzählenden Einzelteilen. Das Kostüm ist nicht mehr so „kulinarisch“, nicht ver- sondern entkleidend. Eine Landschaft. Ein Fundus aus dem Fundus.

Der größte Fundus ist die Wirklichkeit. Mit großem Aufwand formt, fummelt und bastelt der Mensch an seinem Äußeren. Manchmal geht es um Individualität, aber viel häufiger um Auffälligkeit. Dabei gibt es ein Problem, denn es gibt immer mehr Auffälligkeit, aber immer weniger Menschen, denen sie auffällt. Man sieht aus, aber keiner sieht hin.

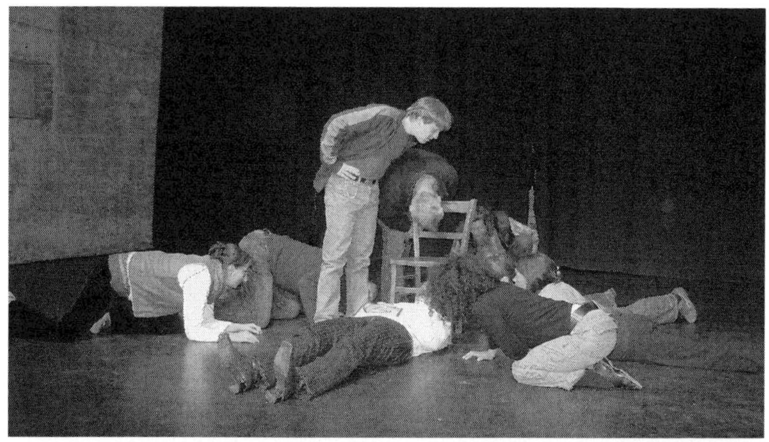

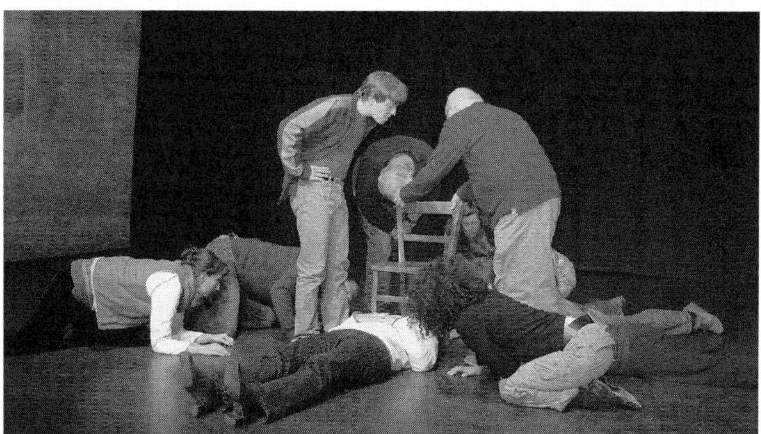

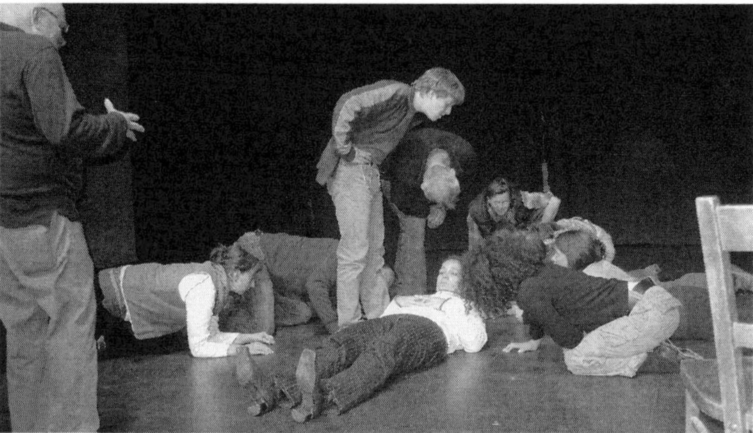

Horst Hawemann im Seminar *schauspielmethodische Anregungen* des Kindes- und Jugendtheaterzentrums der Bundesrepublik Deutschland. Fotos Annett Israel

VIII

# AM ANFANG IST IMMER EIN RAUM DA

Es gibt unterschiedliche Orte.
Solche, an denen man gern einmal oder für immer bleiben möchte.
Jene, an denen man nicht sein will.

Solche, denen man aus dem Wege geht, um die man besser einen Umweg macht, und jene, die man ansteuert und doch immer verfehlt.
Orte, die einem verboten sind, gibt es, und welche, von denen man nur gehört hat, die nur in der Vorstellung existieren.
Orte, die aufbauen oder zerstören, die das ganze Leben verändern, für die man bezahlen muss oder bezahlt wird.
Einen Ort, wo man geboren wird oder an dem man stirbt, an dem man, bitte schön, sein Glück findet oder verliert.
Orte, wo man zum ersten Mal oder zum letzten Mal ...
Solche, die einen Namen haben, und namenlose. Orte des Sieges oder Zugewinns und andere der Niederlage oder des Verlustes ...

Wozu diese Aufzählungen? Ich hatte sie nicht geplant. Sie drängten plötzlich auf das Papier. Ein Ort verwies auf einen anderen, und jetzt habe ich den Beweis, dass ich mich noch nicht an allen diesen Orten aufgehalten habe, und ich habe die Gewissheit, dass ich sie nicht alle kennenlernen werde. Ich habe einige zurückgelassen und manche noch vor mir. Ich habe eine Beziehung zu Orten.

Orte, das sind nicht irgendwelche Plätze oder Stellen, sondern erzählende Aufenthalte! Sie können bestimmen, was an ihnen passieren kann oder muss. Was dich erwartet oder bewegt. Sie behandeln dich. Du musst dich auf sie einlassen und du musst sie beteiligen, oder sie beteiligen sich an deinem Handeln. Sie entwickeln, stören, bestimmen deine Möglichkeiten, Freiheiten und Grenzen.

Gemeint sind Orte mit einem *Inhalt*. Den haben sie nicht von dir, den hatten sie schon, bevor du angekommen bist. Natürlich gibt es auch Orte, die ihren Inhalt erst dann haben, nachdem du dort warst. Dann hast du ihnen einen Inhalt gegeben. Dann hast du sie bestimmt. Aber nur für dich. An dem Ort, wo du glücklich warst, waren es andere ganz und gar nicht.

Raum mit „Inhalt" – eine Sammlung:

Der alles verändernde Ort – *die Zelle …*

Der tragikomische, komisch tragische, komische, tragische Ort – *du hängst am Baume wie eine Pflaume …*

Der entscheidende Ort – *die Anklagebank …*
(Warum nennt man die immer noch Bank? Es ist längst ein Stuhl!)

Der beherrschende Ort – *ein Thron …* ein Thron ist kein Möbel.
Er ist ein Ort!

Ein Ort der Hoffnung – *das Arbeitsamt …*
Nicht umsonst heißt der Ort jetzt „Agentur für Arbeit". Die Politik hat längst die Bedeutung von Orten erkannt und verleiht ihnen verschönernde Namen.

Ein Ort der Verzweiflung – dasselbe *Arbeitsamt*, weil es keine Agentur für Arbeit ist.

Der einsame Ort – *ein Fernseher* oder *zwei …*

Ein Ort der Begegnung – eine hundert Jahre alte *Bank …*

Der Erziehungsort – *das elterliche Wohnzimmer* am Wochenende …

Der stille Ort – *das Klosett …*

Ein Ort *der Besinnung*

Der leere Ort – *ein Möbellager…*

Der unbekannte Ort – *der Himmel , die Hölle …*

Der beklemmende Ort – *ein Vorzimmer …*

Kein Ort – *kein Ort*!

Ein Ort – *nirgendwo*

Der Ort schlägt Umstände vor, ist selber Umstand. Er ist aber auch Situation. Natürlich Atmosphäre. Raum mit Inhalt. Er ist Begrenzung und Möglichkeit. Macht Haltungen. Bestimmt Phantasie. Er erzählt als ein Teil der Welt. Er ist vorhanden und somit ein Problem, weil er Handeln bestimmt. Der Ort wird vorgeschlagen und in der Darstellung wird er sichtbar, erfahrbar, fühlbar. Er handelt!

Gemeint ist zunächst ein bestimmter Ort, der da ist, bevor ein Darsteller in seine Nähe kommt. Ich nenne ihn den „gefüllten Raum". Im

Gegensatz zu dem noch „zu füllenden Raum". Er ist vor dem Darsteller da! Später kann ein Raum mehrere Räume werden, durch den Darsteller. Am Anfang braucht der Raum Aufmerksamkeit, eine Betrachtung, eine Begehung, eine „Befühlung" – und zwar ohne in ihm herum zuschauspielern oder sich wirkungsvolle Positionierungen zu suchen. Besichtigt man eine neue Wohnung, lebt man ja auch nicht gleich darin. Man macht sich Vorstellungen von den Möglichkeiten, erkennt Vorzüge und Nachteile. Besieht! Behört! Entdeckt! Beriecht! Berührt! Prüft sie! Und denkt an den Mietpreis! Der Darsteller geht am Anfang sachlich mit dem Raum um, und nimmt ihn in das szenische Gedächtnis auf.

Warum so viel über den Raum? Weil so viel über ihn zu sagen ist. Und weil man ein Gefühl für den Raum haben muss! „Beherrschst du den Raum oder beherrscht er dich?" Der Raum hat ein Zentrum, einen Vordergrund und einen Hintergrund, Ränder und vielleicht Ecken. Er hat Orte mit Vor- und mit Nachteilen. (Aus der Zuschauersicht hat die rechte Seite im Bühnenraum mehr Vorteile als die linke. Eine bekannte Bühnenwahrheit.) Hat der Raum Wände, kann man an ihnen stehen, kleben, lehnen oder sich von ihnen fernhalten. Ist er länger als breit, hat man eine Tiefe, also eine Entfernung. Ist er niedrig, kann man sich dagegen auflehnen (bis zu einer bestimmten Höhe), sich beugen oder verbiegen lassen. Ist er klein, hat alles, was man tut, schnell Grenzen. An die stößt man, auf die stößt man. Irgendwann engen sie ein. Der Raum bleibt klein! Was du auch in ihm tust. Der Raum bleibt im Hinsehen klein, aber du kannst ihn größer fühlen, viel in ihn hineinfüllen. (Wie klein ist eine Zelle, aber wie groß sind die Probleme darin.) Ist der Raum von Möbeln besetzt, gibt es vorgeschriebene Gänge, möbelbestimmte Bewegungsabläufe.

## Die wichtigste Senkrechte im Raum ist der Mensch!

Jeder Bühnenraum grenzt an einen Lebensraum. Die größten Widersprüche können sich in einem gemeinsamen Raum aufhalten. Wird er zerstört, bleibt er doch immer noch der Raum des Täters und des Opfers. Wird er verlassen, ist er immer noch der Raum eines Aufenthaltes. Der Mensch erinnert sich an Räume, die es längst nicht mehr gibt, wenn sie Orte von Ereignissen und Handlungen waren. Der Raum ist nie leer. Ein Raum erzählt immer.

Jeder Raum braucht ein oder mehrere Geheimnisse, die immer wieder Entdeckungen ermöglichen. Der leere Raum muss auch Versteck sein, der gefüllte leer erscheinen. Der Raum hat eine äußere Konstruktion und eine innere. Die eine sieht man, die andere empfindet man.

Der Raum schafft räumliches Denken. Der Raum ist ein gemeinsamer Ort für Schauspieler und Zuschauer. Der Darsteller hat im Raum einen

Partner, der ihn nicht nur bedient, der sich auch verweigert, der begrenzt und befreit. Alle Räume haben einen Himmel und einen Boden, auch wenn man das nicht sieht. Alle Räume sind geerdet.

## Auch der Blick ist ein Gang

Gänge finden immer in Räumen statt, in begrenzten oder in freien. Sie werden durch die Räume bestimmt und organisiert, kommen immer irgendwo her und führen woanders hin, haben einen Anfang und ein Ende. Stolpert jemand auf glattem Parkett, hat er den Grund dafür mitgebracht. Er bewegt sich selten oder nie auf glatten Parketten. Fühlt man sich beobachtet im Gebrauch seiner Beine, setzt man sie anders. Nicht der Raum macht unsicher. Er unterstützt nur, was in mir schon als Haltung angelegt ist.

Meine Beziehung zum Raum verändert den Gang. Betritt man einen unbekannten Raum, wirken die Erfahrungen mit, die man in bekannten Räumen gemacht hat. Bei den Gängen ist das ebenso. „Den ersten Schritt" machen, ist eine Erfahrung, die man schon hat, also auch eine Erinnerung an Entscheidung, an Mut oder Versagen, an Überwindung von Hindernissen, an wollen und nicht können. Der Raum dient der Entwicklung von Gängen, in konkreten Ausmaßen und darüber hinaus.

Ein Voranstürmender wird zwar räumlich aufgehalten, aber er stürmt weiter in Sprache, Gestik... Ein Schleicher, wenn das eine innere Haltung ist und nicht eine körperliche Angewohnheit, hat nicht nur eine besondere Beziehung zum Fußboden, sondern auch zu Menschen und Dingen. Sein Gang benutzt die Möglichkeiten des Raumes für seine speziellen Zwecke. Er ist gewissermaßen ein Fachmann, ein Kenner und Könner des Schleichens. Er will sein Ziel schleichend erreichen. Aus dem Gang entwickeln sich andere Mittel wie Sprache, Arrangement, Partnerbeziehung.

Dem schüchternen Ängstlichen wird der Raum zum Problem. Die Masse des Raumes und seine Bewältigung sind ihm gewaltige Hindernisse. Das Weglaufen ist ihm immer näher als das Bleiben. Sein Ziel liegt außerhalb des Raumes, wo er die Angst loswerden kann. Man sieht ein ständiges Weglaufen, Gänge, die nicht wirklich stattfinden, aber empfunden werden. Man rennt doch nicht nur mit den Beinen von Problemen davon. Gänge sind also mehr als Gehen. Bevor die Füße gehen, wandern, laufen, springen, lahmen, stolpern, bewegen sich die Augen, sucht und findet der Blick. So entsteht der Gang. Er wird zuerst gesehen, dann gegangen.

Ein Beispiel. Einer kommt nach Krieg und langer Gefangenschaft nach Hause zu seiner Frau, die inzwischen mit einem anderen Mann lebt. Ein Raum voller Probleme und Konflikte. Der Mann betritt den Raum, durchschreitet ihn mit den Augen und findet Erinnerungen, sucht nach

Veränderungen – aber nur bei den *Dingen*, die da stehen und hängen, nicht bei den Menschen. Diese Veränderungen fürchtet er. Das ist sein erster Gang nach seiner Heimkehr. Er führt ihn durch ein früheres Leben ... Dann geht er den Raum ab. Verharrt bei den Dingen seiner Vergangenheit, berührt sie und geht wieder zur Tür, klopft und tritt noch einmal ein. Der zweite Gang zeigt seine Rückkehr, aber nicht seine Heimkehr ... Er geht zum Ofen und wärmt seine Hände. Er ist in seinem Haus, aber hier nicht mehr zu Hause.

Sprichwörtliche Gänge – eine Sammlung:
Ein *schwerer* Gang. Kein leichter Gang.
Gut zu Fuß, kesse Sohle, flotte Gangart.
Schritt für Schritt, den letzten entscheidenden Schritt machen.
Wer tut den ersten Schritt? Aufeinander zugehen.
Auf die Schritte achten, falsche Schritte, ein Schritt in die richtige Richtung.
Aus dem Tritt kommen. Grenzen überschreiten.
Gemeinsam durchs Leben gehen.
Der letzte Gang.
Gleichschritt.
Ein Schritt zu weit.
Der Schritt ins Ungewisse, über das Ziel hinaus, ein gefährlicher Schritt, ein Karriereschritt ...

## Präsent im Raum

Es kann immer wieder beobachtet werden, dass Darsteller im Bühnenraum fast alle Sicherheit verlieren, die sie im Alltag haben. Ihre körperlichen Bewegungen wirken unorganisch und oft sogar orientierungslos, nur weil sie auf der Bühne stattfinden. Sie stehen wie „aufgestellt". Sie gehen wie „hin- und hergeschoben". Die Hände hängen am Körper, wenn sie überhaupt vorhanden sind. Man weiß nicht, wohin mit ihnen. Der Körper versteift sich. Und weil der ungeübte Darsteller das natürlich spürt, verlagert er seinen Aufenthalt in den Hintergrund des Bühnenraumes, in eine scheinbare Sicherheit. Wer geht schon nach vorn, wo man deutlich zu sehen ist? Und so geschieht es dann, dass sich die Spieler im Hintergrund versammeln und davor eine spielfreie Zone entsteht. Dem Spieler wird die Erklärung, dass der Zuschauer das Ziel ist, verständlich sein, aber das holt ihn noch lange nicht nach vorn in dessen Nähe. Er braucht noch andere Gründe, neben sinnvollen vor allem sinnliche.

**Nummer: „Hier bin ich, Leute!"**

**Hinter der Bühne sagt der Spieler an: „Wie ich an einem Dienstag zu einem Ort kam, an dem ich noch nie war, und sagte: Hier bin ich, Leute!" Dann betritt er die Bühne.**
**Man gibt dem Darsteller nicht den Auftrag, wohin er zu gehen hat, aber man beschreibt ihm nach der Ausführung seine Präsenz, seine versprochene Ankunft. Wie ist er angekommen? Was ist der Eindruck von seiner Ankunft?**
**Er hatte einen Weg vor, und er braucht diesen Weg, also wird er ihn nutzen. Der Weg wird wichtig, weil er *erstmalig* ist, was der Darsteller angesagt hat. Und er wird ihn zum Zuschauer bringen, weil er den auch braucht. Er will gesehen werden!**

Eine andere Ansage:
„Wie ich den Unterschied zwischen dem Hinten, der Mitte und dem Vorne, dem Links und dem Rechts entdeckte und mich für einen Ort entschied." Dabei geht es um vorgefundene Möglichkeiten, um Aussichten, Absichten, um sehr unterschiedliche *Perspektiven*. Für jeden entdeckten Ort steht in dieser Übung ein Wort oder ein Satz zu Verfügung. Zum Beispiel: „Hier hinten habe ich noch alles vor mir." Oder: „Warum stehe ich immer hier hinten?". Oder „Immer abseits"?

Eine Variante:
Die Darstellerin steht, kniet, hockt oder liegt an verschiedenen Orten auf der Szene. Man muss nicht ansagen, wo. Diese Entscheidung wird sie selbst treffen, und sie wird sich im Raum verteilen, weil jeder Ort etwas anderes erzählt.

Noch eine Variante:
Eine Biografie. Ein Darsteller kehrt an einen Ort seiner Vergangenheit (Kindheit) zurück. Der Raum ist jetzt leer oder anders gefüllt. Zum Beispiel ist das frühere Klassenzimmer für den Abriss bestimmt. Der Darsteller setzt Ereignisse und Menschen in den leeren Raum. Er hat sehr viel in diesem Raum erlebt. Er stellt einen Lehrer vor die Klasse und platziert Mitschüler. Geholt aus der konkreten Erinnerung. Es entsteht ein Raumgefühl.

Der Darsteller braucht immer ein Raumgefühl, und das ergibt sich aus verschiedenen erzählenden Orten, die Sinn und Sinnlichkeit haben. Sind sie gefunden und bestimmt, wird sich der Spieler nicht mehr im Hintergrund verstecken können und wollen. Er wird den Ort brauchen, denn nur hier kann er seine Absicht verwirklichen.

## Partnerbeziehung im Raum

Natürlich ist nicht alles, was sich auf der Bühne herstellt, ein Arrangement. Das Arrangement baut sich auf, stellt Beziehungen zwischen den Partnern her, die sich bewegen und entwickeln, bis ein anderes Arrangement entsteht, das von anderen Beziehungen erzählt. Der Darsteller bewegt sich nicht einfach hin und her, sondern aufbauend auf dem, was er aus den Beziehungen mitgenommen hat.

Ein Beispiel. Eben gab es einen heftigen Zusammenstoß zweier Meinungen, der sich bis zu Handgreiflichkeiten entwickelte. Das Arrangement erzählt Gegnerschaft. Fixiert eine „besondere" Art von Nähe, den Kampf. Das kann nicht ewig dauern. Die Beziehungen zwischen den beiden Gegnern sind sichtbar geworden. Man braucht die Trennung: Kämpfer Eins flüchtet aus dem Kampf. Nicht weil er gewonnen hätte, sondern weil ihm plötzlich klar wird, was da geschieht. Aber wie es dazu kommen konnte, ist ihm nicht klar. Er schämt sich des Resultats und entfernt sich vom Ort der Tat. Er braucht einen anderen. Die Entfernung, das Schweigen, die Pause, die Einsamkeit.

Auch der Gegner kann das Geschehene nicht zu seinem Sieg machen. Er bleibt zurück am Ort und findet keinen Anfang für eine Fortsetzung. So entsteht ein neues Arrangement, und das erzählt von zwei „Verletzten", von zwei Opfern. Das dauert. Man ist lange Opfer. Beide suchen nach dem Ende und dem Anfang. Wenn einer von beiden endgültig geht, wird es zwischen den beiden nie wieder eine Beziehung, ein Arrangement geben.

**Raumnummern**

**Ein Spieler soll eine bedeutende, eine beherrschende Haltung in einem Raum einnehmen. Er sucht also das Zentrum der Aufmerksamkeit. Den Ort im Raum, wo er bedeutend gesehen werden kann und wo alles andere unbedeutender wird. Das muss nicht die Mitte der Bühne sein. Durch seine Haltung ist der Spieler in der Lage, sich überall zum Zentrum zu machen.**
**Es ist jemand in einem Raum *verloren* gegangen. Wo findet man ihn? Wie ist er dorthin gekommen und warum? Man kann in einem Raum nicht so einfach verloren gehen. Dazu braucht man mehr als nur den Ort.**
**Wen treibt es immer in den *Vordergrund*? Den mit einer entsprechenden Haltung.**
**Wie sieht man an einem *zugewiesenen* Platz im Raum aus?**
**Wie fühlt man sich – platziert?**

## Grundtypische Haltungen und deren Beziehung zum Raum

Der Anführer:
In Ermangelung von ausreichend Leuten, die er anführen kann, führt er den Raum an. Die Masse Mensch ersetzt durch die Masse Raum, an dessen Spitze er sich setzt. Er versammelt den Raum hinter sich!

Der Gehemmte:
Es ist *zu viel* Raum um ihn, in dem *zu viel* Bewegung möglich ist. Zu sehr ist seine Person der Beobachtung ausgeliefert, in Wirklichkeit und in seiner Vorstellung. Er fürchtet die Masse des Raumes. Der erste Schritt ist ein Problem, und jeder weitere ein Hindernis. Von den Wegen, wenn sie denn gegangen werden müssen, wählt er die Umwege aus. Er zerteilt ein größeres Ziel in viele kleinere.

Die Verklemmte:
Eine mögliche Entwicklung der Hemmungen. Der Raum umstellt sie und übt allseitigen Druck aus. Er wirkt wie ein Korsett, das alle Bewegungen kontrolliert und einengt. Sie wird von der Umgebung beherrscht. Es bleibt zu viel drinnen, und es kommt zu wenig heraus.

Die Glückliche:
Sie braucht den vorhandenen Raum und mehr, um ihre Gefühle mitzuteilen, auszubreiten. Sie verbraucht die ganze Luft des Raumes für den beglückenden Atem, den man für beglückende Worte braucht. Alle Wege stehen ihr offen. Und wie sieht das bei der stillen Glücklichen aus?

Der Einsame:
Er schafft sich eine Leere des Raumes und zieht sich in innere Räume zurück. Er stellt seine äußeren Aktivitäten ein. Der wirklich Einsame ist in jedem Raum einsam, im belebten wie im leeren.

Der Beherrschende:
Er nimmt den Raum in seinen Besitz. Er nutzt lange Wege, die er besitzergreifend durchläuft. Er vermisst den Raum. In den Wegen findet er Kraft, Elan und Positionen, die ihn stark zeigen. Er setzt sich ins Bild und den „Rest“ der Welt in eine Beziehung zu sich. Er stellt sich aus. Macht will und muss immer gezeigt werden, und der Raum ist die Tribüne dafür.

(Die Mächtigen und Beherrschenden lassen sich oft ihre Räume erstellen. Sie beschäftigen sich ausgiebig mit Architektur. Die vorhandenen Räume reichen ihnen nicht aus.)

Der Analysierende:
Er untersucht den Raum nach Möglichkeiten, nach Aussagen und Unterstützungen. Er orientiert sich. Er plant in dem Raum, macht ihn zu seinem Umfeld, zu seiner mitwirkenden Umgebung: zum Spielplatz, zum Schlachtfeld, zum Auditorium, zum Einflussgebiet, zur Angriffsfläche, zur Verteidigungsstellung, zum Raumvorteil oder -nachteil, zu seiner Sicherheitszone, zu seinem Zielort ... Er findet heraus oder bestimmt, was der Raum erzählt oder erzählen könnte.

Der Stimmungsmacher:
Gemeint sind hier nicht nur der Gute-Laune-Verbreiter, sondern auch jene, die einen Raum vermiefen können. Solche, die ihn mit Melancholie füllen, die ihn still machen oder unruhig. „Sie tritt auf und saugt die ganze Stimmung aus dem Raum“, sagte zum Beispiel ein Theatermeister sehr treffend über seine Intendantin. Andere treten ein, und der Raum ist sofort mit Spannung aufgeladen. Sie gehen wieder, und „die Luft ist rein“. Der gefühlte Inhalt, die Stimmung eines Raumes, das ist die Atmosphäre.

Die Ängstliche:
Der Inhalt des Raumes enthält Gefahren. Es können konkrete, vorgestellte oder vorstellbare sein. Eine ängstigende Phantasie verbreitet sich im Raum und darüber hinaus. Besonders entwickelt sie sich in der Leere, weil sich da wenig oder nichts erklärt, die Phantasie Raum hat.

Der Besetzende:
Ein Typ, der überall „zu Hause“ ist. Er ist Sofort-Benutzer aller Gegebenheiten und Örtlichkeiten und macht sich alles zum Beinahe-Eigentum. Steckt seine Nase in alles und wird zum Problem für die eigentlichen Bewohner dieses Raumes. Er ist anmaßend und macht sich einen fremden Raum passend. Er stellt und setzt sich in ein anderes Leben und hält sich darin auf – bis man ihn rausschmeißt. (*Tartuffe*!) Der Besatzer ist die militärische Variante.

Das Verhältnis zum Raum ist also eine Beziehung zwischen Mensch und Ort, wobei der Raum handlungsbestimmend sein kann. Natürlich charakterisiert ein Raum auch. Er verweist auf Situationen, die in ihm stattgefunden haben, oder Vorgänge, die in ihm stattfinden können, müssen oder werden. Dann haben die Räume oft Namen: Zelle, Kirche, Amtsstube Gerichtssaal, Folterkammer, Chefbüro, Treppenklo, Liebeslaube... Wobei es natürlich erzählender ist, wenn eine Folterkammer nicht wie eine solche aussieht, aber doch eine ist, oder das Treppenklo zu einer Liebeslaube wird.

Oder der Mensch (Darsteller) macht sich den Raum verfügbar, verändert ihn durch sein Handeln. Der Raum ist ein normales Wohnzimmer und wird ein Gefängnis. Er ist eine Küche und wird ein Schlachtfeld. Oder etwas friedlicher und schöner: Aus einer Laube wird ein Schloss und aus einem Exerzierplatz ein Tanzplatz, aus einem Parlament ein Irrenhaus, aus einer Amtsstube ein Lyrikverlag.

### Das Raumbild

Der gestaltete Raum ist für den Darsteller vor allem ein Raum für sein Handeln. In ihm nimmt er Beziehungen auf, hat Bewegung ein Ziel, kann sich ein Arrangement herstellen. Der Raum liefert ihm die Umstände für sein Handeln.

Man beginne also eine Probe, indem man sich mit dem Probenraum bekannt macht. Beispiel: Da steht ein großer Tisch. An ihm stehen Stühle. Wie stehen die Stühle? Warum erklären? Soll sich der Darsteller setzen, wird er erfahren, wie unterschiedlich es sich sitzt, auf und zwischen den Stühlen. Machen wir es schwieriger. Er soll sich so auf den Stuhl setzen, so wie der Stuhl steht, ihn nicht herumrücken, es sich nicht bequemer machen. Er soll den Stuhl so akzeptieren, wie er dasteht. Dann bemerkt er plötzlich, dass er an den Tisch geklemmt wird, dass seine Bewegungsfreiheit eingeschränkt ist, dass seine Blickrichtung festgelegt ist. Er bemerkt Nachbarn, die ihn bedrängen, die nur Rücken sind oder man an einer Stirnseite den Überblick hat. Wenn er wieder aufgestanden ist, wird er ein anderes Verhältnis zu dem Raum haben.

Diese kleine Übung hat Folgen für das Probieren. Der Darsteller erkennt, dass das Setzen auf einen *feststehenden* Stuhl eine Situation werden kann, eine Haltung herstellt, sogar zu einem Problem wird. Das alles geschieht nicht, wenn man den Stuhl wie ein Gebrauchsmöbel aus dem Alltag behandelt, mit dem man machen kann, was man will. In dem Falle wird der Stuhl nur benutzt, er handelt nicht mit.

Steht zum Beispiel eine Wand im Raum, stellt sich die Frage: Ist sie nur eine Begrenzung, eine Abdeckung, weil es hinter ihr nicht ordentlich aussieht, oder ist sie irgendwie bemalt, um einen Raum zu bebildern? Oder wird sie gebraucht zum Einsperren, zum Isolieren, für die Enge, zum Schutz, für eine Überwindung oder Zerstörung? Welche Welt ist dahinter und welche davor? Die Wand schafft einen Raum im Raum.

### Ein Möbelstück im Raum

Die leere Bühne ist kein leichter Raum, für den ungeübten Darsteller ein schwerer. Was nicht heißt, dass man sie vollstellen sollte. Aber wie wäre es beispielsweise mit – einer Bank. Zuerst sammelt man, was diese Bank kann.

Ein Spielwert wird hergestellt. Die Bank an verschiedenen Orten im Raum betrachtet. Dann sind die Spieler zu einzelnen Bankaktionen aufgefordert, z. B.: Wie transportiert man sie?, Wann sitzt man wo und wie auf ihr?, oder warum setzt man sich nicht? Was kann man nicht mit einer Bank machen? Oder: Die Bank ist alles, nur nicht Bank!

Stanislawski und Nemirowitsch-Dantschenko, die russischen Theatermacher, verwandelten manchmal eine Bank zum Nachtzug von Moskau nach Petersburg. Sie setzten sich auf eine gewöhnliche Holzbank und fuhren ab. Während der Reise diskutierten sie aktuelle Theaterprobleme. Von Zeit zu Zeit riefen sie Stationen aus, und die Köchin brachte ihnen kleine ortsübliche Imbisse oder einen Wodka. Der Schauspieler Stanislawski spielte Szenen an und ließ sie von seinem Mitreisenden beurteilen. Meistens aber schafften sie nur die Hinreise, und sie mussten auf der Bank übernachten.

Ich sah unlängst eine Inszenierung, deren Grundeinfall war, dass die Spieler auf einer langen Bank an einer langen Wand sitzen und nicht einmal aufstehen dürfen. Die Zuschauer warteten darauf. Sie sahen Ansätze von einem Aufstehen. Das Sitzen beunruhigte sie. Sie bewegten die Figuren in ihrer Vorstellung. Die aber standen nur auf, um sich am Ende zu verbeugen.

Bestimmte Dinge (z. B. Möbel) kommen im Zusammenhang mit anderen vor. Wählt man ein Objekt aus, dann wird es in eine besondere Aufmerksamkeit gestellt. Es wird zum Zeichen.

Zum Beispiel: Das Bett. Es kommt selten allein vor, ist umstellt von anderen Dingen. Lässt man sie weg, steht „das Bett“ jetzt nicht mehr nur oder gar nicht mehr für Schlafen, sondern für vieles andere. Die eigentliche Bestimmung des Bettes handelt aber immer mit, auch wenn es gar nicht als solches gebraucht wird. Das Bett kann Bühne auf der Bühne werden, letzter Lebensraum, Machtzentrale, Spielplatz, Barrikade, Rückzugsgebiet, Himmel oder Hölle, Sehnsuchts- oder Verzweiflungsort sein. Aber ich sehe immer „Bett“. Das Bett kann „Matratzengruft“ (Heinrich Heine) sein. Oder eine „Bettenburg“.

## Die bebaute Bühne – Übungsideen

### Das Versteck

Die Spieler bauen sich aus vorhandenem Zeug Verstecke. Sie füllen den ganzen Raum, weil sich niemand versteckt, wo sich schon ein anderer verborgen hat. Schließlich ist die Bühne ein einziges Versteck.

Wie geht es weiter? Wie kommt man in die Öffentlichkeit zurück? Vielleicht anders, als man sie verlassen hat? Vielleicht wird man nicht gesucht – oder nicht gefunden?

Das Dach
Unter einem nicht sehr großen Dach versammeln sich so viele Spieler wie möglich, oder nicht möglich. Sie suchen Schutz! Viele zusammen auf engstem Raum. Wie geht es weiter? Der Schutz verbindet sie, was trennt sie?

Die Barrikade
Die Spieler bauen eine Barrikade. Sie nutzen sie für den Angriff oder die Verteidigung. Das muss man ihnen nicht vorher erklären. Sie sollen Hand anlegen, und dabei wird eine Erfahrung gemacht. Eine Idee nimmt Gestalt an. Ein Gefühl wird gebaut („auf die Barrikaden gehen"). Hinter einer Barrikade geht es einem anders, empfindet man anders, als davor oder obenauf.

Der Spielleiter kann vorschlagen, mit Worten anzugreifen oder sich zu verteidigen. Mit Objekten. Mit Gesten. Mit ungeeigneten Waffen! Danach baut sich jeder Spieler seine eigene Barrikade, weil jeder auf andere Art mutig oder feige ist, etwas anderes zu verteidigen hat.

Der Turm
Es wird ein Turm gebaut. Was entsteht bei zunehmender Höhe? Was sieht oben anders aus? Entsteht ein Hochgefühl oder einfach nur Furcht? Wie baut der Streber, wie ein Insektenliebhaber? Welche Fragen stellen sich auf welche Ebene?

Beispiele für „spielmachende" Orte:

Kai in der Kiste. Wahrheiten aus dem Karton. Ein Möbel handelt mit.
Drehpunkte aus der Kiste.
Keine Mülltonne als Ort. Hat ausgespielt!
Unterm Rednerpult. Wie und was redet man da? Man plant Redner-(Politiker-)Sabotage. Entlarvung von Schwätzern und Lügnern!
Im Fernseher. Der Mensch übernimmt das Programm. Live-Sendung.
Hinter der Bühne. Kein Auftritt, aber viel zu sehen.

**Vorgestellte Räume, empfundene Räume**
Was man nicht konkret oder materiell herstellen kann oder will, das kann man vorstellbar machen. Die Phantasie schafft und füllt Räume, die durch das Handeln in ihnen erkennbar werden:

Ein überhitzter, stickiger, miefiger Raum
Ein winddurchwehter, zugiger Raum
Ein duftender Raum
Ein gespenstischer Raum
Eine „heilige Halle"

Ein Tanzsaal
Ein geheimnisumwobener Raum
Freies Feld mit unendlicher Aussicht
Wüste (Himmel – Hölle – leeres Paradies)
Ein verlorengegangener oder wiedergefundener Raum
usw.

Man kann auch die Decke des Raumes mit vorgestellten Gegenständen behängen (zum Beispiel mit dem Schwert des Damokles) oder konkrete Gegebenheiten der Architektur spielerisch verwandeln. Zum Beispiel: eine Säule im Raum hat zwei Seiten. Die eine steht für die Moral, die andere für die Lust. Oder: Der Vorhang im Hintergrund gibt einem Spieler Kraft. Wendet er sich gegen ihn, verliert er seine Souveränität usw. Solche Räume können durch Raumimprovisationen sinnlich vorstellbar und erfahrbar gemacht werden. An den Anfang einer Probe gestellt, bewegen sie die Phantasie und schaffen mit ihrer Beteiligung szenische Möglichkeiten für ein Ausprobieren.

**Nummer: In die Ecke gestellt oder Der Raumgefühlsbericht**

**Eine Spielerin betritt einen durch nichts gekennzeichneten Raum.**
**Zuseher verändern durch Zuruf die Innenarchitektur:**
**„Wand direkt vor dir!"**
**„Tür!"**
**„Stufen!"**
**„Niedriger Balken!"**
**„Noch einer!"**
**„Und noch einer!"**
**„Nasser Fleck!"**
**„Loch!"**
**„Fenster!"**
**„Schöne Aussicht!"**
**„Wand!"**
**„Tür!"**
**„Tür!"**
**„Tür!"**

Ähnliches kann mit Objekten gemacht werden:
„Gekippter Stuhl!"
„abgestürzte Lampe!"
„geöffneter Vogelkäfig"

„Fotos!“
usw.

Oder ein Spieler wird durch den Raum befohlen:

„Rühr dich nicht von der Stelle!“ Das tut er.
„Stell dich an die Wand (oder in die Ecke)!“
„Hocke dich hin!“
„Renne von A nach B!“

Der Spieler oder die Spielerin geben anschließend einen sachlichen „Raumgefühlsbericht“ zu einem der Orte, zu dem er oder sie befohlen wurde. Wie fühlt man sich „in die Ecke gestellt“? Der Befehl, diese Ecke aufzusuchen, gab nicht die Möglichkeit, sich den Ort vorstellbar zu machen. Das geschah erst, als man sich dort aufhielt. Der Bericht darüber wird also Auskunft darüber geben, wie man sich in der Ecke gefühlt hat. Nach dem Bericht kann der Spieler den Vorgang wiederholen. Er geht jetzt nicht mehr auf Befehl, aber mit einer ersten Raumerfahrung in die Ecke. Die Zuschauer sollten die Unterschiede beschreiben.

Eine Erweiterung dieser Nummer kann auch darin bestehen, dass man nicht die eigene „Raumfühlung“ darstellt, sondern die eines anderen Menschen: z. B. eines Kindes, Jugendlichen, Prüflings, Rekruten, alten Menschen, Boxers, Frau mit Einkaufstüten, Schauspielers in einer Rolle, doofen Komikers usw.

Oder man probiert mit Raumveränderungen. Ausgehend von einer einfachen Begegnungssituation (Er trifft Sie) verändert man immer wieder den Raum. Ein weiter Raum wird enger, ein breiter Raum wird schmaler, ein tiefer Raum wird flacher, ein niedriger Raum wird höher, ein voller Raum wird leerer …

**Nummer: An einer Kreuzung**

**Zwei Wege kreuzen sich, und es gibt vier Richtungen. Wer kennt nicht die Redewendung: „An einem Kreuzweg stehen“. Das bedeutet, vor einer Entscheidung zu stehen. Man kann drei neue Richtungen einschlagen oder in eine schon bekannte zurückkehren. (Ein bekanntes Motiv in vielen Märchen).**
**Der Spieler „erfindet“ in dieser Nummer drei Wege. Danach entscheidet er, welchen er gehen will. Er legt Möglichkeiten und Schwierigkeiten auf die Wege und wählt, wobei ihm nicht nur das Ziel bei der Entscheidung hilft. Er findet Mittel gegen oder für das, was ihn unterwegs erwartet, er macht also Pläne für *alle* Fälle.**

Vielleicht kann er sich nicht entscheiden, und man erfährt, warum der Mensch nicht vorankommt und wo das endet. Oder man erfährt, dass das Planen eine Sache ist, das Ausführen aber eine ganz andere. Was man vor sich hat, hat man noch nicht hinter sich. Vor dem Ziel gibt es immer einen Weg, den man gehen muss. Man erfährt, dass man die Schwere eines Weges erst wirklich kennt, wenn man ihn gegangen ist.

Und so kann man mit einer einfachen Übung einen Haufen von Erfahrungen sammeln, die mit Entscheidungen zu tun haben, nicht nur Wege betreffend, sondern das Leben.

**Nummer: Auf dem Spielplatz**[1]

**Das Abenteuerliche an diesen Spielplätzen versteht sich eher als eine Erinnerung an spannende Orte aus der Kindheit. Sie sollen mit Lust und Vergnügen bespielt werden, unbelastet von Forderungen und Leistungskontrollen. Sie haben einen Spielreiz, und ihm soll man folgen. Dass dabei Raumverhalten, Aktivität, Intensität, Präsenz sowie die eine oder andere Entdeckung eine Rolle spielen, ist eine natürliche Folge einer Spiellust. Die Spieler kümmern sich nicht um Schauspielerei. Sie haben die Freiheit, zu spielen.**

Eine Sammlung: abenteuerliche Orte

Auf dem fliegenden Teppich. Lust und Gefahr! Fliegen und Stürzen unter märchenhaften Bedingungen.

Auf dem Floss.

Viel Bewegung auf kleinem Raum, aber kein Wegkommen. Alles schwankt, kein Halten und kein Halt. Und nutzloser Kram an Bord.

Im Fischmagen (Pinocchio).

Unbekanntes Terrain. Was schlägt einem auf den Magen? Mancher Inhalt verwundert. Eingang und Ausgang!

In einem Schaufenster.

Wie sich der Mensch zum Affen macht oder den Käufer verwirrt. Nicht alles, was man sieht, ist ansehnlich.

---

[1] Eine berühmte, auch von Peter Brook, Jacques Lecoq u. a. vorgeschlagene Übung. Die Spieler, Profis oder Amateure, spielen darin „Sandkasten“, bilden eine Wippe usw.

Auf Wolke Nr. 7.

Harte und direkte Wirklichkeit in der Schwebe. Keine Wunder – Probleme im Himmel!

**Nummer: Eine Landschaft der Erinnerung**

**Man fordert die Spieler auf, nacheinander auf die Bühnenfläche zu gehen, eine bestimmte Stelle zu bezeichnen und zu sagen: „Das ist die Stelle, wo ich immer schlechte Laune habe." Oder: „Das ist der Ort des Versteckens" – im weitesten Sinne, also nicht nur bildlich, sondern auch gedanklich.**

**Weitere Möglichkeiten:**
**„Das ist der Weg in die Erinnerung."**
**„Das ist die Ecke des Ausweinens."**
**„Das ist der Punkt, wo man stolpert." – Auch im weitesten Sinne. Dort stolpert man auch über Worte oder in einen Konflikt.**
**„Das ist der Platz der freudigen Erkenntnis."**

**Man baut also eine Landschaft der Erinnerung. Und so hat man den ganzen Boden mit Umständen gepflastert, die man benutzen kann, aber nicht muss. Wenn man einen bildnerisch begabten Mitspieler dabei hat, ist es lohnend einmal auszuprobieren, diese Plätze zu zeichnen. Es entsteht eine irre Landschaft auf dem Boden. Der ganze Boden ist dramatisiert. Von Platz zu Platz wechselt die Handlung, Stimmung und die Haltung, die der Spieler jeweils für einen Satz oder einen Text gestisch benutzen kann: „Ich ging im Walde so für mich hin...", na, da gehe ich doch mal den Weg der Erinnerung, „und nichts zu suchen, das war mein Sinn." Und da bin ich in der Ecke des Ausweinens und stolpere in den Platz der freudigen Erkenntnis...**

Das geht auch als öffentliches Spiel vor Zuschauern, wenn man mit ihnen die Spielvereinbarung trifft: Das ist die Stelle, wo man immer singt. Das ist die Stelle, wo man immer stolpert. Das ist die Stelle, wo man immer wütend wird. Dann sieht und „baut" sich der Zuschauer da hinein. Und der Schauspieler muss aufmerksam sein und darauf achten: Wenn er eine bestimmte Stelle betritt, dann muss er eben singen. Sonst darf er da nicht hingehen sondern muss einen Bogen machen oder sich Zwischenrufe des Publikums gefallen lassen.

## Zeichen im Raum (Objekte)

Zeichen sind Wahrnehmungen, die etwas bedeuten, mitteilen, aus denen etwas zu ersehen ist, die etwas berichten oder erzählen. Sie können ein Sinnbild, Abbild oder Merkmal sein. Sie verweisen auf etwas: ein Zeichen von Würde, von Macht, von Armut, von Gewalt... Sie sind Signale und Hinweise. Zeichen verweisen auf Stattgefundenes. Drei alte Trümmersteine, ein einsamer leerer Koffer, ein vertrockneter Blumentopf, ein zertretenes Bild auf dem Boden oder ein Haufen zusammengeschobener Möbel zeigen: Hier fand eine Zerstörung statt, eine Flucht, ein Kampf... Zeichen verweisen eher selten auf Kommendes, denn dann wären es wohl Anzeichen. Symbole sind auch Zeichen, aber nicht alle Zeichen sind auch Symbole.

**Übungsideen mit Zeichen im Raum**

**Der rote Teppich.**
**Im ansonsten leeren Raum liegt ein roter Teppich. Ein Zeichen für die Ankündigung, den Auftritt und den Weg wichtiger oder sich wichtig nehmender Leute. Dieser Teppich ist ein Podest, eine „Erhebung" im Raum. Man schreitet auf ihm, während man daneben nur läuft. Das Ziel ist bekannt. Es ist bedeutend. Dieses Textil löst Emotionen aus – auf und neben dem Laufsteg. Der rote Teppich macht süchtig und Selbstinszenierungen möglich, bis er verdreckt in einer Ablage landet und wieder ist, was es immer war – unbedeutend.**

**Das Schild an der Wand.**
**Im leeren Raum sieht man an der hinteren Wand, aufgezeichnet mit Kreide, das Warnzeichen für Radioaktivität oder für den Ostermarsch oder einfach nur das Zeichen für den Notausgang. Alte emaillierte Blechschilder bezeichnen nicht nur den Ort, sondern auch Zeit und Situationen, zum Beispiel: „LSR" (Luftschutzraum), „Kein Trinkwasser", „Feuermelder", „Sammelstelle"...**

Auch Verbotsschilder (eine Aufzählung der vielen existierenden Verbote ist zu aufwendig) können szenische Handlungen bewirken oder verhindern. Das einsame, von einer Demonstration übrig gebliebene, zum Handeln auffordernde Transparent lehnt an der Wand oder liegt herum. Der erzählende Rest von mehr.

Ein feines Taschentüchlein löste bei Othello einen Verdacht mit schlimmen Folgen aus. Das einzelne Objekt im leeren Raum wird zum Zeichen, wenn es etwas erzählt, auf Situationen verweist, auf eine bestimmte Zeit, einen bestimmten Ort und andere Umstände. Jedes Zeichen braucht eine Vergangenheit, Gegenwart und Aussicht. Was war es, ist es, kann es werden? Woher kommt es, was macht es hier, was wird aus ihm? Das Zeichen kann Ereignis sein. Eine Beschäftigung mit ihm soll bewegen.

Ich erinnere mich an ein Objekt, das auch Zeichen war, gesehen auf einem mongolischen Friedhof: Herumstreunende Hunde und andere Tiere störten die Friedhofsruhe, indem sie die Begrabenen ausbuddelten. Um dies zu verhindern, kippte man eine Ladung Beton in die Grube. An der Oberfläche glättete man den Beton und schmückte die Trostlosigkeit mit Dingen aus dem Leben des Begrabenen. War er in seinem früheren Leben Kraftfahrer, so steckte man ein Lenkrad in den Beton. Bei der Köchin waren es Küchengeräte, bei einem Polizisten die Stoppkelle. Ich war auf diesem Friedhof und sah einen einbetonierten Notenständer auf dem Grab eines Musikers.

**Nummer: Das Ding an sich**

**Ein Darsteller in einem leeren Raum. Er tut in dem Raum, was man in einem leeren Raum tun kann. Viel oder gar nichts. Der Raum bleibt äußerlich leer.**
**Der Darsteller hat ein Gefühl für einen leeren Raum, im leeren Raum. Nichts Dramatisches. Der Raum ist nur leer. Nicht beängstigend, gespenstisch oder abenteuerlich leer.**
**Da kommt ein Wanderer des Weges und hinterlässt einen Gegenstand!**
**Das ganz normale Ding ist ein Ereignis, weil nun der Raum nicht mehr leer ist.**
**Aus der Beziehung zum Raum wird die Beziehung Mensch – Raum – Ding.**

Kleines Beispiel:
Ein Hammer im Raum.
Nicht gleich anfassen! Vielleicht zuerst eine Beziehung aufbauen: eine Raum-Mensch-Partnerschaft gegen den Hammer oder eine Raum-Hammer-Partnerschaft gegen den Menschen. Oder jeder gegen jeden… Das Objekt ist nicht in jedem Falle des Darstellers williges Instrument. Der Hammer war schon Hammer, bevor er in die Hände eines Spielers geriet, und man kann mehr mit ihm darstellen, als ihn in die Hand nehmen, um zu hämmern. Er kann ein Zeichen sein.

**Nummer: Mir fehlt das Wort**

**Ein Spieler tritt mit einem Gegenstand auf, den er vorzeigen und beschreiben will. Zu seinem Unglück ist ihm im Moment der Name entfallen. Er versucht sich daran zu erinnern, wie das Ding hieß. Das ist ein langer Vorgang voller Umwege, und er sollte, wie alle Vorgänge auf der Bühne, etwas Existenzielles, etwas Dringendes haben.**

**Waffen auf der Bühne oder Was tut das Schwert mit der Spielerin?**
Die besonderen Dinge müssen nicht jene sein, die einen besonderen Wert haben. Sondern es sind solche, denen man, unter besonderen Umständen, einen besonderen Wert beimisst. Ein Beispiel: Das Ding, das man kennt, aber noch nie in der Hand oder in seiner Nähe hatte. Es wird sich herausstellen, dass es viele Dinge gibt, auf welche das zutrifft.

Ein Wort zu Waffen. Mit Waffen wird besonders gern auf der Bühne hantiert, zumeist ausdauernd und einfallsreich. Das sieht oft nicht mehr nach Darstellung einer Situation aus, sondern verselbstständigt sich. Dieser Text wird von meiner Abneigung gegenüber Waffen und dem Umgang mit ihnen diktiert. Ich nehme sie sehr persönlich, und genauso ist meine Meinung.

Kein herumliegendes Requisit reizt die männlichen Spieler so sehr wie eine Waffe. Hat man die Waffe in die Hand genommen, kommt die Darstellung nur noch von der Waffe. Sie führt, macht Haltung, Gestik, Text und Beziehung. Das ist in der bewaffneten Wirklichkeit ja tatsächlich so, aber am Theater ist das eine Lüge. Dort wird mit Waffen nur markiert, gespielt. Aber wie?

Und da stellt sich auch die wichtigste Frage: Wann und warum kommt ein tötendes oder verwundendes Instrument zum Einsatz? Ist die Waffe nur ein Zeichen von Macht und Gewalt? Dann gehört sie zum Aussehen, zum Kostüm. Oder es ist ein Requisit. Handelt man so damit, kann sie einen Vorgang beeinflussen. Dann wirkt sie als Warnung, Drohung, Unterdrückung, als Argument. Besteht zwingend im szenischen Verlauf die Notwendigkeit des Einsatzes, schließt man die andere Möglichkeit aus, die unbewaffnete.

Bisher war die Mitwirkung der Waffen nachvollziehbar, erzählend, an einer Situation beteiligt. Wenn es dann wirklich knallt, ist alles zumeist nur noch albern! Was vorher entstanden war, entwertet sich in einem mickrigen Theaterknall. Ein ernsthafter Spieler windet sich im Todeskampf auf den Brettern und beißt heftig auf eine Kunstblutblase im Mund. Das hat noch nie überzeugt, und man sollte hier auch nicht das arg strapazierte Wort von der „Vereinbarung mit dem Zuschauer" zu Hilfe nehmen. Die funktioniert nämlich bei einem Schuss nicht. Da ist man nämlich nur erschrocken.

Aber wenn es denn sein muss? Wenn die Pistole tun muss, was in einem Textbuch steht? Ich würde sehr viel Zeit und Mühe damit verbringen, eine andere Möglichkeit zu finden, und die Mittel des Theaters befragen. Was kann der Spieler als darstellerische Übersetzung finden? Vielleicht einfach das Licht ausmachen? Schließlich ist auch nach einem Schuss etwas aus oder kaputt. Man kann meinen, dass das sehr weit hergeholt ist. Warum nicht, denn das Abdrücken ist doch sehr naheliegend. Der Übergang vom Leben zum Tod, wenn auch nur gespielt, sollte einen Umweg wert sein.

Die Funktion einer Schusswaffe ist bekannt, aber muss sie auch so funktionieren? Man sollte an den Dingen herausfinden, ob sie nur funktionieren oder ob man mit ihnen handelt. Sie sind aus der Wirklichkeit entnommen, wo sie tatsächlich nur „funktionieren". In der szenischen Umsetzung ist das uninteressant und – die Waffen funktionieren ja auch wirklich nicht. Mit ihnen wird gespielt!

Eine mechanische Waffe zu benutzen, braucht keine besonderen Fähigkeiten, es ist keine Leistung, nur eine mechanische Bedienung. Bei einem Fechtkampf ist das ganz anders. Da sind Fähigkeiten verlangt. Man muss sich in einer Partnerschaft, auch wenn es eine Feindschaft ist, bewähren. Das Zeremoniell ist beteiligt. Ganzkörpereinsatz verlangt. Eine gewisse Choreografie ergibt sich aus der Bewegung. Regeln werden eingehalten oder nicht. Man *steht* nicht vor einem Sieg oder einer Niederlage, sondern man bewegt sich darauf zu. Man kann, muss sogar reagieren und hat (nur) eine Chance. Es entsteht ein Kampf. Diese Kampferfahrung kann umgesetzt werden in andere Situationen, die gar nichts mit Degen oder Florett zu tun haben.

Beispiele:
Mit Worten fechten.
Benutzt wird das Attackieren, das Parieren, der Ausfall, der Treffer, die Finte, das Bedrängen, die Flucht.

Mit Gesten fechten.
Die Worte sind ausgegangen, aber Gesten greifen an, verteidigen, treffen, gewinnen oder verlieren, drohen, beleidigen oder ergeben sich.

**Eine Übung**

**Eine Sammlung von normalen Gebrauchsgegenständen wird für einen Kampf rekrutiert. Den Gegenständen muss zuerst das Kämpfen „beigebracht" werden, wie das bei Rekruten üblich ist. Also nicht gleich schlagen, sondern die Eignung und die Wirkung erkennen. Man probiert den anderen Gebrauch aus, an der Sache – also „sachlich".**

In einer Variante dieser Übung organisiert man, mit den gleichen Alltagsdingen, die Verteidigung. Wie schützt ein Küchensieb oder eine Fahrradklingel? Ein Blumentopf oder das Taschentuch?

In einer zweiten Variante dieser Übung mischt man die Erfahrungen von Angriff und Verteidigung. Der Mülleimer greift an und verteidigt. Seine eigentliche Funktion ist es, den Müll aufzunehmen. In bestimmten Situationen wird mehr von ihm verlangt. Am unangenehmsten wird es immer dann, wenn in irgendwelche Kämpfe brutale Details eingebracht werden, die dann auch noch besonders lustvoll vorgeführt werden. Da erreicht die theatralische Lüge ihren Höhepunkt. Man bestimme das Wesen der Kämpfe, bevor man nach den Waffen greift, die doch nur Requisiten sind.

**Nummer: Lob des Objektes**

**Die Spieler werden beauftragt, sich Alltagsobjekten mit starken Gefühlen zu nähern.**<br>
**Dank an ein Handtuch!**<br>
**Beschimpfung eines Stuhls!**<br>
**Kritik an einem Nagel!**<br>
**Abschied von einem Tischtuch!**<br>
**Liebeserklärung an ein Stück Papier!**<br>
**Forderungen an eine Tüte!**<br>
**Gefühle für einen Kaugummi!**<br>
**Erinnerung an ein Küchenmesser ...**

Die Aufgabe erscheint auf den ersten Blick etwas ungewöhnlich. Das macht ihren Spielreiz aus. Zu Anfang werden die Substantive zu Verben verwandelt. Aus der Beleidigung wird das starke, handelnde „beleidigen".

Was das ist, kennen die Darsteller aus anderen Gelegenheiten, man hat reale Erinnerungen und Erfahrungen. Ungewöhnlich sind also die anderen Umstände. Das sind sie nicht mehr, wenn man die Beleidigung eines Kaugummis ausprobiert hat, und zwar mit einer ähnlichen Ernsthaftigkeit, wie man das in realen Situationen erlebt hat.

## Die Dinge erzählen

Sie handeln jetzt, obwohl sie aus der Vergangenheit kommen.
Sie haben gefehlt, obschon man sie bisher nicht vermisst hatte.
Sie sind Zeichen von anderen Menschen.
Sie werden Partner! Wenn man sie nicht als Eigentum behandelt.

Ich besitze eine kleine handliche Schreibmaschine, die mir vor Jahren Schweizer Schauspieler schenkten. Ich arbeitete viel mit ihr. Sie begleitete mich zu vielen Orten, überstand viele Situationen. Dann gab es keine Schreibbänder mehr. Die letzten besorgte ich mir für viel Geld in Taiwan. Dann war Schluss! Der technische „Fortschritt“ beendete unsere Zusammenarbeit. Mischte sich in mein Leben ein und zwang mich an einen Computer. Die Schreibmaschine steht immer noch in meiner Nähe. Nostalgie? Nein, schlimmer! Viel schlimmer! Ich werde von ihr erpresst, manipuliert, man tötet meine Erinnerungen.

**Nummer: Spuren legen, die sich verfolgen lassen**

**Die Phantasie braucht Ansätze, um auf die Spur einer Geschichte zu kommen.**
**Der Spieler sagt in dieser Nummer an, was er vor sich hinstellen, hinbauen möchte, z. B. einen Berg Wäsche. Daraus wird eine Wäschelandschaft sortiert. Und mittendrin ein Mensch.**
**Wichtig ist die Entwicklung. Es muss etwas passieren, das Folgen hat. Die erste Möglichkeit ist, die Wäsche zu sortieren, die zweite den ganzen Haufen zu verlagern. Dadurch ist der Boden „dramatisiert“, und daraus kann dann vieles folgen: Einsamkeit, Raserei, Erinnerung usw.**

Nachdem die Dinge verteilt sind, soll der Spieler sich fragen: Was macht das Zeug mit mir? Was mache ich mit dem Zeug? Welches Bild entsteht, welche Folgen hat das Zeug?

Vielleicht kann man dann ein Wäschestück auswählen und damit „ein neues Leben beginnen“. Oder der Wäschehaufen wird zum Berg der Erinnerung. Man setzt sich drauf und zeigt: Ich throne auf meinem „Haufen Unglück". Sitzenbleiben, warten...

Theater hilft Theater. Man muss nur immer die Folgen suchen, vergrößern – und darf die Dinge nicht aus den Augen verlieren.

**Nummer: Oasen des Genusses**

**Jeder Spieler legt einen persönlichen Gegenstand auf die Bühne. Gegenstände, die Handlungen auslösen können. Ein Schuh beispielsweise steht für Aufbruch, für Fortgehen oder markiert eine Stelle zum Stolpern.**
**Es soll eine Aktionslandschaft entstehen als Hilfe und Inspiration beim Spielen.**
**Der Spieler kann dann in dieser Landschaft der Dinge irgendwo stehen bleiben und genießen, entdecken und seinen Text in der durch den Ort angebotenen Weise darbieten. Ein Ring wird z. B. zum Ort des Wünschens, eine Socke liegt faul am Boden und eine Mütze wird zur Tarnkappe ...**

**Nummer: Die Perspektive der Dinge**

**Der Spieler fügt sich in imaginierte Umstände selbst mit ein, indem er einem Ding seine Stimme gibt. Er spricht dessen Gefühle aus, nimmt Haltungen an, gibt Töne und Worte von sich usw. Das ist ein naiver Umweg zur Darstellung existenzieller menschlicher Vorgänge. Wenn sich beispielsweise ein Tischtennisball zwischen zwei Schlägern und dem Netz hin- und her bewegt, kann dies zu einer Improvisation führen, in der ein Mensch zwischen zwei anderen in einer Entscheidungsszene zu vermitteln versucht. Oder einer übermittelt so die Gefühle eines „Geschlagenen".**

Variante 1:
Worte stehen nicht immer einfach zur Verfügung; Sachen aber hat man an sich und in der Tasche. Sie sollen beim Finden der Sprache helfen. Nicht direkt, sondern über einen Umweg. Die Gegenstände sollen in übertragenem Sinn zum Handeln anregen, aber nicht genannt werden.

Also nicht: „Hast du aber schöne Schuhe an …" Sondern eher: „Scheißwetter heute …" Die Worte kommen assoziativ von den Schuhen. Umwege brauchen ein Ziel, das man vorher bestimmen sollte.

Variante 2:
Zwei Wortarme sitzen zusammen. Sie haben Einkaufstüten bei sich. Sie suchen das Gespräch in der Tüte. Drei Gegenstände, die die Darsteller tatsächlich bei sich haben, dem Partner aber nicht zeigen, sollen ihnen zu einem Dialog verhelfen.

Beispiele:

Zigaretten: „Man muss sich überwinden … Ich wollte schon lange aufhören …"
Schlüssel: „Man kann nicht vorsichtig genug sein … So verschlossen …"
Radieschen: Vorfreude in der Tüte …

Wenn man in die Objekte, die Dinge, mit Phantasie etwas hineinsteckt, kann man es im Spiel wieder herausholen, entwickeln und benutzen. Übrigens: Man denke daran, wie Kinder mit Tascheninhalten umgehen. Das wäre eine Improvisation mit konkreten Dingen wert. Dazu ein tatsächliches Erlebnis: Ein kleiner Junge spielt an einem Fahrkartenentwerter. Die Mutter ist genervt: „Finger weg, das ist kein Spielzeug!". Der Junge wörtlich: „Alles auf die Welt ist Spielzeug." Recht hat er. Aber man muss es dazu machen.

### Das Licht setzt Zeichen

Ein deutlich begrenztes Licht (Spot) in einem leeren Raum schafft einen besonderen Aufmerksamkeitskreis und einen umgebenden Raum. Also zwei Räume. Sie haben eine unterschiedliche Intensität. Das Kleine wird wichtiger im begrenzten Licht, deutlicher und erkennbarer, und setzt sich von der Umgebung ab. Doch man sieht nicht nur „die im Lichte", man ahnt auch „die im Dunkeln." Also setzt das Licht ein Zeichen für eine unterschiedliche Aufmerksamkeit.

**Eine ganz praktische Übung**

**Hat man die technische Möglichkeit, dann „verfolge" man eine Szene, die sich schon geformt hat, mit einem Spot. Man stellt *einen* Spieler in die besondere Aufmerksamkeit des Lichtkegels. Wenn er eine anfängliche Verunsicherung, die aus einer solchen „Ausstellung" entstehen**

**kann, abgelegt hat, wird er intensiver handeln. In diesem Licht kann er sich nur schwer verstecken. Er wird aus seiner Umgebung hervorgehoben und steht unter ständiger Beobachtung. Er wird überallhin verfolgt. Er ist nie Randfigur. Der Spieler wird öffentlicher. Er ist immer präsent. Nebenbei macht ein solches Im-Licht-Sein auch Spaß. Es erinnert an Taschenlampenspiele aus der Kindheit.**

Diese Hervorhebung des Lichts kann auch dramaturgisch genutzt werden, indem jener Spieler ausgestellt wird, der die Handlung führt, oder jener, der überhaupt nicht im Mittelpunkt der Handlung steht, aber durch das besondere Licht eine Bedeutung bekommt.

Zeigt die Szene Streit, kann man den Spot zwischen den Streitenden hin- und herreißen. Der Streit wird „verfolgt", eine dynamische Entwicklung unterstützt. Diese unterstützenden Lichteinsätze sollte man vor allem auf Proben nutzen. In einer Aufführung sind sie oft nur ein äußerer Effekt, der den Schauspieler unwichtig macht oder ihm nicht vertraut. Eine Schmückung.

## Den richtigen Ton finden

Der stille Raum kann hergestellt werden oder einfach vorhanden sein. Doch zuerst wird man die Frage beantworten müssen: Was ist Stille? Man weiß, dass Stille nicht Ruhe ist. „Still ruht der See …" Aber ist Stille Lautlosigkeit? Die gibt es nicht, sagen die Akustiker. Stille ist nicht die Abwesenheit von Tönen, sondern eine Empfindung. Man vermisst in ihr nicht etwas, sondern bekommt etwas: eine besondere Beziehung zu seiner Umgebung und ihrer Wahrnehmung, eine andere Aufmerksamkeit, einen anderen Aufenthalt und die Erkenntnis, dass Stille auch über Bewegung erkannt werden kann. Der See ruht still.

In diese Stille, soweit ich sie mir jetzt erklärt habe, setze ich in einem gedanklichen Versuch einen Ton. Ich probiere *im Kopf*: Wo kommt der Ton her, wenn er da ist? Wie entsteht er? Stelle ich ihn her oder wird er für mich hergestellt? Ist er Natur oder Technik? Erzeugt ihn ein Mensch oder ein Ding oder beide zusammen? Ist er erklärbar oder unerklärlich, zufällig oder bewusst? Was erzählt er? Was kann der Ton?

Er kann ein Zeichen sein für einen Anfang und eine Ende. Ein Zeichen für Gefahr, ein Warnzeichen, ein Alarmzeichen, ein Hinweiszeichen, ein Zeitzeichen … Töne sind konkret, zumeist technisch hergestellt, und sie verlangen von den handelnden Personen eine Reaktion.

Andere „Töne“:

Der Ton macht die Musik.
Es kommt auf den Ton an.
Den Ton verbitte ich mir!
Achte auf deinen Ton.
Du hast dich im Ton vergriffen.
Dein Ton gefällt mir nicht!

Hier ist der Ton das Zeichen, der Hinweis, auf eine Haltung. Ich will beleidigen und nutze dazu einen entsprechenden Ton. Ich stelle eine Forderung und vergreife mich im Ton. Ich habe recht, aber der Ton ist falsch. Die Sprache braucht einen Ton, und der macht den Ausdruck. Da ist er mehr als nur ein Zeichen. Da spielt, handelt er mit: Er kann beherrschen (Hier herrscht aber ein Ton!) und verlieren (Sie bekommt keinen Ton mehr heraus.). Er kann erobern (Jetzt gebe ich den Ton an!) oder untergehen – tonlos. Er kann mitgebracht oder gefunden werden (Ich habe jetzt den richtigen Ton.). Und er kann von innen oder von außen kommen (Auf den Ton kommt es an.). Der Ton kann Atmosphäre machen, Situationen bestimmen, Probleme erzeugen, Haltungen verdeutlichen, Konflikte verschärfen, Lösungen verhindern usw.

**Tonnummern**

**Eine Sirene. Ein Alarmzeichen. Das verändert alles!**

**Das Ticken einer Uhr. Tickt nicht auch eine Sanduhr? Zeitzeichen.**

**Ein Knall. Er wirkt, aber stellt auch Fragen.**

**Der unerklärte Ton. Ein ganzer Raum unter Verdacht.**

**Wie viele Töne hat die Glocke? Wovon erzählt jeder Schlag, jeder Ton?**

**Eine Übung: Die Stille finden**

**Um eine Stille zu finden und zu behaupten, baut eine Gruppe von Spielern aus einzelnen Tönen gemischte Geräusche. Es sollten nur Geräusche aus dinglichen, stimmlichen Tönen sein, die langsam auf- und dann abgebaut werden.**

**Die Geräusche könnten sein:**
**Allgemeiner und konkreter Lärm.**
**Spezifischer Radau.**
**Kneipenwohl- oder Missklang.**
**Das unterschiedliche Summen der Bienen.**
**Ein leiser Skandal.**
**Vielstimmige Erwartung.**
**Das Raunen. Im Parlament. Oder vor dem Hochkultur-Konzert ...**

**Da es eine nicht erfahrbare Anzahl von Tönen gibt, die in ebenso vielen Räumen vorhanden sind, kennen wir dafür ein unerschöpfliches Arsenal gestalterischer Möglichkeiten.**

Übrigens: Im belagerten und zerstörten Leningrad ließ man während der Stille der Kampfpausen über den Drahtfunk ein Metronom ticken – als Zeichen dafür, dass es noch Leben in der Stadt gab.

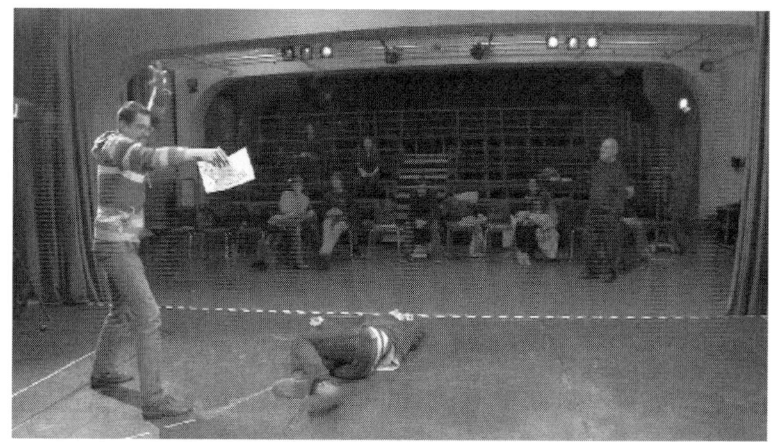

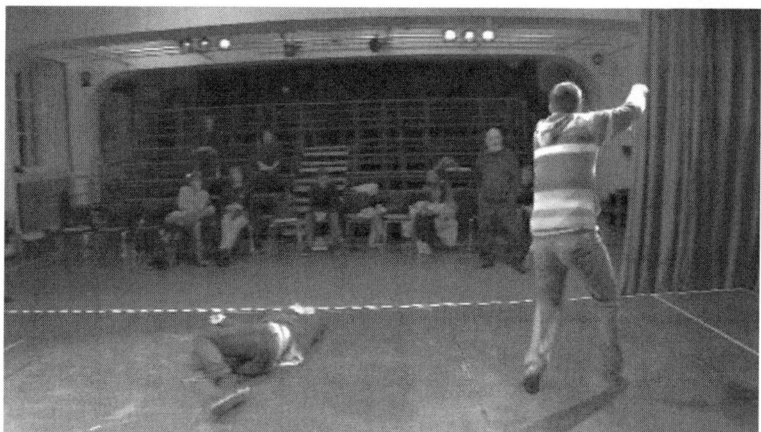

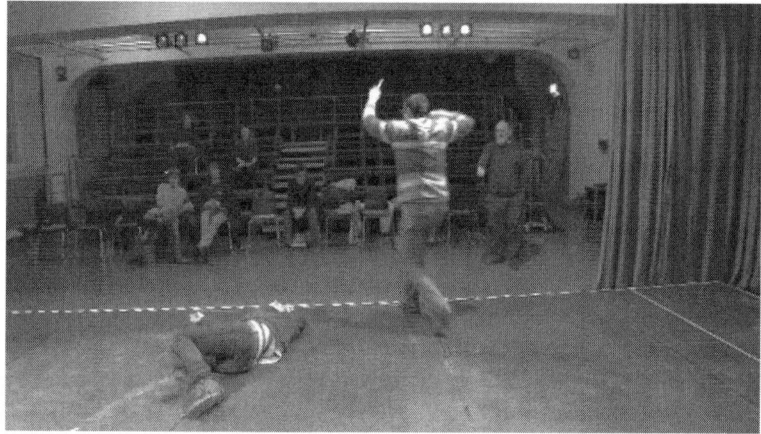

Probensituation während eines Seminars von Horst Hawemann. Filmstills aus der DVD *Studieren an der Hochschule für Schauspielkunst Ernst Busch*, Regie und Kamera: Dennis Pauls

IX

# DIE PROBE

Oft wird etwas als Erfindung ausgegeben, was eigentlich eine Entdeckung ist. Aber das Entdecken ist ein schöner und wichtiger Vorgang und kommt in der Wirklichkeit häufiger vor als das wirkliche Erfinden. Eine Entdeckung ist der schöpferische Zugang zu und der Umgang mit dem Vorhandenen. Und es ist viel vorhanden. Sie ist die individuelle Aneignung von etwas Unbekanntem, die Neugier für Bekanntes, ein „Fremdgehen“, um zu eigenen Zielen zu kommen. Das Entdecken verringert die Verluste und findet Verlorenes wieder. Das Entdecken ist ein Aha im Leben, ebenso ein Nanu oder ein Auweia! „Entdecke (oder erkenne) die Möglichkeiten!“, wirbt eine große Möbelfirma, und recht hat sie, obwohl ungern zugegeben.

**Die Entwicklung der Idee beim Schreiben**

Man hat eine Idee. Im Kopf. Da bleibt sie, auch wenn man sie anderen Köpfen mitteilt und weitergibt. Der Dichter ist Autor einer Idee und der Regisseur ist Autor von Gestaltungs- und Umsetzungsideen. Aber auch der Schauspieler besitzt eine gewisse Autorschaft, nämlich die der Darstellung, der unverwechselbaren individuellen Umsetzung durch seine besondere Begabung. Die Eigenwilligkeit seiner Person, die Ausstrahlung, seine Angebote, eigene Akzentuierungen und seine Wirklichkeitskenntnis machen diese Mitautorschaft aus.

Man tritt mit einer Idee vor eine Gruppe von Menschen. Zuerst möchte man deren Aufmerksamkeit und Interesse, ihre Neugier. Also wird für die Idee geworben. Nicht immer gelingt das sofort. Die Idee muss vorstellbar werden. Gestalt nimmt sie noch nicht an, aber Ahnungen entstehen, Möglichkeiten werden spürbar. In diesem Stadium hat es auch die beste Idee nicht leicht. Sie steht unter Beobachtung, wird kontrolliert auf ihre Machbarkeit, auf die Möglichkeiten einer eigenen Beteiligung, auf ihren Spielreiz, auf ihre Haltbarkeit.

Das alles muss die vorgelegte Idee aushalten. Sie darf nicht in einer endlosen Diskussion untergehen oder durch vorauseilende Bedenken zerfranst werden, sondern muss auf das Mitdenken der anderen vorbereitet sein und reagieren können.

Um eine Idee beweglich, entwicklungsfähig und haltbar, also belastbar zu machen – umgangssprachlich sagt man auch sehr sinnfällig „tragfähig" –, muss sie sehr intensiv vorbereitet werden. Vorbereiten heißt: Schreiben!

Gemeint ist hier nicht das Aufschreiben als eine Fixierung von Ausgedachtem, sondern sich einer Idee schreibend zu nähern, ihr erzählend näher zu kommen. Man gestattet sich einige Umwege, bewegt sich abseits. Ein folgender Satz ist manchmal nicht folgerichtig. Er behauptet etwas ganz anderes als der vorangegangene. Oder er ist eine Wiederholung mit nur einem anderen Begriff. Nicht korrigieren! Aufschreiben! Nicht kontrollieren. Nicht reinigen, auch der Müll darf vorerst stehen bleiben. Vorwärts schreiben.

Puschkin verzweifelte einmal beim Schreiben: „Meine Geschichte machte heute wieder einmal mit mir, was sie wollte!". Und das hat er aufgeschrieben. Was er danach tat, ist nicht bekannt. Hat er mit der Geschichte gekämpft? Hat er sich von der ungeplanten Entwicklung überzeugen lassen oder nicht? Er überraschte sich mit sich selbst, denn schließlich hatte ja keiner mitgeschrieben. Trotzdem hatte sich die Geschichte irgendwann selbstständig gemacht. Nicht im Großen und Ganzen verselbstständigt – das hätte der Schreiber wohl unterbunden –, aber in Teilen. Durch ein scheinbar zufälliges und zusätzliches Wort, das sich einfach an das vorangegangene anschloss, welches empfunden worden war, nicht ausgedacht, nicht geplant. Vielleicht so: „Die Blätter fielen gelb von den Bäumen." Das wollte der Autor schreiben. „Die Blätter fielen gelb und krank von den Bäumen." So stand es dann auf dem Papier.

Der Weg des gedachten Wortes auf das Papier ist nicht ohne Überraschungen. Auf dem Weg passiert was, verändert sich etwas. Der Satz kommt oft anders auf dem Papier an, weil ihm unterwegs noch was auf- oder eingefallen ist, weil er noch etwas mitgenommen hat. Den gleichen Vorgang kennt man doch auch beim Sprechen, vor allem beim Erzählen. Einer Geschichte werden bei jedem wiederholten Erzählen andere Wörter hinzugefügt. Wobei sich die Geschichte nicht ändert.

Man schreibt eine Idee also nicht nur auf, man schreibt *an* ihr, aus ihr heraus, an ihr herum. Hält sich bei einem Wort auf. Tauscht es aus. Braucht ein zusätzliches. Findet nicht das richtige, aber ein besseres. Das alles hat Folgen. Es kommt etwas geschrieben dazu, was noch nicht gedacht war. Bereichert das oder verarmt es? Dient das der Idee oder verlässt es sie? Macht es nur Wirkung oder auch Sinn? Ist sie vielleicht nur ein Einfall? Hält die Idee das Aufschreiben aus? Bewegt sie den Schreiber oder fällt ihm gelangweilt der Stift aus der Hand? Wie liest sie sich und wie hört sie sich an, wenn man sie sich vorliest? Genauso wie man an einer Idee schreibt, so probiert man auch an ihr!

Schreibt man als Spielleiter an einer Idee, unterscheidet sich das von der Arbeit eines Dichters. Die Idee soll auf die Bühne, nicht in ein Buch. Sie braucht die Umsetzung durch Schauspieler und durch die anderen an der Inszenierung Beteiligten. Deren Mitarbeit, ihre Mitautorschaft, muss möglich werden. Sie wird gebraucht. Der Spieler soll nicht nur auf Verlangen mitarbeiten. Die Lust an einer Beteiligung soll entstehen. Der Spieler steht nicht in einem Abhängigkeitsverhältnis. Er ist Partner der Idee!

Beim Erschreiben der Idee ist der Spieler schon dabei. Er spielt schon jetzt eine Rolle, aber eine gedachte. Die gemachte wird eine Entwicklung sein. Eine zweite Entstehung! Deshalb ist das Schreiben an der Idee auch kein literarischer Vorgang. Nicht der wohlformulierte Satz, das stimmige Wort, die Auswahl beschreibender Attribute, die logischen Konstruktionen sind das Ziel. (Wenn es sie trotzdem gibt, ist das ein zusätzlicher Gewinn.) Das „unordentliche" Sammeln von Teilstücken soll aufs Papier. Sie unterscheiden sich in ihrem Wert: Da steht Vorgefühltes, Erahntes neben Unbedingtem, Mögliches neben scheinbar Unwahrscheinlichem. Da hat auch der Unsinn einen wichtigen Platz. Er muss ja nicht Unsinn bleiben. Die Idee stützt sich auf Wissen, aber auch auf offene Fragen. Verschiedene Lösungen stehen vor einer Auswahl, aber erst einmal – nicht ausgewählt –, auf dem Papier. Entwurf und Gegenentwurf treten gemeinsam auf. Wild oder verrückt Gedachtes bewahrt man in Klammersätzen, Randnotizen und Fußnoten auf. Man traut ihnen nicht.

Das alles gibt man den Spielern in Teilchenform zur Kenntnis, wenn man sie an einer Entwicklung zu einem Ganzen beteiligen will. Hat man diese Absicht nicht, wird man etwas Geordnetes, Entschiedenes, Ausgewähltes, fertig Formuliertes vortragen. Man erkennt unschwer, dass man sich damit auch für eine bestimmte Arbeitsweise entscheidet. Lässt man mitkochen oder serviert man das fertige Gericht und die dazugehörenden Rezepte? Das macht auch das Genießen anders.

## Wie bereite ich mich auf eine erste Probe vor?

Erste Fragen am Beginn eines Probenprozesses:

Interessiert mich ein Stoff, ein Material, eine Szene oder ein Stück *wirklich*?

Beunruhigt es mich?

Will ich eine geraume schöpferische und anstrengende Zeit damit verbringen?

Wie bekannt oder unbekannt ist mir die Problematik?

Welche eigenen Erfahrungen binden sich an den Stoff?

Wie sammeln sich erste Umsetzungsideen? Aus dem Stoff oder über den Stoff?

Habe ich nur eine große Idee oder einen Haufen, im Material herumvagabundierende?
Wo finden sich meine besonderen Zuneigungen?
Welche Bedenken treten auf?
Erregt mich das Material? Wie viel Welt enthält es?

Zweite Fragen:
Was weiß ich von dem Dichter, seinem Werk und seiner Zeit?
Kenne ich Werkentstehung und Werkgeschichte?
Nutze ich Eigenaussagen des Dichters?
(Diese Fragen machen mich nicht zu einem Traditionalisten, sondern nur zu einem Neugierigen.)
Finde ich historisch Entstandenes in der Gegenwart wieder oder muss ich andere Akzente setzen?
Welche realen Umsetzungsmöglichkeiten stehen mir zur Verfügung (Spieler, Raum, Zeit, Technik usw.)?
Wie formuliere ich meine Absichten und Ziele und beschreibe die Thematik des Stoffes so, dass sie die Spieler erreichen und für ihre engagierte Mitwirkung werben?
Wie benenne ich meine Anliegen so offen und so „unfertig", dass die Spieler Möglichkeiten zum Mitgestalten erkennen?
Welches Material stelle ich zur Verfügung, das meine Absichten unterstützt?
Wie beginne ich die Proben?

Proben vorbereitende Fragen:
Welche Antworten auf die ersten und zweiten Fragen nutze ich für die Einführung in den Stoff?
Wie teile ich meinen Stand der Vorbereitungen mit?
Wie mache ich einfach neugierig?
Wie benenne ich meine Absichten so sinnvoll und eben so sinnlich, dass sie Lust auf eine Umsetzung machen?
Wie beschreibe ich die handelnden Figuren oder Typen? Gebe ich ihnen eine Vorgeschichte, eine Biografie oder eine Richtung des Handelns oder lasse ich sie offen und benenne nur ein mögliches Ziel?
Woher kommt die Figur und wie kommt sie hierher? Bringt sie etwas mit (im weitesten Sinne) oder beginnt sie ihre Existenz auf der Bühne, in der Szene?
Welche ersten Beziehungen nimmt der Spieler auf? Zum Raum? Zu Partnern? Zu Objekten?
Was ist die erste Atmosphäre auf der Bühne? (Keine – gibt es nicht!)

Welchen Grund gibt es für den Spieler, hier zu sein und nicht woanders?
Welches „Temperament" hat der Anfang der Szene? Abwartend? Suchend? Gespannt? Behauptend? Feindlich? Förderlich?
Ist der Beginn auch wirklich ein Anfang oder schon eine Folge oder Fortsetzung?
Was entwickelt sich bei den ersten Begegnungen mit Partnern, Raum und Thematik?
Was ist die erste Handlung des Spielers? Durch welche Ausdrucksmittel gibt sie erste Auskünfte zu dessen Figur? Im Gang? Durch eine Haltung? In der Beziehung? Im Arrangement? Im ersten Satz? Oder vielleicht sogar in der ersten Pause? (Gar nichts passiert – gibt's gar nicht!)
Was sollte sich in den Beziehungen entwickeln? Folgen!
Welche besonderen Aufmerksamkeiten schlage ich den einzelnen Figuren vor?
Welche Grundhaltung gebe ich für den Anfang einer Figur vor und welches Ziel? (Nicht zu große Ziele, die könnten belasten.)
Wie arbeite ich mit dem Text? Was wird gebraucht, muss gehandelt werden, damit er entsteht und nicht „aufgesagt" wird?

Wie vermeide ich es, durch meine Ansagen den Spieler nur als ausführendes Organ zu behandeln? Ich schlage nur die Idee vor, nicht gleichzeitig eine Umsetzung, weil mir die subjektive Ausführung meiner Idee durch den Spieler wichtig ist. Wie vermeide ich, dass der Spieler zu früh zu „schauspielern" beginnt, auf Wirkung aus ist? Indem ich ihn an das Ausprobieren erinnere, an die Vielfalt von Möglichkeiten, an die Konkretheit der Vorgänge und an ihr Entstehen. Im Entstehen ist man immer unfertig!

Ich mache bekannt, *was* in der Szene handelt. Was erreicht werden sollte. *Wie* dieses vorgeschlagene Ziel erreicht wird, das findet auf der Probe statt. Ich bringe meine Vorstellung davon mit. Aber nicht als Behauptung des Richtigen, sondern als eine vorbereitete Möglichkeit. Die wird gebraucht, um eine Probe in Bewegung zu halten. Aber ich bin offen für Vorschläge auf dem Weg zum Ziel, an das ich immer wieder erinnere.

Die wichtigste Vorbereitung ist die Zielangabe. (In der Improvisation ist das anders.) Am Erreichen des Ziels beteiligt sich der Spieler durch seine persönliche Sicht und seine eigenen Fähigkeiten, seine Vorstellungskraft. Der Spieler braucht einen Grund, um zu handeln. Kein Mensch handelt grundlos. Die Gründe des Handelns können sehr, sehr unterschiedlich sein. Und man muss nicht jeden Grund „begründen" oder logisch machen.

Man kann sich von den Gründen entfernen, kann sie in der Entwicklung austauschen, vertiefen oder verändern, man kann sie realistisch oder gegenteilig machen, verstecken, verständlich oder unannehmbar machen, sie konkret oder absurd aussehen lassen. Doch man braucht einen Grund zum Handeln, und bei den ersten Proben sollte der Grund ein einfacher, ein normaler, ein einsichtiger sein. Alles Verrückte hat einen normalen Anfang und ist Folge einer Entwicklung.

Man beginnt die Probe einfach, weil noch zu viel geklärt werden muss; also mit vielen Fragen und einigen Antworten. Die wichtigste Antwort gibt der Schauspieler dem Spielleiter auf der Probe durch seine Darstellung. Allerdings stellt er auch neue Fragen.

**Proben begleitende, gültige Altwahrheiten**

Aus dem Talmud:

Achte auf deine Gedanken, denn sie werden Worte.
Achte auf deine Worte, denn sie werden Handlungen.
Achte auf deine Handlungen, denn sie werden Gewohnheiten.
Achte auf deine Gewohnheiten, denn sie werden dein Charakter.
Achte auf deinen Charakter, denn er wird dein Schicksal.

Eine Bearbeitung für eine szenische Anwendung:

Achte auf die Worte, denn sie enthalten Gedanken.
Achte auf die Gedanken und suche nach Handlungen.
Achte auf die Handlungen, sie schaffen Situationen.
Achte auf die Situationen, sie machen Charakter.
Achte auf den Charakter. Du brauchst ihn bei Problemen und Konflikten.
Achte auf Probleme und Konflikte. Sie schaffen Gedanken, Worte, Situationen, Charakter, Entwicklungen – und Lösungen!

Schon Aristoteles (384 – 322 v. u. Z.) fordert die Gleichzeitigkeit vom *Wahrscheinlichen*, *Vernünftigen* und *Überraschenden* des jeweils nächsten Satzes, der nächsten Szene, des nächsten Schrittes. Er verlangt nach Geschichten, die einen Anfang und ein Ende haben, die einem musikalisch-rhythmischen Prinzip der Aufbaustrukturen folgen. Er verlangt, diese nachvollziehbar zu gestalten und durchschaubar zu halten und so – wie ausgeführt oder fragmentarisch auch immer – das Publikum am Ablauf der Geschichte zu beteiligen.

**Fragen, die sich während der Probe oder danach einstellen**

Wie nimmt der Spieler meine Handlungsidee auf? Versteht er sie gleich, gar nicht oder falsch?

„Zerdiskutieren" wir die Idee oder verlegen wir das Verstehen in das Ausprobieren? (Was gut wäre!)
Wie sieht die Idee im ersten Probenversuch aus? Hat sie Folgen? Wie beteiligt sich der Spieler an der Idee und durch welche Mittel?
„Wuchert" die Idee herum oder orientiert sie sich an einem Ziel? Ist sie in der Phantasie angekommen oder wird sie nur bedient? Hat sie aktiviert, z. B. Lust gemacht?
Wie beschreibe ich das Ausprobierte so, dass der Macher an einem unbedingten Weiterprobieren interessiert ist?
Warum hat die Idee überhaupt nicht funktioniert?
Lag es an der Idee oder an der Vermittlung? Habe ich sie in der Anforderung überlastet? Habe ich sie zerredet?
Habe ich mich zu unkonkret ausgedrückt?
War mein persönliches Engagement nicht spürbar?
War ich zu „fertig" in meinem Denken, dass die Spieler nicht mehr mitdenken wollten?
Habe ich der Umsetzung der Idee zu wenig oder keine Umstände (Arrangement, Haltung, Atmosphäre, Raum, Objekt, Beziehungen) vorgeschlagen?
Wie beschreibe ich dem Spieler das Ausprobieren? Empfindend und entdeckend, vorschlagend? (Nicht kritisierend! Es handelt sich um erste Schritte!)
Was nehme ich aus der Probe mit?
Was sage ich gleich und was ist eine gründliche Überlegung wert?
Was bereitet in der heutigen Probe die morgige vor?
Was habe ich erfahren im Verhältnis meiner probierten Idee zum Thema der Szene, des Stückes?
Hat eine Entwicklung stattgefunden und wieweit sind Spieler und Spielleiter daran beteiligt?
Welcher meiner Vorschläge hat viel bewegt, welcher wenig oder gar nichts? Warum?
Welche aufgetretenen Schwierigkeiten waren technischer, organisatorischer oder darstellerischer Natur?
War ich *wirklich* auf den Spieler und die Probe vorbereitet, oder habe ich nur so getan (Regie gespielt)?

Natürlich schlage ich hier nicht einen Fragenkatalog zum Abhaken vor. Jede Frage stellt sich einzeln und nicht in einem Massenauflauf. Sie stellt sich situationsabhängig. Die konkrete Frage verhindert das häufige Herumstochern im Nebel allgemeiner Befindlichkeit.

Ein Beispiel.
Die Vorbereitung einer Szene aus *Der Streit* von Pierre Carlet de Chamblain de Marivaux (1688 – 1763). Charakterkomödie. Hauptthema: die Psychologie der Liebe. Marivaux lebte nach Molière. Aufklärer. Geistreiche Wortgefechte. Einfache Sprache – nicht standesgebunden. Wenig äußere Handlung, starke innere Vorgänge… (Die Liste kann durch Werkkenntnisse erweitert werden.) Vorbereitet wird die erste Szene. Davor steht ein Vorspiel, das von sechs jungen Menschen erzählt, die als Kinder isoliert unter Umständen aufwuchsen, die mit der Wirklichkeit nichts zu tun hatten. Das war ein Experiment. Jetzt werden diese jungen Menschen mit der tatsächlichen Welt konfrontiert, von der sie nichts wissen.

Die Szene: Egle tritt auf. Sie kommt aus einer anderen, künstlichen Welt. Sie kommt aus einer beobachteten Einsamkeit. Sie kommt voller Vorsicht, tastend … Die Spielerin muss sich einen Ort im Raum suchen. Eine Haltung zu all dem Unbekannten aufbauen … viel Aussicht … keine Erklärung … viele Fragen …

„Neue Welten!", sagt sie.
Der Satz ist ein *Ereignis*. Es verändert das Handeln. Vielleicht ängstigt es. Oder es freut. Die Spielerin probiert sich am Ereignis aus.

„Und *so* viele…"
Oder: „Und so *viele*"? Ausprobieren. Wenn der erste Satz geängstigt hat, erstaunt vielleicht der zweite. Ein doppeltes Gefühl … Liegt das Viele vor ihr oder umgibt es sie?

„Was für Aussichten!"
So viel, wie sie sieht, kann man auf keine Bühne stellen. Die Welt liegt vor der Bühne. Leere füllt sich durch Vorstellungen. Rennt sie herum, wird die Welt kleiner. Und hat sie den Mut dazu?

„Ich bin so klein in einem großen Raum. So winzig klein."
Haltung! Wenn die Spielerin vorher Gänge vorschlug, kann man hier deutlich machen, dass man *nur* die Haltung braucht. Ausprobieren: Was ist *klein*? Auf die Sprache achten! Aufmerken: Häufige Verwendung des Wörtchens *„so"*.

„Das macht mir Vergnügen, das macht mir Angst."
Deutliches Aussprechen zweier entgegengesetzter *innerer* Haltungen in einem Satz. Ein wichtiger Satz! Beide Haltungen zeigen. *Gemischte* Gefühle! Probieren! Aufhalten bei dieser Empfindungsmischung, weil

figurenwichtig. Umwegimprovisation? Die Temperamente zulassen. Aber am Ende bleibt die Angst übrig.

„Ein Wasser!"

Das ist ein *Ereignis*! Warum? Endlich etwas Bekanntes! Was bleibt von der Angst? Hingehen? Ist doch etwas Bekanntes? Soll die Spielerin entscheiden. Was sagt der nächste Satz? Hilft er bei der Entscheidung?

„Wo ich herkomme, habe ich *so* ein Wasser nie gesehen."

Wie sieht das Wasser aus? Eine stilistische Entscheidung, die zumeist vorher getroffen wurde. Hat die Welt schon Wasserhähne, die eine weggeworfene alte Schrottbadewanne füllen? Oder eine Regenrinne ?

Übrigens kann man natürlich auch vor der Probe klären, wie Egle aussieht (Kostüm). Es ist aber auch möglich, das Gespräch darüber danach zu führen, wenn die Spielerin schon sinnliche Ersterfahrungen mit der Figur gemacht hat. Zum Beispiel könnte man das, was die Spielerin zufällig privat anhat, „zurückentwickeln" in eine andere Zeit oder in eine besondere Naivität. Das Fremde suchen im Bekannten. Woher kommt sie und wie sieht man aus, wenn man, wie sie, aus besonderen *Umständen* kommt? (Eine kleine Anzieh-Etüde.)

Ziel der Probe war und ist weiter: Das Besondere der Situation sinnlich und gedanklich erfahren. Ein junger Mensch wird vor eine andere Welt gestellt – *vor*, nicht hinein. Was ist bekannt an dieser Welt, was unbekannt? Wie handle ich im Fremden? Wie lasse ich das Bekannte aus meinem Handeln heraus? Ein spannender Prozess in der Figurenwerdung. Die Spielerin muss abwerfen, um zu entwerfen! Das, was sie längst weiß und kennt, muss entstehen.

### Nach dem Ausprobieren folgt die Probe

Was der Darsteller ausprobiert hat, wird „behandelt". Sein Angebot wird vom Spielleiter und anderen Zuschauern beschrieben. Schon die Beschreibung, entstehend vor allem aus Empfindungen, setzt Akzente. „Da hat der Spieler schon Überzeugendes gefunden", empfand einer. „Es gab Unklarheiten, Durchhänger und Hilflosigkeiten, starke Entwicklungen, Auf-der-Stelle-Treten, Spreu und Weizen, Annäherungen an das Ziel und Entfernen. Es gab Perspektiven und Stillstand", empfanden andere. Schöne Momente, erregende Augenblicke, wirkliche Entdeckungen, bewegende Details werden beschrieben.

Die Beschreibung *betont* das Interessierende, das Angekommene, das Nichtverstandene und das Neugierigmachende, das Aussichtsreiche. Da jeder Zuschauer anders sieht, auch empfindet und sich anders mitteilt, bekommt der Spieler sehr unterschiedliche oder auch ähnliche Eindrücke zurück. Er ist nicht selten erstaunt, was alles empfunden wurde bei dem, was er doch nur ausprobiert hat. Wenn er jetzt wiederholt, werden sich diese Momente in seiner Darstellung wichtiger machen als jene, die in der Beschreibung nicht aufgetaucht sind. Ihnen gilt seine besondere Aufmerksamkeit. Es findet eine Art natürlicher Auswahl statt.

Bei einer Aufführung von Carlo Gozzis *Der Rabe* 1980 im Nationaltheater Weimar improvisierten Truffaldino und Brighella. Es entstanden unter anderem auch einige politische Anspielungen. Ein Aufpasser gab diese weiter und eine Wiederholung wurde „von oben“ untersagt. Doch bei der nächsten Aufführung wiederholten die Schauspieler eben diese verbotenen Texte. Nicht, weil sie besonders mutig oder aufsässig waren, sondern weil diese Texte durch ihr Verbot besonders hervorgehoben wurden, wirksamer waren als andere. Es war sogar ein leichtes Erschrecken bei den Spielern zu entdecken, als sie im Spiel bemerkten, dass sie ein Verbot missachtet hatten, was die Wirksamkeit noch erhöhte. (Die Beschreibung dieses Vorganges konnte man später in einer Stasi-Akte nachlesen. Es wäre sicher bereichernd für die Proben gewesen, hätte sie uns bei den Proben zur Verfügung gestanden.)

Natürlich bestimmen die Absichten, die sich auch aus der Konzeption und einer Sammlung von Leitgedanken ergeben, die Auswahl der ausprobierten Angebote des Darstellers. Er weiß: Jetzt wird probiert! Die Ausdrucksmittel, beim Ausprobieren oft noch zufällig benutzt, werden jetzt bewusst eingesetzt (oder weggelassen). Vergrößert, verdichtet, intensiviert, auch schauspieltechnisch entwickelt. Man arbeitet an der Umsetzung von Quantitäten in gestaltete Qualität. Einfach gesagt: Man verbessert die schauspielerische Leistung, die Glaubhaftigkeit und die Wahrhaftigkeit.

### Die Wiederholungs- oder Erinnerungsprobe

Hier sollte man den Darsteller nur auffordern, sich an Probiertes zu erinnern. Er muss nicht unter dem Druck von Leistung stehen und Kritik fürchten. Er darf markieren, andeuten, zitieren und sollte auch die Zeit haben, sich zu erinnern, ohne dass ihm gleich reingerufen wird, was er vergessen hat. Den Spielleiter sollte viel mehr interessieren, *was* und *warum* etwas nicht erinnert wurde. Erinnern ist immer Handeln! Erinnern ist Wiederherstellung von Probiertem und nicht nur eine Ablieferung von Resultaten. Bei einer solchen Wiederholung hat der Spieler auch Gelegenheit, sich an den Prozess der Entstehung zu erinnern. Nicht selten entstehen dabei Fragen und Antworten, die bei der Erarbeitung noch keine Rolle spielten.

### Die Entwicklungsprobe

Hier schlägt der Regisseur vor. Er beruft sich auf den Stand von gestern und bringt Entwicklungen mit für heute. Er ist vorbereitet. Er ist mit dem Bisherigen umgegangen und setzt Akzente, die eine Wiederholung interessant, vielleicht anders machen. Der Spieler erfährt neue Möglichkeiten im schon Bekannten. Das geschieht zumeist durch das intensive Entwickeln der einzelnen Ausdrucksmittel, die zuerst nur Vorschläge waren, jetzt aber ausgewählte Gestaltungsmittel werden sollen.

Ein Beispiel:
Der Darsteller hat eine gewisse „Hast“ vorgeschlagen. Damit dies nicht nur ein „Schnellsein“ ist, was es im ersten Vorschlag noch war, wird man jetzt am Wesen der „Hast“ probieren: Das Vermeiden jeglicher Pausen. Auch der Atempausen. Auch der Denkpausen. Welche Folgen hat das für den Dialog, überhaupt für die Partnerschaft? Da entstehen Probleme, sogar Konflikte. Was macht die Sprache? Sie wehrt sich, indem sie unverständlich wird. Die Hast „hetzt“! Braucht man diese Hast? Oder eine andere?

Was ist das für einer, der da hastet? Ist das seine Grundhaltung?
Was macht der Körper? Hastet der auch? Oder nur ein Teil von ihm?
Hastet er innerlich oder nur äußerlich?
Mit Erfolg oder zu seinem Schaden?
Bleibt die Hast personengebunden oder wuchert sie aus?
Wo ist der Höhepunkt von Hast, und was wird danach aus ihr?
(Dazwischen kann man mal das Gegenteil von Hast probieren.)

Diese und andere Fragen stellt man in der Probe. Die szenischen Antworten entwickeln sie. Was sich entwickelt, wird die Mitspieler betreffen, die nicht hastig sind. Auch sie können nicht bleiben, wie sie sind. Sie verhalten sich entsprechend anders.

Es gibt eine verbreitete Unsitte bei Schauspielern, und die geht so: Können nicht alle anderen sehr laut sein, und ich bin ganz leise? Alle bewegen sich hysterisch, und ich mache gar nichts! Das wird Schauspielerei auf Bestellung. Das ist formaler Käse aus dem Selbstbedienungsladen. Ein wichtiger Entwicklungsschub auf der Probe ist das Zusammenspiel und das Zusammenwirken der Ausdrucksmittel. Jeder Spieler beginnt mit sich allein. Und das ist richtig so. Dann aber braucht er mehr, sonst bleibt er allein und beendet jede Entwicklung, vor allem die eigene. Mit anderen gemeinsam gibt er ab, nimmt entgegen, denkt und handelt damit.

## Eine Proben-Sammlung

Ein allseitiges, umfangreiches Bekanntmachen mit einem Begriff durch eine Sammlung macht nicht nur zum Kenner des Wortes, sondern probiert auch das Wort aus, findet andere Zusammenhänge und schafft Assoziationen.

Zum Beispiel:

Die Anprobe.
Dabei überprüft man nicht nur, ob das Kostüm passt. Man will auch wissen, ob es funktioniert, ob es mitspielt, charakterisiert, erzählt und handelt, ob es die Figur unterstützt.

Die Leseprobe.
Man will nicht wissen, ob der Schauspieler lesen kann, schon gar nicht, ob er schön oder mit „Betonung" liest. Man macht sich buchstäblich mit dem Text bekannt, wobei es zu ersten Handlungsanalysen kommt und der Spielleiter erste Umsetzungsideen mitteilt. Der Text sollte aber einfach nur gelesen und nicht gestaltet werden. Das wäre verlogen, weil der Text nur „vertont" oder „getönt" wird.

Die Tischprobe.
Jetzt wird an und mit dem Text gearbeitet. Die Handlungsanalyse wird wichtig. Es kommt zu Vorgangsbestimmungen. Situationen werden aus dem Text benannt oder zum Text vorgeschlagen. Man entdeckt die Ereignisse oder benennt welche, die die Handlung bewegen. Für die späteren Figuren ergeben sich erste Ansätze. Man erfährt die Erzählstruktur des Stückes und die besondere Sicht des Spielleiters auf den Stoff.

Man kann den Spieler jetzt auffordern, Überschriften für einzelne Szenen zu suchen und zu formulieren. Sie verdichten den Inhalt der Szene, manchmal geben sie Auskunft über das besondere Interesse des Darstellers, über einen persönlichen Zugang. Überschriften kann er auch für seine Figur entwerfen. Es ist interessant, diese szenischen und figurengebundenen Überschriften aneinanderzufügen, und man erhält so eine besondere Lesart des Stückes.

Zudem beinhalten die Überschriften in ihrer Verdichtung auch das Wesentliche der Szene und werden zur Aufgabe, zum Ziel der Probe. Zum Beispiel: „Faust verkramt und verliert sich im Chaos seiner Gedanken. Er wird Opfer seines endlosen Monologs." Die Tischprobe sollte Lust, Neugier und Spannung für das Ausprobieren herstellen, zur szenischen Probe drängen. Es kommt vor, dass Darsteller sich während der Tischprobe vom Stuhl lösen und zu gestalten beginnen.

Die Stellprobe.
Hier arrangiert der Spielleiter die Spieler im Raum. Stellt die Beziehungen der Figuren zueinander und in ihrer Umgebung her. Er bringt gewöhnlich den szenischen Ablauf mit. Das Ausprobieren fällt dann oft weg. Bei einer guten Stellprobe kann der Spieler im Arrangement Beziehungen entdecken, was manchmal für die Anlage einer Szene von Vorteil ist. Er erfährt räumlich-sinnlich von den Beziehungen, kann sie empfinden und braucht keine wortreiche Erklärung.

Endproben.
Die Endproben sind zumeist Durchlaufproben. Sie sind wichtig, weil das Zusammenspiel der Ausdrucksmittel den Ablauf braucht. Die Gesamtheit der Einzelteile muss sich szenisch organisieren. Die Inszenierung baut sich auf. Sie bekommt einen Entwicklungsbogen und findet einen durchgehenden Rhythmus. Die Handlungsabläufe werden verdichtet und die besonderen Wichtigkeiten absichts- und themenbezogen herausgehoben.

Technische Proben.
Das ist bekannt. Aber man kann sich während der Endproben, die Durchlaufproben sind, auch „besondere Proben" leisten. Proben, die das Erarbeitete genauso wie probiert und doch anders aussehen lassen.

**Nummer: Die „konzertante" Probe**

**Die Darsteller einer Szene oder – wenn man ganz mutig ist – eines Aktes bauen sich frontal, in einer Linie auf der Vorderbühne auf. Hinter ihnen der gestaltete Bühnenraum, in dem sie sonst probieren. Sie haben das Bild im Rücken.**

**Nun zeigen sie die Szene vor – ohne Arrangement, Gänge, Requisiten. Sie spielen frontal in den Saal. Aber sie tun alles, was man „auf der Stelle" tun kann, alles, was probiert wurde.**

Beispiel:
Paul küsst Paula.

Paul steht rechts außen und Paula links außen in der Reihe.
Paul küsst die vorgestellte Paula rechts außen und Paula nimmt den Kuss links außen vom vorgestellten Paul entgegen. Genau wie probiert! Es fehlt nur der direkte Kontakt, die Berührung, das Kussgefühl. Das muss Paul

aber, trotz des Probenhindernisses, senden, und zwar mit der gleichen Intensität, mit der er in der direkten Partnerschaft küsste, und ebenso nimmt Paula den Kuss entgegen.

Oder:
Paula gibt Paul eine Ohrfeige. Sie schlägt an der vorgesehenen Stelle zu (in die Luft, wo sonst Paul stand), und Paul schmerzt es an seinem Standort.

Oder:
Ferdinand stürzt von der Bühne. Er weiß, wie er das im Bühnenraum macht. In dieser konzertanten Probe stürzt er am Ort davon – aber er bleibt! Er zeigt das Wesen der Flucht. Reduziert, aber ohne Verlust. Er setzt Zeichen für das, was er auf der Bühne ausspielen kann, aber er markiert nicht. Er will die gleiche Wirkung, die gleiche Emotionalität. Um davongestürzt zu sein, dreht er sich einfach um, und ist weg.

Oder:
Zwei haben eine intime Szene, aber da stehen noch die anderen, die vorher oder nachher dabei sind. Sie sorgen nun dafür, dass die beiden allein sind, indem sie, z. B. nur den Kopf senken. So stellen sie die eigentlichen Bedingungen anders wieder her.

Die konzertante Probe arbeitet in der Hauptsache mit dem Text, aber auch mit den Haltungen und der Gestik. Das Wichtigste sind die Beziehungen. Sie müssen unbedingt, wenn auch über den Umweg, so hergestellt werden, wie sie probiert sind. Diese Probe schafft eine besondere Partnerschaft; obschon der Darsteller scheinbar „in die Luft" spielt, ist er ebenso dicht oder so fern bei seinem Partner, wie es verabredet war.

Wenn in einer nächsten Probe die Partner wieder direkt aufeinandertreffen, wird das intensiver sein – und vielleicht etwas *neuer*! Man hat den Partner vermisst und weiß zu schätzen, dass er wieder da ist. Ebenso hat man den Raum vermisst, in dem man sich bewegen kann, das Arrangement, das Requisit und die Berührung. Und man hat auf eine sinnliche, nicht unangestrengte Weise noch einmal ihre Bedeutung erfahren. Diese „konzertante" Probe macht nur Sinn, wenn etwas Gültiges vorhanden ist. (Damit sich der Spieler von dem besonderen Reiz einer solchen Probe überzeugen kann, sollte man einmal eine Videoaufzeichnung machen.) Was scheinbar eingeschränkt war, öffnet sich auf der Bühne wieder. Was zweidimensional war, wird wieder dreidimensional, und das nicht nur im räumlichen Sinn.

**Nummer: Die „stumme" Probe**

**Die Szene ist gut probiert. Sie steht.**
**Nun ist eine besondere Probe angesagt: Die Schauspieler spielen die Szene ihm Bühnenraum durch – aber sie schweigen. Sie machen alle Gänge, Haltungen, gehen alle Beziehungen im Arrangement ein, arbeiten mit Requisiten, halten sich an den Rhythmus. Kurz: Sie zeigen die Szene, wie sie probiert wurde, aber sie „verschweigen" den Text.**

Doch „sprechen" die Spieler den Text. So wie er probiert wurde und gedacht, sprechen und gestalten sie ihn *innen*. Er läuft nicht nur irgendwie in Gedanken ab oder „so ungefähr", sondern er wird aktiv gesprochen. Lautlos, ohne die Lippen zu bewegen oder zu murmeln. Allerdings sollte der Text sitzen. Die Darsteller haben ihn schon zigmal gesprochen oder gehört. Jetzt hört der Partner die Worte nicht. Wie soll er wissen, wann sein Stichwort gefallen ist?

Das ist das Besondere an dieser Probe. Der „sprechende" Darsteller „sendet" an seinen Partner das Ende seiner Rede. Er fordert ihn auf, zu übernehmen. Und das nicht durch irgendein Signal wie anstoßen, mit den Augen zwinkern oder andere Tricks. Er braucht die Worte des anderen, er erwartet sie, und das kann er anzeigen, den Partner spüren lassen.

Natürlich ist dabei hilfreich, dass der Partner auch den Text seines Mitspielers kennt, ihn mehrfach gehört und *gesehen* hat. Er hat ihn gestaltet gesehen im Gesicht, im Handeln, in Gestik und Arrangement! Er hat ihn im Gefühl.

Also kann er übernehmen, ohne sein genaues Stichwort gehört zu haben. Dieses „nur aufs Stichwort hören" ist eine Unart und hat mit wirklicher Partnerschaft nicht viel zu tun. Man holt sich die Worte aus dem Handeln.

So zu probieren, strengt an, aber es macht die Sprache durch das Denken der Worte wieder handelnder, notwendiger, intensiver – und das steigert die Aufmerksamkeit der Partner. Im Schweigen Worte hören – das ist auch ein anderes Zuhören und im Stadium von Endproben wichtig. Die stumme Probe erinnert die Spieler an die Wichtigkeit der Partnerbeziehung und kann diese auch wieder herstellen, wenn sie sich mit der Zeit abgelatscht hat. Sie funktioniert nicht, wenn der Text nicht textgetreu gesprochen wird, wenn er nicht gesendet oder erwartet wird.

Es gibt Beispiele dafür, dass sogar längere Passagen in Abgabe und Übernahme funktionieren, selbst unter erschwerten Bedingungen, wenn sich die Spieler nicht Auge in Auge gegenüberstehen. Die Partner müssen nur unbedingt wollen, dass es stattfindet. Es ist etwas Besonderes, wenn man in einer folgenden Probe wieder reden darf, und die Erfahrung des beredten Schweigens wird sich im Sprechen wiederfinden. Zudem: Das Weglassen eines Mittels intensiviert die verbleibenden. Aber: Zuerst mit kleinen Szenen beginnen, damit die Spieler den Reiz dieser besonderen Probe entdecken und genießen können. Und: Auf die stumme Probe, die nicht-stumme folgen lassen, um die produktive Unterschiedlichkeit direkt zu empfinden.

**Nummer: Probenbericht**

**Die Darsteller halten sich außerhalb der Bühne auf und berichten, was sie in der Szene gemacht haben. Zum Beispiel: „Ich sah Kleopatra in der äußersten Ecke jämmerlich hocken und näherte mich ihr unter Vermeidung jeglicher Auffälligkeit, sehr zart; kam ihr nicht zu nahe, denn ich wollte sie nicht ängstigen ..." Das beschreibt die Vorgänge, wie sie stattgefunden haben. Das *erzählte* Probieren benennt, was schon da ist, und ergänzt durch Akzente, die durch die Beschreibung auffällig wurden. Es entsteht ein zusätzliches Wort zum wiederholten Tun. Es ändert sich nicht der Weg und das Ziel, aber es ist noch etwas Bewegendes aufgefallen. Man sieht das Gleiche mit anderen Worten! Das arbeitet in der nächsten Probe mit. Eine einfache Wahrheit ist: Was der Spieler selbst benennt und vorschlägt, verliert und vergisst er nicht, das beteiligt sich an seiner Arbeit, ist dem zugestimmt worden oder nicht!**

**Nummer: Die Einzelprobe**

**Gemeint ist nicht die Probe, zu der ein einzelner Darsteller geladen ist, um mit ihm extra zu probieren oder Nachhilfe zu erteilen. Gemeint ist eine Probe, bei der nur ein Spieler eine Szene probiert, an der eigentlich mehrere beteiligt sind. Die anderen halten sich außerhalb der Bühne auf. Sie umrahmen die Szene und machen als Dialogpartner mit. Der Einzeldarsteller probiert die Szene so, wie sie verabredet und angelegt ist. Er arbeitet mit dem Partner, als wäre er vorhanden, obwohl der sich am Rande aufhält. Aber auch der Partner verhält sich in der szenischen Situation und gibt nicht nur Stichworte ab. Es wird mit der konkreten Vorstellung gearbeitet, mit der genauen Erinnerung.**
**Das Besondere an dieser Probe ist, dass den übrigen Mitspielern die Möglichkeit gegeben ist, jederzeit in die Szene einzutreten, so dass sich schließlich wieder alle zusammenfinden. Interessant dabei ist, wann und warum die Rückkehr der Partner in die Szene stattfindet.**
**So macht man zusätzliche Erfahrungen mit dem Zusammenspiel.**

Ein Beispiel aus der Praxis:
Bei einer öffentlichen Generalprobe verletzte sich eine Darstellerin an ihren Füßen. Nachdem sie ärztlich versorgt war, wollte sie unbedingt weiterspielen. Sie stellte sich an den vorderen Bühnenrand und sprach ihren Text in die Szene hinein. Sie platzierte ihre Worte an den Ort und in die Beziehung, wo sie hingehörten. Sie rannte auf der Bühne herum, ohne sich von der Stelle zu rühren. Die Partner haben ihr anschließend bestätigt, dass sie sie immer da gespürt, gesehen haben, wo sie gebraucht wurde.

## Besondere Proben der lockeren Art

Die Rollentauschprobe:
Sie ist bekannt. Aber man darf sie nicht als eine „erzieherische Maßnahme“ verstehen oder daraus einen Wettbewerb machen. Der Rollentausch ist eher ein Spaß und sollte nicht erzwungen werden. Möchte ein Spieler sie nicht, weil sie ihn irritieren könnte, so ist das zu achten.

Die schwarze Probe:
Sie findet in völliger Dunkelheit statt. Auf Sicherheit achten. Es sollten eher komödiantische Situationen sein, die man in völlige Dunkelheit stellt.

Die schnelle Probe:
Es wird ein unwirkliches Tempo bei großer Genauigkeit benutzt. Natürlich übt das Anschlüsse, aber das sollte nicht der einzige Grund sein. Der schnelle Durchlauf macht den eigentlichen Rhythmus bewusster. Die geprobten Pausen werden konkreter und notwendiger. Man bemerkt über den schnellen Umweg noch einmal, warum Pausen gebraucht werden, was man verliert, wenn man sie nicht achtet. Man entdeckt das Fehlende! Dramatische Szenen sollte man einer solchen Probe nicht aussetzen.

Die „dramaturgische“ Probe:
Das klingt gewichtig, gemeint ist eher ein Probenspiel, eine schöpferische Erholung mit zufälligen Einsichten, also eigentlich eine „antidramaturgische“ Probe.

Ein Stück ist inszeniert. Das Inszenierte ist fixiert. Und nun: Ein Darsteller fängt irgendwo *mittendrin* an. Verhält sich, wie vorher probiert. Jetzt kommt ein anderer dazu. Aber der hat hier gar nichts zu suchen. Der hat einfach beschlossen, dass er einen Text hat, der auch an diese Stelle passt, obschon er woanders hingehört.

Jetzt ist nicht etwa Schluss. Der Mittendrinspieler ist jetzt mittendrin in Problemen. Es geht nicht so weiter, wie es sonst ging. Also sucht er in seinen Texten nach Worten oder Handlungen, die auf diese Situation reagieren können. Er muss sie sich vielleicht aus dem 1. Akt holen. (Bitte nicht improvisieren oder fremde Texte bemühen.)

Und wenn ihm kein Anschluss gelingt, ein Satz zum Abgehen findet sich immer. Besser ist, er versucht, wieder die Führung zu übernehmen, so dass der andere das Problem hat, wie es für ihn weitergeht. Doch da kommt schon eine dritte, die sich mit einem Text einmischt, den sie genau hier anschließen will, weil sie entschieden hat, der passt, der hat Folgen. Aber im geordneten Stück ist sie an dieser Stelle, wo sie eingreift, eigentlich längst tot.

Es bauen sich aus Vorhandenem andere Situationen, aber die Figuren und ihre Absichten bleiben so, wie sie angelegt sind. Das kann man auch am Drama ausprobieren. So richtig lustig ist das nicht. Kann es auch nicht sein, weil die Entscheidungen, die zu treffen sind, anstrengende Arbeit sind.

Das ist nicht nur ausgedacht, sondern auch ausprobiert. Es gab sogar mal zwei Aufführungen von einem Stück: eine „richtige" und eine „gemischte". Die „textgemischte" fand auf einer Probebühne statt für interessierte Zuschauer, die vorher die andere gesehen hatten. Eine zweite Aufführung wurde vom Intendanten nicht gestattet, weil man „so was" mit Goethe nicht macht. Die Wahrheit: Die gemischte Aufführung war interessanter. Später wurde die Textmischung zu einer Methode und ein Meilenstein des modernen Theaters.

### Kritik und Auswertung

Eines Tages wurde ich zufälliger Zeuge eines Gespräches zwischen zwei Schauspielern. Der eine, der sich selbst als „alten Hasen" der Schauspielerei bezeichnete, aber nichts anderes als ein Schwätzer mit mangelndem Interesse fürs Zuhören war, malträtierte eine junge Schauspielerin mit sogenannten guten Ratschlägen. Er redete ununterbrochen auf sie ein. Sie hörte zu, demonstrierte Interesse und litt an der Vorstellung, auch so werden zu können wie der geschwätzige Kollege. Keine Schauspielschule hatte sie auf solche Qualen vorbereitet. Sie war in eine eitle Selbstdarstellungsfalle geraten, die sich als fürsorgliche Beratung tarnte.

Natürlich ist gegen einen Gedankenaustausch unter Kollegen nichts zu sagen, er findet viel zu selten statt. Mangelnde Erfahrung macht keinen mangelhaften Schauspieler. Das wird sich ändern, und es werden die eigenen Erfahrungen sein, die voranbringen.

Auch bestimmte andere Formen der Bewertung und Auswertung von szenischer Arbeit habe ich kennen gelernt und war selbst daran beteiligt. Ich erlebte Regisseure, die für die sogenannte „Kritik" nach der Probe mehr Zeit verbrauchten als für die vorangegangene Probe. Und warum nennt sich das Kritik? Sind die Spieler festgelegt als die zu Kritisierenden, und der Spielleiter als der Kritisierende, also sind damit die Machtverhältnisse bestimmt? Mit der ganzen gewichtigen Kritik nach einer Probe geht der Schauspieler unterschiedlich um. Einiges davon belastet ihn, weil er nur mit Fehlern konfrontiert wurde und jeder Ansatz von Veränderung fehlte. Einiges verwirrt ihn, weil er es nicht verstanden hat. Manches sieht er anders, kann das aber im Augenblick der Kritik nicht ausdrücken.

Es wird unklar formuliert: „Ich hatte manchmal den Eindruck... aber ich kann mich auch irren. Mir scheint ..., aber das muss nicht richtig sein. Ich hatte so ein Gefühl...". Ein junger Spieler hatte die Kritik mitgeschrieben und die einzelnen Anmerkungen nummeriert. Es waren 42! Am Abend saß er zu Hause vor seinem Zettel... und hatte am nächsten Morgen seine nächste Probe. Eine Schauspielerin telefonierte bis in die tiefe Nacht mit dem Regisseur, um sich alle ihre Fehler noch einmal erklären zu lassen... und hatte am Morgen Probe. Manchmal lässt der Spielleiter seine Kritik von seinen Assistenten vortragen, er selbst ist schon seiner Wege gegangen. Natürlich gibt es auch Darsteller, die das Ganze über sich ergehen lassen, anderer Meinung sind und dabei bleiben. Aber alle haben eins gemeinsam: Sie sind nach einer Probe müde, abgearbeitet, ihre Aufnahmefähigkeit ist eingeschränkt.

Manch einer, und es werden nicht wenige sein, wird jetzt sagen, aber man muss doch über die Arbeit reden. Gewiss muss man das. Aber: Nach dem Reden muss es die Gelegenheit geben, zu *machen*. Also setzt man die Beobachtungen des Gesehenen *vor* die nächste Probe. Das signalisiert: Das Problem ist erkannt und benannt, jetzt arbeiten wir daran. Besonders nötig wird dies bei den sogenannten Schlussproben (ausgeschlossen nur die Generalprobe), wo sich die Kritik häuft, immer weniger probiert und immer mehr geredet und mitgeredet wird.

Sicher erwartet der Schauspieler nach einem Durchlauf eine Meinung. Er soll sie auch bekommen, aber sie sollte ansprechen, woran alle beteiligt sind: das Zusammenspiel der Partner und das Zusammenwirken der einzelnen Gestaltungsteile, den Rhythmus, die Spannung, den Entwicklungsbogen, die Atmosphäre. Auch das Thematische kann noch einmal erinnert werden. Was die Leistung des Einzelnen betrifft, daran sollte er nach der Besprechung sofort arbeiten können. Das Probieren darf nicht zu früh beendet werden. Manchmal heißt es plötzlich: „Das musst du noch ändern!". Falsch! „Das wollen *wir* noch ändern!"

Die Masse der kritischen Ratschläge kann die Spieler belasten. Gemeint ist nicht die mentale Belastung, obwohl auch die zu einem Problem werden kann. Gemeint ist hier die Belastung der Konzentration. Gesteigerte

Aufmerksamkeit richtet sich auf die Verbesserung von einzelnen Beanstandungen. Eine „Fehlerliste“ wird abgearbeitet. Der Spieler verliert den Entwicklungsbogen. Im schlimmsten Fall stellt er sich auf Kritik ein, beurteilt sich ständig selbst im szenischen Handeln. Er *zensiert* sich. Selten gibt er sich dabei Bestnoten. Die Bewertung der aktuellen Leistung sollte sich auf die Probe beziehen! Das erleichtert das Verstehen. Dann hat man eine gemeinsame Basis!

Eine Beobachtung zu falscher Einschätzung des Probenverhaltens von Seiten der Spieler muss noch genannt werden. Es gibt Schauspieler, die sind schnelle Entwickler. Sie setzen sehr früh um. Finden sofort oder bald Mittel. Andere brauchen ihre Zeit. Das muss ein Spielleiter erkennen. Bemerkt er das nicht, kommt es zu Fehleinschätzungen mit bedenklichen Folgen. Nicht selten wird Unfähigkeit unterstellt, nicht selten mit Ungeduld reagiert. Aber ein Ensemble von Spielern ist kein Garderegiment, das in Reih und Glied im Gleichschritt vorwärts marschiert. Unterschiedliche Standorte ermöglichen eine gestaffelte Aufmerksamkeit für den Spitzenmann und den Nachzügler. Man muss sie gemeinsam ans Ziel bringen, und da hat mancher, der langsamer war, am Ende das Tempo mitbestimmt.

Man kritisiere nicht den, der langsamer antritt, sondern finde heraus, warum er das Tempo der anderen nicht mitgeht. Auch der Schnelle hat diese Aufmerksamkeit verdient, und nicht nur die Zuneigung des Spielleiters, der sich so flott verwirklicht sieht.

Ein guter Schauspieler leitete zum ersten Mal ein Szenenstudium mit Studenten. Er arbeitete interessant, ohne zu dressieren, mit Unterstützung seiner Erfahrung, die er weder rechthaberisch noch herablassend zur Verfügung stellte. Er verhielt sich kollegial, wollte nicht nur lehren, sondern auch lernen, nämlich etwas über sich in den besonderen Umständen von Schauspielunterricht. Deshalb war er auch an einer Meinung zu seiner Arbeit interessiert. Ich war bei einer Probe und einer folgenden Besprechung anwesend. Dabei bemerkte ich, dass er nur Fehler besprach. Das war weder im Ton noch in der Formulierung verletzend, und die Fehler waren auch welche. Sie wurden zu Recht angesprochen. Aber das Richtige, das Gelungene, das Dazugekommene, das besondere Detail wurde nicht benannt. Natürlich hatte der gute Schauspieler das alles gesehen, aber es nicht für nötig erachtet, auch das zu besprechen.

Der Schauspieler hatte kein Problem, diese Bemerkung entgegenzunehmen. Er bestätigte meine Beobachtung: „Ich glaube, um alles richtig zu machen, habe ich immer nur nach Fehlern gesucht.“

Um richtig verstanden zu werden: Es geht hier nicht um aufmunternde Belobigungen oder pädagogische Raffinessen. Es geht um Orientierung.

Die Betonung von gelungener Darstellung, also von einer Darstellung, die einer bestimmten Absicht entspricht, setzt Zeichen in einer Entwicklung. Das stärkt, weil etwas bestätigt wird. Daraus kann ein Gerüst entstehen, in dem sich auch noch Schwachstellen aufhalten. Die Bewältigung eines Fehlers, der sich in der Nähe von Gelungenem aufhält, kann mit Unterstützung erfolgen.

Mein Professor sagte zu uns aus gegebenem Anlass: „Es ist nichts so schlecht bei einer Arbeit, dass ihr nicht etwas Gutes darin finden könntet. Es macht oft mehr Mühe als zu kritisieren." Eine Probenkritik ist nicht nur eine Ergebnisauswertung, sie sollte auch den Ansatz für eine Veränderung enthalten und sich befördernd am Probenprozess beteiligen.

### Bühne – Zuschauerraum

Natürlich haben Bühne und Zuschauerraum ein Verhältnis miteinander, manchmal auch gegeneinander. Die Bühnenhandlung verlässt das Podest und bewegt sich in einen anderen Raum. Der Zuschauerraum ist organisiert. Der Zuschauer sitzt geordnet und blickgerichtet, sehr begrenzt in seinen körperlichen Bewegungen. Er ist entgegennehmend eingestellt, zumeist für eine Leistung, für die er bezahlt hat. Er hält sich vor einem geöffneten Raum auf. Das Theater will etwas von dieser Begegnung, deshalb muss dieses Wollen den Arbeitsraum Bühne verlassen, auf den Weg gebracht werden. Es muss „unten" ankommen. Eine Berührung von *Geben* und *Nehmen* will erreicht werden, eine Verbindung von zwei Qualitäten: Kunst-Raum und Lebens-Raum.

Hier soll nicht die Rede sein von den thematischen und formalen Angeboten der Bühne (die natürlich wichtig sind), sondern vom Transport szenischer Prozesse aus dem Bühnen- in den Zuschauerraum. Der Begriff „Transport" ist bewusst technisch gewählt worden. Man beobachtet, dass sich zwischen Bühne und Saal eine Wand aufrichtet. Gemeint ist nicht die vierte Wand. Die war eine historische Erscheinung und hat sich theatergeschichtlich erledigt.

Man bemerkt diese Wand häufig bei Schlussproben. Aus dem Saal kommen keine begleitenden Bemerkungen des Spielleiters mehr. Vor der ausgeleuchteten Bühne steht die Beinahe-Finsternis des Saales. Die Konzentration der Spieler auf die szenischen Abläufe führt zu einer „Verinnerlichung" und zur Selbstkontrolle. Vereinfacht gesagt, beschäftigt sich der Spieler zu sehr, manchmal ausschließlich, mit sich selbst. Bei ungeübten Spielern kommt eine nicht zu unterschätzende Aufregung dazu. Scheinbar läuft alles ab wie probiert, aber wenig kommt aus dem Bühnenraum heraus. Man bleibt „unter sich". Die Erfahrung zeigt, dass dieses Problem ansteckend ist. Es geht von Spieler zu Spieler über. Solche Proben sollte man nicht einfach nur laufen lassen, weil man endlich mal einen Durchlauf haben will. Es hilft eine Unterbrechung, in der der Spielleiter Beobachtungen mitteilt oder eine Übung vorschlägt, die den Leistungsdruck aus dem Durchlauf nehmen und die Bühne wieder „öffnen".

Ein Beispiel: Die Darsteller sagen an, dass sie einige ausgewählte Momente ihrer Rolle dem Zuschauer zur besonderen Betrachtung vorführen werden. Das können auch „Lieblingssätze" sein.

**Nummer: Nachspiel**

**Die Idee war, spielerisch das Wesen der Schauspielerei zum Thema zu machen. Zuerst wurde eine szenische Situation vorgeschlagen: Sie, Schauspielerin, und er, Schauspieler, sitzen nach der Vorstellung auf der nun leeren Bühne. Sie nutzen die Ruhe und die besondere Atmosphäre des Raumes, eben noch Spielort, jetzt ein Ort der Besinnung. Maske und Kostüm tragen sie noch. Die sind jetzt nicht mehr Ausdrucksmittel, haben „ausgespielt". Das gestaltete Licht wurde gegen ein Arbeitslicht ausgetauscht. Teile des Bühnenbildes sind schon weggeräumt. Techniker tun ihre Arbeit.**

Das sind die vorgeschlagenen Umstände für ein „Nachspiel". Sie können konkret vorhanden sein oder aber der sinnlichen Vorstellung der beiden Darsteller übergeben werden. Das ist weniger aufwendig und vergrößert die Aufgabe für die Spieler. Beide sind zwar längst aus ihren Rollen herausgetreten, aber noch mit ihnen beschäftigt. Es gibt noch etwas zu bereden. Das kann von sehr verschiedenen Haltungen ausgehen: Sie war heute von der „Wiedersehensszene" beeindruckt und will herausfinden, woran es gelegen haben kann. Was war anders? Hatte nur sie diesen Eindruck oder er einen ähnlichen? Gab es einen Unterschied zu den Proben? Sie befragt die Mittel. Vielleicht zitiert sie aus der Erinnerung. Sie kann eine Entdeckung mitteilen, die auf den Proben nicht gemacht wurde. Sie braucht seinen Eindruck.

Er hat zugehört. Er baut eine Beziehung zu den forschenden Gedanken seiner Partnerin auf. Denkt er mit oder dagegen? Seine Haltung wird gebraucht. Beteiligt er sich mit einem eigenen Nacherleben der Situation? Kann er sie bestätigen, ähnlich empfunden zu haben, oder hat er völlig entgegengesetzte Erinnerungen? Verlangt er Rollendisziplin (was in der Praxis häufig der Fall ist), woraus möglicherweise ein Konflikt entsteht? Oder können seine Eindrücke die der Partnerin bestätigen, so dass sie sich zu einer gemeinsamen Entdeckung summieren, die bei der Wiederholung der Szene mitspielen wird?

**Nummer: Nachspiel vor Nichtbeteiligten**

**Ein Spieler trifft sich nach der Probe oder Vorstellung mit Leuten, die keine Kenntnis von seiner Arbeit haben. Er ist noch erregt und braucht dringend einen Partner, um sich mitzuteilen. Es kann sich um Verwandte, Bekannte und Freunde handeln. Noch interessanter sind Fremde. Nicht interessant sind Versagensberichte oder euphorische Selbstbelobigungen. Er hat soeben eine szenische Entdeckung gemacht. Ein Knoten ist geplatzt. Vielleicht nur ein kleiner Schritt. Für ihn war es ein großer. Er beschreibt ihn, zeigt ihn vor, erklärt ihn. Wie verhalten sich die nicht beteiligten Empfänger dieses Ereignisses?**

Diese Nummer kann man vereinfachen. Im Schauspielunterricht oder im Workshop ist einiges entstanden. Damit nicht so viel verloren geht, was häufig geschieht, und das Gefundene aktiv in der Erinnerung bleibt, obwohl es nicht fixiert wurde, braucht man eine Wiederholung. Aber nicht die genaue Wiederholung, sondern eine unter anderen „handelnden" Umständen.

Zum Beispiel: Paul spielt seiner Freundin Paula oder der Oma, der Nachbarin, der kleinen

Schwester, allen die es wissen wollen, vor – also *nach* –, was er gemacht hat und wie. Er wird nicht ohne Erklärung auskommen. Damit erklärt er sich selbst noch einmal das Gewesene. Das interessierte Nachfragen der Paula, Oma und kleinen Schwester festigt und vertieft. Er will überzeugen, wodurch er intensiv und engagiert wird. Er hat einen Zuschauer gefunden, was gar nicht seine Absicht war. Er wollte nur etwas loswerden. Aber nicht nur Worte – immerhin hat er auch gespielt.

Für den Schauspielunterricht es ist wichtig, dass eine Erfahrung durch eine gespielte Wiederholung unter anderen Umständen, in einer anderen Situation vertieft werden kann.

**Etüde: Szene mit einem Theaterkritiker**

**Manchmal möchten die Schauspieler einem Kritiker ihre Meinung sagen und vielleicht auch, was sie von ihm halten. Zum Glück tun sie es selten oder nie. In einer Etüde sollte ihnen die Gelegenheit dazu gegeben werden.**

**Sie platzieren das vorgestellte Subjekt ihrer Verärgerung und nehmen erste Beziehungen auf. Dazu brauchen sie noch keinen Text, wohl aber Haltungen in einem erzählenden Arrangement, das sie durch bedeutsame Gänge verändern. Sie nutzen also das, was sie draufhaben, nämlich darstellerische Mittel. Stilistisch haben sie sich für das Genre Satire entschieden. Die Produktionsweise ist lustvoll. Vielleicht ahnt man im Hintergrund eine gewisse „Frustbewältigung".**

Der Vorgang selbst entbehrt nicht einer bestimmten Naivität. Der Realitätsbezug wird schon mal wegen einer Pointe aufgegeben. Sie zitieren den Kritiker fiktiv, können aber auch eine gedruckte Kritik benutzen. Ihnen gelingt locker jeder Versuch, sich an dem Text zu erregen und dem Schreiber nachzuweisen, dass er weder hören, sehen, noch begreifen kann. Dabei sollten sie nicht nur blödeln, sondern durchaus fachlich argumentieren. So entstehen zwei Darstellungen einer Sache. Das, was der Kritiker nicht gesehen hat, und das, was zu sehen gewesen wäre, wenn... Innerhalb der Entwicklung könnte es durchaus zu einem Genrebruch kommen. Es entsteht eine ernsthafte Auseinandersetzung über Absichten und Ansichten.

Varianten:
Die Spieler korrigieren gemeinsam eine vorliegende Kritik. Damit dies mehr als nur ein Spaß wird, sollten sie gut in der Argumentation und in der umformulierten Kritik nicht besser, aber klüger sein.

Die Spieler lesen eine Originalkritik eines anerkannten Kritikers aus vergangenen Zeiten. Was holen sie für sich und ihren Beruf aus dem alten Text?

Natürlich haben diese Nummern alle etwas mit der Fähigkeit, zu beschreiben und zu empfinden zu tun. Ein Schauspieler braucht diese Fähigkeit, und ein Kritiker sollte sie ihm geben.

**Epilog: Worte, die auf Proben fielen**
Sie hat den Standpunkt und er die Rennerei / Ins geistige Schwitzen kommen / Leben zwischen Privatkontakt und Großdarstellung / Öffentlich einsam arbeiten / „Sag Sau" zu mir, damit ich spielen kann / Den Fußboden revolutionieren / Von der Berührung zur Verschwörung / Früher schabten sie an Bäumen / Irgendwo muss doch hier was zum Stolpern sein / Wer den Streit nicht mitmacht, mit dem ist man dann dreißig Jahre

verheiratet / Sicherheitshalber so blöd stehen bleiben, für die Presse oder so / Innen wächst ein Hilferuf / Ernst und wahrhaftig lügen / Jetzt kriegst du einen Verwirr / Kurz vor Kleinlaut / Sie wimmert inneres Klirren / Ich überhöre, weil ich lauter bin / Es lebe der Ablauf / Das erste Treffen ist so verlaufen, wie sich inzwischen die ganze Menschheit benimmt / Liebe dich selbst und sei nicht egoistisch / Sehen, betrachten, beobachten, beurteilen, verurteilen / Schauspieler sind die Bewahrer des menschlichen Ausdrucks / Es streitet / Bemerkwürdig / Als sie merkte, wie klein sie ist, erfand sie die Überheblichkeit / In Zorn betoniert sein / Frieden schaffen, bis man Friedensmuskelkater hat / Brüllen und Lachen machen das Gehirn leer / Füllt mich / Ein Hut, der Worte tut / Der Anlauf ist verschmutzt / 360 mögliche Blickwinkel / Silben- und Klanggeschosse / Bekanntes in der fremden Welt tun / Nichts hören in der Stille / Ich habe so viel, aber es hat kein Ziel / Mitleid erregen ist harte Arbeit / Das Aufhören überholt das Anfangen / Wer nicht versteht, kann auch nicht missverstehen / Den Mann zur An- und Aufsicht aufstellen / Brücken bauen und begehen / Auszeiten brauchen / Diensthabende Gesichter / Ganzkörperdrücken / Vergleichen ist noch keine Konkurrenz / Das Problem sitzt, hopsa! / Zum Abschied die Hände wegschmeißen / Schmalekel / Auf zur Vielmännerei! / Schauerglücksgefühle / Methodisch leben, geht nicht / Kann ich mir wenigstens noch ein kleines bisschen was zurechtfummeln im Leben?/ Freie Bühne für freie Liebe! / Bei *weil* verweilen / Eine Weile drehst du an der Welt, aber irgendwann dreht die Welt an dir / Das „verbefehle“ ich dir / Wenn es vorwärts nicht geht, muss man nach hinten leben / In Gang kommen – Gangschaltung – seit wann geht ein Auto? / Ich habe keine Meinung, aber ich bin gegen sie / Die Frau als Garage / Kein happy End, aber ein happy Anfang / Grundgesicht / Die Summe aller Gewinne ist ein Verlust / Leipziger Verschleppungsgang / Harmonie ab! / In der Ecke tummelt sich die Freiheit / Du triffst dich mit einem Hut bei Sonnenuntergang / Der Zeigefinger als pädagogische Antenne / Ich bin am Vermorschen / Wertfrei gesprochen und trotzdem gewehrt / Wenn es dann läuft, dann läuft es gleich über.

(Fundstück aus dem Nachlass von Horst Hawemann)

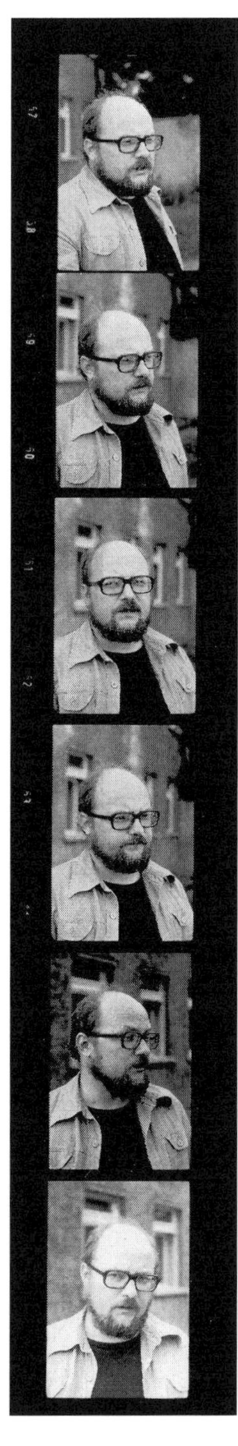

Foto Egon Radloff,
aus dem Archiv
des Theater an der Parkaue

# X

# AUSKÜNFTE

## Über Freiräume für Schauspieler

Horst Hawemann im Gespräch mit Christel Hoffmann (Mai 1989)

**Christel Hoffmann: Du hast die Erzählung *Sommerstück* von Christa Wolf mit Schauspielern in ländlicher Umgebung in einem Workshop gearbeitet.**

Horst Hawemann: Ja, zusammen mit ihrer Erzählung *Störfall.*[1] Gearbeitet haben wir in zwei Gruppen, die eine mit dem Text von *Sommerstück,*[2] die andere mit dem von *Störfall.* Ich habe zu den *Störfall*-Spielern gesagt: „Hier habt ihr das Buch, sucht euch beunruhigende Texte aus und erzählt mir, warum ihr die machen wollt, was euch daran beunruhigt." Das haben sie mir erzählt, das war als Anfang schon sehr gut.

Danach habe ich sie aufgefordert, mir die Worte, die sie aus den Texten von Christa Wolf behalten haben, zu erzählen, aber ohne den Text zu lernen. Man merkte dann an den Worten und Satzteilen genau, was im Gedächtnis geblieben war, wo ihre Unruhe, die sie mir vorher erklärt hatten, lag. Sie erinnerten sich genau an die Worte, die diese Unruhe beschrieben.

Danach habe ich den *Sommerstück*-Spielern gesagt: „Dies ist jetzt ein Haus, wo Leute sind, die mit Sprache leben. Sie brauchen keine dramaturgischen Kniffe, keine Begründungen für Auftritte, die kommen aus dem Garten und reden über eine Weide und wo die Schmetterlinge geblieben sind, oder sie kommen aus dem Nebenzimmer und sprechen über ihre Hoffnungen und Wünsche. Es ist ein Dichterhaus. Da wird gedichtet." Und dann kamen die „Dichter" rein und bauten diese Texte zusammen. So, wie sie meinten, dass ihre Worte da wichtig waren. Anders und wichtig – nicht, wo sich irgendetwas steigerte oder sich irgendetwas kombinieren ließ.

---

[1] In *Störfall* beschreibt Christa Wolf „Nachrichten eines Tages" vor dem Hintergrund des Reaktorunfalls in Tschernobyl 1986.

[2] In Christa Wolfs Erzählung *Sommerstück* versammeln sich Dichter unter dem nächtlichen Sommerhimmel in einem Mecklenburger Dorf. Bei griechischer Musik sprechen sie über Gedichte, das Leben, ihre Träume und Zweifel.

**Das waren eigene improvisierte Texte?**
Nein, die Texte wurden immer mehr Christa Wolf. Das war auch die Absicht. Es wurde immer mehr Originaltext. Die Darsteller hatten einfach Lust dazu, sie fühlten sich befreit dadurch, dass sie nicht irgendwelche dramaturgischen Knoten knüpfen oder lösen mussten und keine Spannung aufzubauen brauchten.

Dann habe ich einfach die Aufgabe erweitert: „Jetzt sagt noch dazu, was draußen zu hören ist." Da sagte einer: „Es knallt draußen." Und seine Partnerin antwortete: „Feuerwerk." In diesen zwei Sätzen, von draußen reingenommen in den Raum, lag ihre Haltung: Ist nicht so schlimm. Das war ihre Beziehung zueinander. Dann habe ich diese Techniken weiter benutzt, z. B. einen Satz verlängern lassen. Das Haus im *Sommerstück* ist ein Worthaus, wo man mit Wörtern umgeht. Die Spannung lag im Wort selbst und nicht im zum Drama organisierten Wort. Jeder Spieler richtete sich dann in dem Raum so ein, wie er das wollte. Wer seinen Ort gefunden hatte, ging wieder raus in die Welt und kam irgendwann zurück. So baute sich das auf. Um es ihnen schwieriger zu machen, und damit sie immer wieder auf ihr Thema zurückkommen und es verteidigen mussten, wurden die Situationen dann noch mal rückwärts gespielt.

Zum Schluss trat einer aus der Gruppe auf, die *Störfall* bearbeitet hatte. Er brachte die Nachricht ins Haus, dass man den Salat nicht mehr essen soll. Jetzt begann genau dasselbe Spiel von vorn, aber mit dieser neuen, gefährlichen Situation. Plötzlich hatte das Wort und das, was die Spieler erlebten, so eine Endgültigkeit oder sogar eine Letztmaligkeit, ohne dass irgendein Drama, irgendeine allgemeine Hysterie ausgebrochen wäre, wie oft in solchen Fällen. Sondern es gab außer der Wichtigkeit, die sich jeder gesucht hatte, noch eine andere Wichtigkeit.

In der anderen Gruppe habe ich *Störfall* mit einer ähnlichen Technik gemacht. Die Spieler haben alle Texte zerstört, in Buchstaben aufgelöst: Buchstabieren durch Zusammensetzen. Natürlich wurde „Atom" buchstabiert: A wie Atom, T wie Atom, O wie Atom, M wie Atom. Erstaunlich war, dass keiner nach irgendwelchen Kniffen suchte. Zum Schluss habe ich die beiden Gruppen zusammengeführt. Das war an Spannung nicht zu überbieten. Es war nirgends „irgendwo". Die Leute mochten sich, wählten ihre Partner durch die ihnen unerhört nahestehenden Texte. Das reichte ihnen.

Und dann wurden diese Sätze und Worte aus *Sommerstück*, wo die Texte ganz anders fließen, mit denen aus *Störfall*, wo durch das Buchstabieren das Zerstörende zum Ausdruck kam, zu einem Programm zusammengebaut. Ich sagte nichts als: „Geh jetzt doch mal zu dem oder dem", und das wurde gemacht. Damit war der Beweis erbracht, dass es nur einen

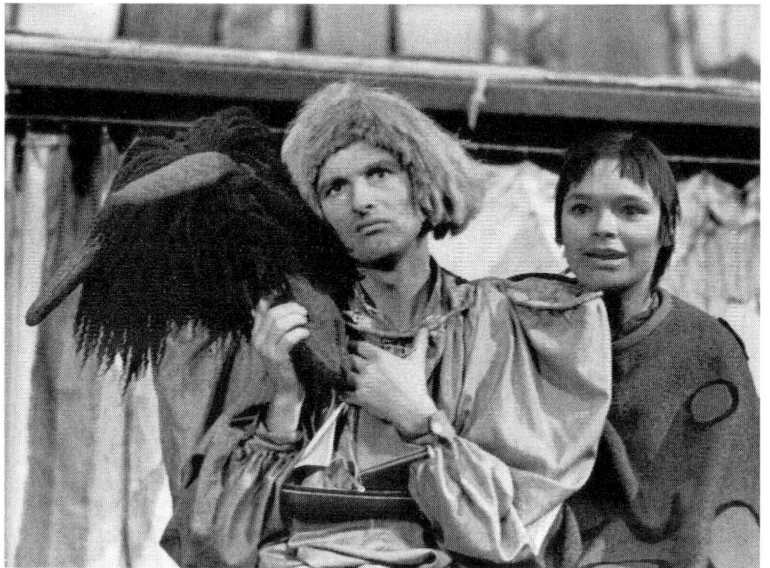

Theater der Freundschaft, *Das bucklige Pferdchen (1973),* Dramatisches Märchenpoem von Elke Erb und Adolf Endler nach Pjotr Pawlowitsch Jerschow, Regie Horst Hawemann, Ausstattung: Brigitte Zeh, Musik: Klaus Fehmel. Iwan – Joachim Siebenschuh, Pferdchen – Isa Wolter. Foto Egon Radloff

Betrachter braucht, der in dem, was gezeigt wird, einen Punkt findet, der die schöpferische Wiederholung des Ganzen ermöglicht. Es muss immer so einen Punkt geben, der eine schöpferische Wiederholung hergibt.

**Untertreibst du damit nicht deine Arbeit als Regisseur?**
Die Probe ist schöpferische Wiederholung – von wenig, von mehr und von allem, bitte schön, auch von Versagen. Auch von nicht Gefundenem. Sobald sich nur noch Kontrollsysteme gegenüberstehen – ich kontrolliere als Regisseur, die Schauspieler kontrollieren mich –, ist alles andere erledigt. Daraus sind Ängste entstanden. Daraus ist auch entstanden, dass der Regisseur für sich so besondere Wichtigkeiten in Anspruch nimmt. Meine Ansicht ist, dass das aus Unsicherheiten entstanden ist, aus diesen Kontrollsystemen. Und die führen inzwischen so weit, dass sie ja auch noch von außen gemacht werden. Die Kontrollsysteme hierzulande, dieses ständige Noten-Geben … Damit wird aus schöpferischer Wiederholung Leistungstraining. Und wenn Leute glauben, dass sie besonders dafür begabt sind und dass das Theater der richtige Ort für Leistungstraining ist, dann hat das mit meiner Art über Theater zu denken, nichts zu tun. Leistungstraining am Theater ist etwas anderes, Tanzen und Singen und

Bewegung – meinetwegen bis zum Umfallen, aber dann muss es auch so genannt werden. Mit Leistung kann man sogar spielen, dann muss man es vorher so ansagen, damit alle Leute ein ungeheuer positives Verhältnis dazu haben und sagen: Aha, wir spielen jetzt Leistung – nicht: Unser Leben wird hier geplant.

Warum wurde im Stalinismus nur das Stanislawski-System als Regiemethode anerkannt? Warum ist das passiert? Weil sie als eine Festlegungstrainingsmethode, als eine Kontrollmethode verkauft wurde, was sie aber auf keinen Fall ist. Da tat man Stanislawski Unrecht. Das Stanislawski-System ist nichts weiter als fixierte Beobachtung, aber es wurde als ein Kontrollsystem für realistisches beziehungsweise sozialistisch realistisches Theater benutzt. Dabei war es nur ein schauspielerischer Vorschlag für eine schauspielerische Methode. Und wenn Stanislawski zum Beispiel sagte, „ich glaube dir das nicht“, dann ist damit gemeint, dass alles, was wir auf der Bühne zeigen können, nur machbar ist, weil es im Leben vorkommt, weil Menschen das können. Immer dann, wenn diese Wahrhaftigkeit da ist, kann die größte Merkwürdigkeit auf der Bühne stattfinden. Wenn ein Schauspieler mir aber vorführen will, was er sich da unerhört Ulkiges, unerhört Modernes und Wirksames ausgedacht hat, dann fehlt Wahrhaftigkeit. Dann sage ich mir: Ja, alles ist ganz gut und schön, was du da machst, aber wo bist du selbst? Du willst mich nur verblüffen. Verblüffen kann mich das Leben. Jeden Tag mehr. Wenn ich aber sehe, was der Schauspieler sich ausgesucht hat, und zu einem besonderen Zweck ganz mit sich selbst versehen hat, und das wahrhaftig, also wirklich dringend notwendig für Wahrheitsentdeckung und -findung, vorführt – dann sage ich, okay, das interessiert mich.

**Du hast darauf hingewiesen, dass der Schauspieler offen sein muss für den Impuls, dass darin sein Freiraum besteht und dass der Regisseur, der Dramaturg oder welcher Mitarbeiter auch immer, dabei nicht helfen kann. Diesen Freiraum solltest du noch ein bisschen genauer beschreiben. Du sagtest, dass zur Impulsivität des Schauspielers auch gehört, dass er impulsiv denken kann.**

Dass er impulsiv reagieren kann, ist das eine. Damit er impulsiv denken kann, braucht er zeitliche Räume, um Gelegenheit zu finden, mit sich selbst umzugehen. Dazu gehört, dass er so früh wie möglich in die Absichten des Regisseurs eingeweiht wird. Ich denke, er muss eine Weile mit diesen Absichten leben, mit Stücken oder mit Ideen umgehen können, um sie einfach in Vergleich mit dem Leben zu setzen. Denn der Impuls kommt nicht aus der Trockenheit und nicht aus der momentanen Aufforderung. Die gibt es auch, aber die kennt ja jeder. Also er muss nach dem ersten

Lesen auch die Möglichkeit haben, mit dem ersten Eindruck, dem ersten Anspringen zu leben, und das nicht gleich verwandeln in Leistung, in kontrollierte Leistung.

Theaterarbeit hat immer auch mit Organisation von Kunst und mit künstlerischer Organisation zu tun. Und die künstlerische Organisation besteht darin, dass man dem Schauspieler solche Denkzeiten, solche Zeiten der Beschäftigung, des Vergleiches mit der Alltäglichkeit, des Vergleiches mit seiner alltäglichen Unruhe schafft. Dann sammelt er. Und aus dieser Sammlung entsteht ein Impuls. Nur aus dem Moment heraus auf etwas reagieren, das ist kein Impuls, das ist vielleicht impulsiv. Aber ein Impuls ist etwas anderes.

Ganz wichtig ist, dass der Schauspieler in der Lage ist, sich selbst überraschend zu finden, denn der Impuls hat immer zur Folge, dass der Schauspieler von ihm überrascht ist. Er merkt plötzlich, dass der Impuls spielbar ist, dass er zu verwenden und zu entwickeln ist, und er geht ihm nach. Deshalb wird vor dem Impuls immer ein Haufen Müll sein. Und dann plötzlich, wenn sich etwas bewegt auf der Bühne, dann ist es das, woran er arbeiten kann. Diese Entwicklung muss man ihm lassen. Man muss ihm die Gelegenheit geben, es zu wiederholen. Das ist natürlich das, was ich „improvisative“ Methode nenne.

**Kannst Du dafür ein Beispiel geben?**

Es gibt eine bestimmte Nummer, die „Astrid-Nummer“, mit der ich auch in Seminaren immer ziemlich viel Erfolg habe. Sie ist mal für die Schauspielerin Astrid Meyerfeld erfunden worden. Ich sage zum Beispiel: „Horst, geh doch mal einen Schritt.“ Und dann tut es Horst. Und er sagt: „Horst, das hast du gut gemacht, geh doch mal zwei Schritte.“ Und so kann man es entwickeln. Diese Methode ist bekannt, in ähnlicher Weise taucht sie auch bei Brecht auf. Bei geübten Leuten dauert so etwas manchmal eine Dreiviertelstunde und länger. Und der Schauspieler kann – das ist nun zigmal bewiesen – alles, was er in den 45 Minuten gemacht hat, wo er sich selbst einen Impuls gegeben hat, wiederholen. Es fehlt nichts. Das nenne ich die schöpferische Wiederholung. Der Schauspieler hat alles das, was er selbst produziert hat, mit seinem eigenen Namen versehen. Da kommen ganz feine Szenen zustande, und all das, selbst bis in die kleinste Bewegung, ist wiederholbar.

Eigentlich ist das der Beweis dafür, dass der Schauspieler alles behält, wozu er sich selbst gebracht hat, was er selbst wollte. Das erklärt vielleicht das Phänomen, das man oft auf der Bühne hat, dass der Schauspieler etwas, was man mit ihm probiert hat, am nächsten Tag nicht macht. Das heißt, dass da irgendetwas nicht zusammen funktioniert hat. Und der Regisseur

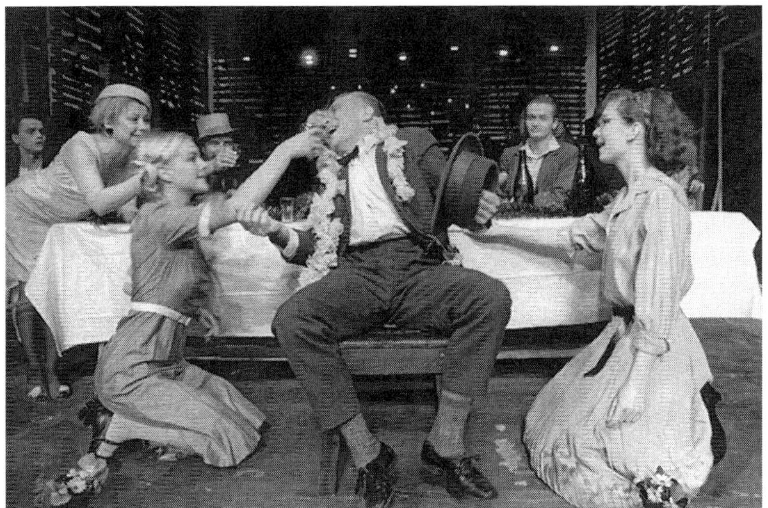

Staatstheater Schwerin, *Der Selbstmörder (1987)* von Nikolai Erdman, Regie: Horst Hawemann, Ausstattung: Martin Fischer. Foto Staatstheater Schwerin

sollte jetzt nicht darauf bestehen, dass der Schauspieler den rechten Arm wieder so hinlegt, wie er gestern war, sondern er sollte sich überlegen, wie es kommt, dass der Schauspieler nicht in der Lage ist, das zu wiederholen. Er hat keine Beziehung dazu. Es ist nicht seins. Das ist nicht wichtig für ihn. Es hat sich in ihm nichts abgebildet.

Was hat das nun mit dem Impuls zu tun? Indem ich mir selbst ansage, was ich zu tun gedenke, und es ausführe, nehme ich, was mir in diesem Moment in den Kopf oder in den Körper kommt. In der Zeit, in der ich es ansage, kann ich mich damit beschäftigen, wie ich es machen werde. Der Partner hört das, was ich vor habe und sieht, wie ich es machte. Er hat die Möglichkeit, darauf einzugehen. Ich vermeide das Wort „reagieren". Das heißt immer „auf" etwas, vielleicht ist „impulsieren" viel schöner. Das sind gelenkte Impulse oder benutzte oder hergestellte. Dabei ist sehr wichtig, dass der Schauspieler den Punkt findet, wo er sich über sich selbst wundert, wo er über sich selbst staunt. Dann wird er lange Zeit damit leben können.

Ich probiere in Seminaren oft einen Satz, zum Beispiel: „Ich liebe dich", und lasse diesen Satz durchbuchstabieren. „I wie irre, C wie Chaos, H wie Hingabe und L wie la, la… I wie irre, E wie ehrlich…bum, bum, bum… Da habe ich diesen Satz aufgelöst, im Moment aufgelöst, und heraus kommt ein großer Inhalt. Natürlich gibt ein Wort auch das andere. Zum Schluss ist anstelle dieses oft benutzten Wortes, dieses für Schauspieler oft schwer aussprechbaren Satzes plötzlich ein Gewirr von etlichen Worten entstanden. Ich liebe dich! Wenn man dieses Spiel entdeckt, geht man die kürzesten assoziativen Wege. Ich liebe – L wie Lust, I wie Idiot, E wie ewig, B wie Bewusstlosigkeit …

Alles das sind natürlich erzeugte Impulse, die vorher klar sind, die aber nicht ausgedacht sind. Sobald einer sich etwas ausdenkt und die Konstruktion bemerkt, kommt er ins Stocken.

Es gibt eine ganze Reihe solcher Übungen, die der Schauspieler machen kann, auch bei der Beschäftigung mit Texten. Er buchstabiert einzelne Sätze einfach durch. So kann man ganze Szenen spielen. Impulse gehen von etwas aus. Sie kommen ja nicht aus dem Nichts. Das weiß man aus der Technik, irgendwo wird da „gesendet“. Und zu diesem Senden muss man dem Schauspieler Gelegenheit geben. Das ist ganz wichtig.

Ich weiß, ich beschreibe hier eine Arbeitsweise, die der heutigen widerspricht, wo ästhetische Perfektion erreicht werden soll und von vielen erreicht wird. Das sind andere Arbeitsweisen. Ich glaube, es gibt nicht *die* Krise des Theaters, von der die Rede ist. Krisen hat es immer gegeben. Die sind sicher auch durch die Literatur, die dem Theater zu bestimmten Zeiten zur Verfügung stand, gelöst worden, aber stets auch durch Arbeitsweisen, die erstaunlicherweise durch die großen Regisseuren der Neuzeit immer wieder entwickelt worden sind.

**Weil du gerade von Krise sprachst: Das Jahrhundert geht zu Ende und alle Welt schreit nach Demokratie. Es ist überhaupt, meiner Meinung nach, unumgänglich, dass allgemein ein Demokratisierungsprozess einsetzt, auch bei uns in der DDR. Was hat das Theater damit zu tun, und wo kann es da schon Vorgriffe darauf machen? Geht das?**

Sicher, die Probe ist die Kunst, sage ich immer. Also muss die Demokratisierung, was das auch immer heißt, wie man auch immer darüber denkt, erst mal auf der Probe stattfinden. Und das wird man dann auf der Bühne sehen. Das heißt, wenn der Schauspieler so starke Eigentumsanteile an einer Inszenierung hat, die ihn auch befreien, mit denen er umgehen kann. Wenn auf den Proben so viel gefunden wurde, dass da Reserven vorhanden sind, die in *einer* Vorstellung gar nicht auszunutzen sind, wird sich zum Beispiel auch jeden Abend die Vorstellung verändern. Die Zuschauer werden die Gelegenheit haben, dass jeder einzelne seine Vorstellung sieht. Für ihn wird das nicht merkbar sein, wenn er nur einmal hingeht. Aber wir müssen dafür sorgen, dass jeder Zuschauer seine Vorstellungen in der Vorstellung entdecken kann.

Und auch das ist ja ein Wesen des Improvisativen. Also mit dem frei umzugehen, was in der Zeit der Proben erarbeitet wurde, um es unterschiedlich einsetzen zu können. Das hat wieder etwas mit der alltäglichen

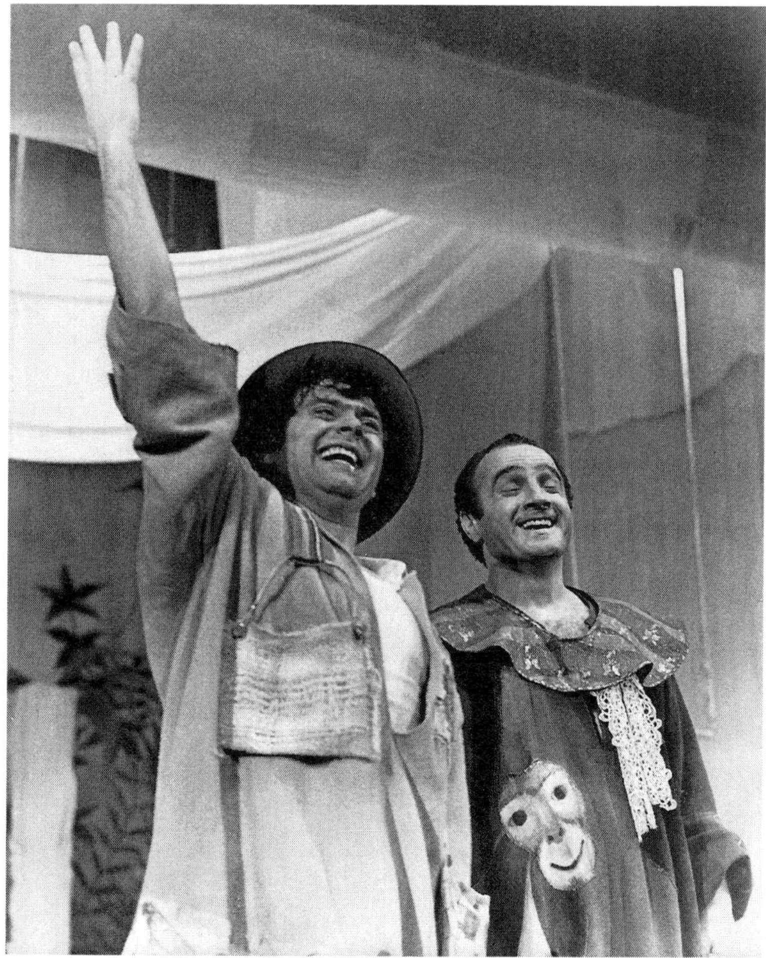

Theater der Freundschaft, *Kokori oder Mein Freund der Affe (1979)*, Theaterstück nach dem gleichnamigen Kinderbuch von Joaquin Gutierrez, Regie: Horst Hawemann, Ausstattung: Alwin Eckert. Kokori – Wesselin Georgiew, ein Affe mit Erfahrung – Rüdiger Sander. Foto Egon Radloff

Unruhe zu tun, mit dem alltäglichen, mit dem privatmenschlichen oder staatsmenschlichen Zustand, der dabei eine Rolle spielt.

Ich glaube, durch ständige Impulsunterdrückung hat der Schauspieler Schwierigkeiten, diesen freien Umgang anzunehmen, weil er einfach anfängt, unter Kontrollen zu leben. Und ich erlebe oft, dass dieses Selbstkontrollsystem eingeführt wird aus guten Gründen, meistens aber auch aus Ängsten, aus Furcht vor Verletzung und Furcht vor Beschädigung.

Dieses Selbstkontrollsystem verhindert schon von vornherein, dem Impuls folgen zu können. Bei einer Arbeitsweise, wie ich sie bevorzuge, muss das Selbstkontrollsystem fast wegfallen. Da können Theaterleute untereinander auch den Umgang mit Freiheit lernen. Dann wäre da ein Freiraum, auch die Impulse des anderen zu entdecken, ihm Zeit dafür zu lassen, sich zu freuen an seiner Überraschung und diese Überraschung für sich selbst wieder zu verwenden. Also da ist Freiheit ja doch schon immer die Sache des anderen.

**Und das ist der Tenor deiner Seminare, was du jetzt beschreibst? Das versuchst du methodisch zu vermitteln?**
Ja. Da gibt es eine Reihe von Übungen, die oft auch dazu führen, dass dem Schauspieler auf diese Art und Weise, auf spielende Art und Weise, Strukturen des Dramas klar werden. Ich sage zum Beispiel, man soll ja auch immer mit einem gewissen Spaß beginnen: „Ihr seid alle Schauspieler, ihr habt alle ein Rollen-Repertoire. Sucht euch mal auf der Bühne einen Ort, einen Platz aus, wo ihr euch mal gut fandet, oder wo ihr mal eine sympathische Beziehung hattet, was weiß ich, was da war. Und erinnert dazu den entsprechenden Text aus dem Stück." Und dann bauen sich alle auf. Schon das allein ergibt ein sehr schönes Bild, weil jeder natürlich irgendwelche Lieblingsstellen, -haltungen oder -gesten oder Ähnliches einbringen wird. Außerdem sind manche Stellen auf der Bühne dann schon besetzt, und man muss andere wählen. Da sind dann zwanzig Schauspieler auf der Bühne in den merkwürdigsten Haltungen. Es fällt einem auch auf, wie einfach es manchmal ist, Interessantes auf die Bühne zu stellen. Danach sagt jeder der Reihe nach den entsprechenden Text zu seiner Haltung. Auch das ist sehr ulkig. Die Leute freuen sich meistens darüber, wie es so zufällig aneinander passt.

Anschließend bitte ich sie zu versuchen, diese Texte zu ordnen, je zwanzig Sätze. Meist entstehen kleine Stücke daraus. Irgendeiner sagt den ersten Satz, und der Schauspieler merkt, sein Satz ist so allgemein, dass er ihn ständig verwenden kann. „Guten Tag, Herr X", oder was weiß ich. Ein anderer hat das Problem mit dem besonderen Satz: Wo kommt mein Satz hin, weil er doch zu spezifisch ist? Und er ist überrascht darüber, wo er seinen Satz angebunden hat. Keiner weiß ja vorher, wie es weitergeht. Jeder versucht, seinen Satz an geeigneter Stelle zu platzieren.

In einem nächsten Schritt erfinden die Schauspieler Dialoge mit ihren Sätzen, machen Szenen daraus. Und sie kriegen immer mit, wo müsste man was setzen. Und das geht dann immer weiter. Dann fragt man sich, welcher Satz sich nun wohin bewegen könnte? Also wo geht wer wohin? So entstehen auch Spannungen auf der Bühne, weil plötzlich ein Satz alle anderen

Sätze um sich schart. Andere bleiben einsam mit ihren Sätzen, weil sie da nicht hinpassen. Aber sie versuchen auch Partnerschaften aufzubauen. So sind alle gezwungen, Widerstände zu überwinden – vor allem Widerstand mit sich selbst, das Hindernis, das man sich selbst stellt: Wo passen meine Worte hin, so dass sich ein anderer Sinn oder Sinnzusammenhang daraus ergibt? Wann braucht man, wo entwickelt sich, das Konfliktchen? Oder wo wird es ein Konflikt? Wie weit bin ich daran beteiligt? Wie weit habe ich mich selber rausgespielt? Inwieweit falle ich einem anderen ins Wort oder nicht? Wo meine ich, dass die Handlung sich führend entwickelt, und wo bin ich dabei? Wo entscheide ich mich auszusteigen, weil ich kein Material mehr zur Verfügung habe und keine Beziehung zu dem, was da entsteht? Wann trete ich wieder ein?

**Das ist praktische Dramaturgie, die sich die Darsteller im Spiel aneignen und bewusst erleben.**
Ja. Und wenn ein Schauspieler das weiß, dann kann er sich Freiräume schaffen. Viel zu lange hat man den Schauspielern diese Strukturen des Dramas vorenthalten. Sie selber haben sich allerdings auch oft nicht dafür interessiert. Oder man hat es ihnen so trocken beigebracht, dass sie das verlagert haben auf die Funktion des Dramaturgen und des Regisseurs. Aber sie selbst müssen sich damit auch beschäftigen, und dieser Aufenthalt an Dingen wie die Buchstabiertechnik oder die Verlängerung eines Satzes bis in die Unendlichkeit hilft ihnen dabei. „Hey, Sie da, kennen Sie einen Hund, der Kaffee trinkt?" – Das bringt ein Schauspieler mit Lust irrsinnig lange: „Hey, hey, hey, hey, Sie, Sie da, hey Sie da, da, hey Sie da..." Diesen verlängerten Satz kann man nicht gebrauchen für die Aufführung, aber alles, was der Schauspieler einmal von sich aus frei mit Vergnügen, sich selbst überraschend, zum großen Wunder für sich selbst hergestellt hat, kann er in einer vereinfachten Form auf der Bühne wieder darstellen, und dann merken alle, da war mehr. Und er weiß auch, da ist mehr. Da gibt es dann so ein Hören und Sehen, was über das konkrete „Ich habe verstanden, Herr Regisseur, ich habe verstanden, Herr Dichter" hinausgeht. Und das passiert jeden Abend.

Das heißt, der Schauspieler kann sich Freiräume schaffen, indem er, wenn er die Gelegenheit dazu in der Probe nicht hat, für sich selbst Dinge verlängert, große Vorgänge macht. Er wird dabei merken, dass er dann in Gebiete kommt, wo Genreübergänge sind. Er wird auf jeden Fall zum Absurden kommen, weil sich jeder konkrete Vorgang irgendwann mal ins Absurde steigern lässt.

Was jahrelang bei uns in der Betrachtung des absurden Theaters nicht verstanden worden ist: Dass man alle diese Dinge, die guten Stücke dieser

Art, zurückentwickeln kann, wenn man will auf ganz konkrete Vorgänge. Man hätte es bei der Betrachtung der Malerei verstehen können.

Der Schauspieler kommt an den Punkt, wo es ihm noch irrsinnigen Spaß macht, darüber nachzudenken, er aber es nicht mehr darstellen kann. Dann hat er den großen spannenden Vorgang, aus dem er nur einen Teil für sich benutzt. Aber er *kennt* den ganzen Vorgang. Und das macht ihn frei, selbst entscheiden zu können, wie viel er aus einem großen Vorgang auf die Bühne bringt. Und er hat obendrein die Freiheit, den Rest zu denken, von dem niemand etwas erfährt. Also auch dieses Geheimnis für sich zu haben und nicht der Ausgelaugte, der Ausgepowerte, der Austrainierte, der Ausdisziplinierte, der nervös Gemachte, der nur noch auf Richtigkeit Bedachte zu sein. Das wird es immer geben, aber das wird das Theater der Zukunft nicht sein.

Die Perfektion und Kontrollsysteme funktionieren auf allen anderen Gebieten des Lebens besser als in der Kunst. In diesen Wettbewerb muss sich das Theater nicht begeben. Es wird nicht mehr nötig sein, auf der Bühne mittels Technik und Elektronik und was weiß ich, Katastrophen herzustellen, sondern es wird notwendig sein, dass der Mensch an Katastrophen erinnert, indem er aus einem katastrophalen Vorgang einen Teil auswählt, der alle anderen, die ihm zusehen und zu hören, darauf hinweist, was eine Katastrophe sein wird. Ich glaube, dies ist der Punkt, der das Theater immer wieder bewegen wird, immer wieder. Wann hat das New Yorker La Mama Theater mit seiner Theaterform begonnen? Wie kam es, dass Peter Brook die Welten zueinander schiebt, indem er nationale Theaterformen benutzt, also über die Grenzen hinausgeht und behauptet, das Theater sei der „Büchsenöffner für die Welt“? Es ist unvorstellbar, dass nur ausgesuchte Regisseure diese Büchsen öffnen können.

Freiräume am Theater haben natürlich auch mit gesellschaftlichen Freiräumen etwas zu tun. Wenn die belastet sind, wenn da zu viel Kraft abgezogen wird und der Schauspieler sich nicht dagegen wehrt, weil die Umwelt zu stark ist und seine Gespräche, sein Tun sich dann gezwungenermaßen zu sehr vom freien Umgang mit sich und der Welt entfernen, dann ist natürlich fast alles vergebens. Obwohl der Schauspieler sich auch wehren könnte, weil er doch ganz stark auch mit Impulsen auf das reagiert, was in der Welt passiert, und was wir auf der Bühne brauchen. Ich erlebe heute viele Schauspieler in ihren so spannenden Betrachtungen des Lebens und nicht mehr so spannend auf der Bühne. Wer hat sie dazu gebracht, das alles wegzulassen?

## Ich bekenne mich zu meiner Arbeitsweise

Aus einem Interview mit Christel Hoffmann (Juli 1989)

**Christel Hoffmann: Du hast mal gesagt, jeder Sitzplatz im Theater ist eine Minibühne. Wie hast du das gemeint?**

Horst Hawemann: Vom Theater kann man nicht fordern, was man von den anderen Künsten überhaupt nicht verlangt, dass alle das gleiche Bild betrachten und es für sich selbst auf die gleiche Art und Weise verwerten. Dieser Kollektivismus ist einfach unsinnig. Das Traurige für mich ist dabei, dass meine Partner, die Zuschauer – für die ich vielleicht auch ein bisschen stellvertretend bin – nicht so vernehmbar sind. Es wäre schön, wenn man sie mal kennen lernen würde... Und das war am Kindertheater anders. Dort kommt das Echo auf geradestem Wege, ohne Form und Anstand zu wahren, wieder zurück.

Deshalb benutze ich diese improvisierende Methode, die von Maria Knebel, Anatoly Efros, und natürlich vor allem von Wsewolod Meyerhold herkommt. Ich habe es satt mit der Richtigkeit zu leben, mit diesem „So und nicht anders". Wenn ich in der Inszenierung *Hundeherz* von Michail Bulgakow, 1988 an der Volksbühne, den ersten Teil zur Freude der Zuschauer satirisch aufbaue und im zweiten eine Tragödie folgen lasse, aus der die Leute aussteigen, und man mir daraus einen Vorwurf macht, dann kann ich nur sagen: Ja, dieses Risiko bin ich bewusst eingegangen. Und ich wusste schon von vornherein, dass ich lachend besser über die Runden gekommen wäre. Aber vielleicht habe ich durch diesen Bruch jemanden aufgestört. Wie schön für ihn, wenn er in seiner erwarteten Rezeption gestört ist und nicht sagt: Jetzt hab ich's drauf, jetzt begreif' ich's so richtig. Das bestätigt mich, aber mit diesem Risiko muss man fertig werden. Was natürlich auch zur Folge hat, dass die Kollegen, die das gern mitmachen und mit denen man gern arbeitet, stellenweise verunsichert werden, weil dieser gemeinsam geschaffene Freiraum dann doch ein ganz sensibles Stück ist, mit dem oft, auch unter Kollegen, ziemlich brutal umgegangen wird: Lass das doch weg! Warum machst du das?

Unbeachtet bleibt, dass das nicht ausgedacht wurde, sondern entstanden ist. Dabei ist das doch das Wichtigste an der Improvisation, dass sie nicht befohlen wurde oder aus einer angesagten Interpretation kommt, sondern dass sich eine Gruppe von Leuten im Moment des Entstehens entschlossen hat, das beizubehalten und es nicht durch das Sieb der Erwartung oder Nichterwartung zu schütteln. Es fallen Sätze wie: „Das ist nicht die Tradition des deutschen Theaters." Ich weiß nicht, was zu dieser Tradition gehört und was nicht. Ich weiß nur, und ich bin überzeugt davon, dass es für das Theater das große und wichtige Risiko ist und die schönste und demokratischste Art zu spielen, wenn an jedem Abend aus der Unruhe des Tages oder der letzten Zeit sich Impulse vermitteln, die nicht geübt, trainiert, abgestützt, ausgewählt und begründet sind, aber gemacht werden, auch wenn sie im Moment, eben weil sie nicht geübt, trainiert und geprobt sind, nicht die Höchstform erreichen. Auch im Theater sollte eine normale menschliche Tagesform gestattet sein.

Ich glaube, dass der erwachsene Zuschauer schon durch Ereignisse, die stattfinden oder ausbleiben, einseitig vordramatisiert im Dafür oder Dagegen, ins Theater kommt – bereit, etwas schön zu finden, wozu man sich in der Anonymität eines Theatersaales laut äußern kann. Ich weiß nicht, ob ich überhaupt bereit bin, darüber weiter nachzudenken. Ich bin eher bereit, an dieser Stelle aufzuhören. Ich bekenne mich zu meiner Arbeitsweise. Sie hat vielleicht auch damit zu tun, wie ich mein künstlerisches Leben verbracht habe. Für mich sind diese Äußerungsformen auch sehr abhängig von mir selbst, von meinem Autorenanteil. Ich meine dabei nicht nur das, was mit Texten belegt ist, sondern alles zusammen.

Wahrscheinlich kriege ich nie den „Meisterbrief" als Regisseur, der so prüfungsmäßig abgenommen ist. Vielleicht liegt mir auch gar nicht so sehr daran. Ich habe die Erfahrung gemacht, dass von einem Großteil der Schauspieler diese Arbeitsweise angenommen wird, unruhig angenommen wird. Aber manch einer hat auch seine Schwierigkeiten damit.

Ich kann nicht dauernd das Wort „Fixierung" hören, oder: Jetzt machen wir's fest. Ich glaube nicht, dass in der Kunst überhaupt irgendetwas fixierbar, fest zu machen ist, denn dann ist es auch nur meine Fixierung, und es fehlt darin der Zuschauer, der Betrachter, Zuhörer und jeder andere. Und wenn wir uns jetzt im Wettbewerb, im Vergleich befinden, wer perfektionierter ist, dann kann ich mich nicht daran beteiligen, denn das würde bedeuten, dass ich anders leben muss.

**Du hast *Mutter Courage* in Leningrad für junge Leute inszeniert, eine Aufführung, die über Jahre erfolgreich war. Ähnliche Gelegenheiten hätten sich doch sicher auch hier geboten. Warum hast du sie nicht wahrgenommen? Das war doch keine Frage von Angebot und Nachfrage.**

Nein, nein, darüber kann ich in letzter Zeit überhaupt nicht klagen, auch was die Brecht-Stücke betrifft. Aber ich kann und will mich nicht mit so festgefahrenem Alleswissen über die Dinge, mit diesen Theatersystemen auseinandersetzen, das ist für mich einfach nicht machbar. Deshalb habe ich schon immer gesagt, ich inszeniere Brecht nur im Ausland, das heißt, wenn die Möglichkeit gegeben ist, an ihm mit anderen Leuten – die ich in diesem Fall ja kannte, weil ich unter ihnen gelebt habe – Entdeckungen zu machen. Ich brachte meine Inszenierung nicht mit, sondern sie ist wesentlich bestimmt worden durch die Erfahrungen und das Verständnis der Leningrader Kollegen. Was nutzt mir mein mitgebrachtes Wissen gegenüber Menschen, die in ihrer konkreten Welt und, allein schon aufgrund der Geschichte ihrer Stadt, mit ihrem ganz anderen Verhältnis zu Krieg und Frieden zum ersten Male auf diesen Autor stoßen? Hierin sah ich auch für mich selber den fruchtbaren Ansatz, und da verliere ich auch die Scheu – vielleicht habe ich auch nur Furcht vor der vergleichenden Besserwisserei, vor Missverständnissen.

**Es zeigt sich, dass es nicht möglich ist, deine Biografie in Schaffensperioden zu gliedern, noch weniger lässt sich dein ästhetisches Programm auf das Kindertheater eingrenzen. Deine Beschäftigung mit dem Theater für junge Zuschauer resultiert, meines Erachtens, aus deiner Lebensanschauung, deiner Motivation zur Ausübung dieses Berufes, zum künstlerischen Ausdruck, und die ist unteilbar. Dennoch möchte ich noch einmal auf deinen Schritt, dich vom Kinder- und Jugendtheater zu trennen – was viele Leute bis heute außerordentlich bedauern – zurückkommen, um zu fragen: Wo lag der tiefere Grund? Und wo setzt du in deiner künstlerischen Arbeit heute deine Unruhe an?**

Darüber nachdenkend glaube ich, mein Leben hatte sich auch für mich selbst zu sehr problematisiert. Ich möchte das nicht ausführen. Und mit dieser Selbstproblematisierung konnte ich nicht mehr vor diesen Zuschauer treten. Ich wollte ihm das nicht von mir aus beibringen. Und so entschied ich mich für jene, die diese Probleme vielleicht auch empfinden oder auch nicht. Das ist das eine, zum anderen meine ich, dass man im Theater immer wieder von Anfängen leben muss. Das Schlimmste ist, wenn man so eine „Bekanntmachung“ wird, wenn man so gekannt ist oder einem die Unruhe fehlt, so dass gegenseitiges Entdecken wie in einer ausgelebten Zweierbeziehung nicht mehr möglich ist.

Deshalb habe ich nach meinem Weggang vom Kindertheater als Gastregisseur gearbeitet. Das war zwar anstrengend, weil das Werben um die Leute aufwendig ist, aber ich traf auf so viel Unbekanntes, und ich hatte immer wieder die Begegnung mit Anfängen. Ich musste und wollte nicht so viel wissen von dem, womit die Leute schon vorher belegt waren, mit Urteilen und Verurteilungen. Dieses Immer-Fortsetzen von neuen Anfängen, die natürlich von früheren Anfängen beeinflusst sind, empfinde ich als spannend. Ich habe mich stets dagegen gewehrt, ein System von Anschauungen und Überzeugungen zu werden. Was nicht ganz funktioniert hat, denn arbeitsmethodisch sind ein paar Überzeugungen ziemlich fest geworden. Um sie immer wieder durchzuschütteln, bin ich diesen Weg gegangen. Ich habe mir auch die Gelegenheit genommen, Dinge zu tun, die nicht zum offiziellen Programm gehören, weil die Offenheit und die Fülle, mit der ich ankam, für dieses Theater erst mal eine gewisse Zeit gereicht habt. Es ist nicht wichtig, dass das am Kindertheater war, das wäre mir an einem anderen Theater genauso gegangen, bloß möglicherweise mit dem Entschluss, früher damit aufzuhören oder später ans Kindertheater zu gehen, was weiß ich. Warum sind beispielsweise so viele wichtige Schauspielregisseure zur Oper gegangen? So halte ich es auch einerseits für mich nach wie vor für eine große Möglichkeit, dass ich bisher so wenige Stücke der großen Theaterliteratur inszeniert habe. Andererseits gibt es aber das Problem der Annäherung an diese Stücke. Diese Annäherung ist für mich nicht mehr interpretatorisch zu schaffen, das hat wirklich etwas mit der Zeit-Unruhe zu tun. Ich finde nicht zu der Disziplin des „Interpretators".

Wenn ich jemanden vor mir habe, einen von mir geschätzten Menschen, Künstler, von dem ich weiß, dass er zu eigener Äußerung fähig ist, kann ich sie ihm nicht verbieten oder ausreden. Das schaffe ich nicht, selbst wenn mir im Hinterstübchen klingelt, dass es vielleicht vorteilhafter wäre, da etwas wegzuüben, wegzuprobieren. Ich schaffe es nicht, diesen Beruf zu verschiedenen Rastern zu machen, die nur eine Gleichkörnigkeit hervorbringen. Nun könnten mir andere sagen, das wollen wir auch nicht. Das ist richtig, aber ich kann nur von mir sagen, dass ich verführt bin, diesen mir ganz bekannt werdenden Menschen auch auf diese Art und Weise dem Zuschauer bekannt zu machen. Das setzt mir auch im Theater Grenzen gegenüber dem, was ich vorhabe.

Das hat nichts mit aufgeben zu tun, vielmehr würde ich es als ein Stehenbleiben in der Annäherung bezeichnen. Es wäre mir lieb, wenn es mir gelänge, in der Annäherung irgendwo stehen zu bleiben, als um die Dinge herumzulaufen oder sich zu reduzieren. Und das bringt mich vielleicht irgendwann dazu, eine Entscheidung zu treffen, darüber nachzudenken, ob es nicht besser wäre, wenn ich mich mehr über mich und mit mir selbst äußere und aus den Abhängigkeiten herausgehe, die ich am Theater nie gelernt habe – so technisch, organisatorisch zu herrschen. Darüber, was mir da noch verschlossen bleibt, bin ich nicht traurig. Es bleibt ein schöner, großer spannender Rest, der vielleicht dazu befähigt, anderen ein guter Partner zu sein. Ich glaube, wichtig wie das Anfangen ist auch das Abschiednehmen, auch das sollte man für sich gestalten, damit der Rest und eine unbelastete Erinnerung bleiben. Da sich mein Verhältnis zu jungen Menschen und meine Beunruhigung in den Beziehungen zu ihnen nicht ändern, werde ich noch viel Beschäftigung finden, die mich nicht mehr so an die Öffentlichkeit treibt.

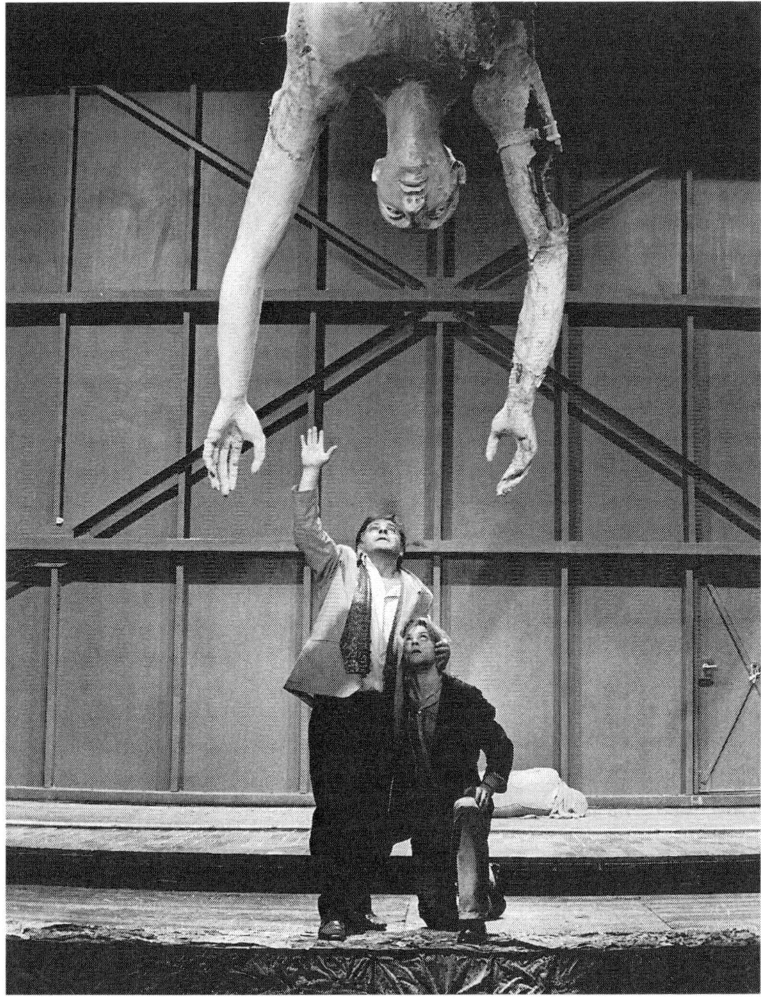

Volksbühne, *Gilgamesch (1990)*, Bühnenfassung: Otto Fritz Hayner und Michael Peschke, Regie: Horst Hawemann, Bühnenbild Marin Fischer, Kostüme: Gabriele Wischmann. Gilgamesch – Gerd Preusche; Enkitu – Magne Hovard Brekke. Foto Adelheid Beyer

## Horst Hawemann – Biografie in Daten

1940
Geboren am 4. Februar 1940 in Glogau, Niederschlesien

1945
Umsiedlung nach Bad Wilsnack in der Prignitz

1946
Einschulung in die achtklassige Grundschule

1952–53
Mitarbeit in der Stadtbibliothek und Lokalartikelschreiber („Volkskorrespondent")

1954
Abschluss der Grundschule mit der Gesamtnote „Sehr gut"
Oberschule Wilsnack

1955
Freiwilliges Verlassen der Oberschule
Beginn einer Schlosserlehre im Stahl- und Walzwerk Brandenburg

1955–58
Mitarbeit und Leitung im Laientheater
Teilnahme an Volkskunstlehrgängen und literarischen Zirkeln

1958
Facharbeiterprüfung als Stahlwerksschlosser

1958
Delegierung durch den Betrieb an die Arbeiter- und Bauernfakultät der Humboldt-Universität zu Berlin

1958–60
Leitung einer Theatergruppe im Studentenensemble

1960
Sonderreifeprüfung (Abitur) zum vorzeitigen Antritt des Studiums an der Theaterhochschule „Hans Otto" in Leipzig
Abitur mit der Note „Sehr gut"

1960
Vorpraktikum als Bühnenarbeiter an der Volksbühne in Berlin

1960
Studium der Theaterwissenschaft in Leipzig
Delegierung zu einem Regiestudium an der Theaterhochschule (GITIS) in Moskau

1961
Beginn der Regieausbildung in der Regieklasse von Professor A. A. Gontscharow

1966
Diplominszenierung von Brechts *Herr Puntila und sein Knecht Matti* an einem Theater in Moskau
Diplom und Schauspielausbildung mit Auszeichnung abgeschlossen
Rückkehr nach Berlin

1966–73
Regisseur am Theater der Freundschaft in Berlin
Übersetzer, Stückeschreiber und Schauspieldozent an der Staatlichen Schauspielschule Berlin
Theoretische Arbeiten zum Kindertheater

1967
Heirat mit der jugoslawischen Regisseurin Mirjana Erceg
Geburt des Sohnes Alexander

1969
Regiearbeiten im Ausland, u. a. in Wien

1969
Erich-Weinert-Kunstpreis

1970
Goethe-Preis der Stadt Berlin

1973
Beendigung des Engagements am Theater der Freundschaft
Lehrtätigkeit am Bereich Theaterwissenschaft der Humboldt-Universität zu Berlin, Fach: Einführung in die Regiepraxis für Dramaturgen

1974
Oberspielleiter am Theater der Freundschaft

1976
Freischaffender Regisseur
Gastarbeiten an Theatern im In- und Ausland
Stückeschreiber
Lehrtätigkeit an der Hochschule für Schauspielkunst „Ernst Busch“ Berlin

1987
Regisseur an der Volksbühne Berlin

1988
Teilnahme am ersten gesamtdeutschen Theatertreffen in Westberlin mit der Schweriner Inszenierung *Der Selbstmörder*

1990
Freiberuflicher Regisseur in deutschen Städten von Rostock bis Konstanz, von Lübeck bis Kassel sowie in Wien, Zürich, Antwerpen, Petersburg
Neue Stücke
Honorarprofessur an der Hochschule der Künste Berlin
Dozentur an der Hochschule für Schauspielkunst „Ernst Busch“, Abteilung Puppenspiel

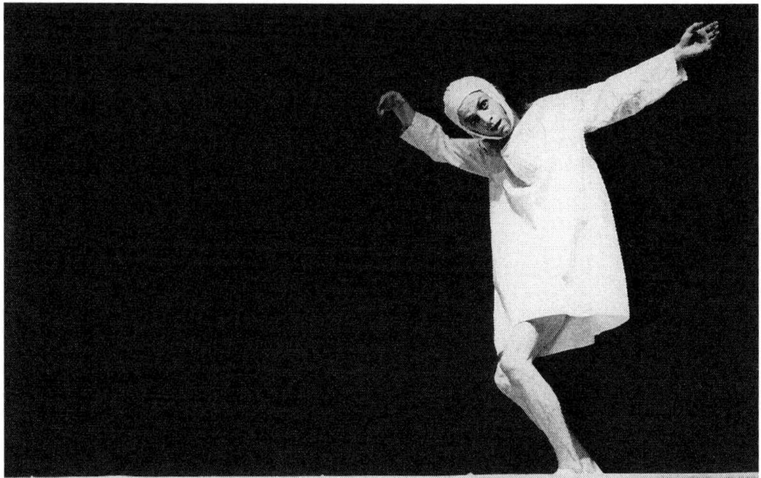

Volksbühne, *Hundeherz* (1989) von Michail Bulgakow, Deutsch von Thomas Reschke, Regie: Horst Hawemann, Bühnenbild: Marin Fischer, Kostüme: Ulrike Schlafmann, Musik: Rolf Fischer. Der neue Mensch – Magne Hovard Brekke. Foto Adelheid Beyer

## Inszenierungen (Auszüge)

Am Theater der Freundschaft Berlin

| | |
|---|---|
| *Urfaust* | Johann Wolfgang v. Goethe |
| *Spiel vor dem Feind* | Michail Swetlow, Bühne I. G. Sumbataschwili |
| *Märchen vom Kaiser und vom Hirten* | Bosko Trifunovic (Deutsche Erstaufführung) |
| *Musterschüler* | Heinz Kahlau (Uraufführung) |
| *König Drosselbart* | Heinz Czechowski |
| *Das Rübchen* | Pawel Maljarewski (Uraufführung) |
| *Tschintschraka* | G. Nachutzrischwili (Deutsche Erstaufführung) |
| *Die Herren des Strandes* | Friedrich Gerlach/Georg Katzer (Uraufführung) |
| *Zar Wasserwirbel* | Jewgenij Schwarz |
| *Die Bernsteinbrigade* | Erich Blach (Uraufführung) |
| *Das bucklige Pferdchen* | E.Erb /A. Endler (Deutsche Erstaufführung) |
| *Warten wir den Montag ab* | Georgi Polonski (Uraufführung) |
| *Die Schneekönigin* | Jewgenj Schwarz |
| *Dame Kobold* | Pedro Caldéron |
| *Kokori* | Horst Hawemann (Uraufführung) |

An anderen Kinder- und Jugendtheatern

| | |
|---|---|
| *König Jörg* | Eschner<br>Dresden |
| *Der Held der westlichen Welt* | Synge<br>Magdeburg |
| *Wie der König zum Mond wollte* | Knauth<br>Magdeburg / Wien |
| *Flüsterlaut und Schlauschön* | Knappe<br>Neubrandenburg |
| *Zirkus der Kuscheltiere* | Hirche<br>Neubrandenburg |
| *Ich sehe was, was du nicht hörst* | Spielwerkstatt<br>Berlin |
| *Die kluge Susanne* | Kahlau<br>Wien |

| | |
|---|---|
| *Tschintschraka* | Nachatzrischwili KJT Antwerpen |
| *Das bucklige Pferdchen* | Erb/Endler KJT Antwerpen |

Andere deutsche Theater

| | |
|---|---|
| *Bruder Aljoscha* | Dostojewski/Rosow NT Weimar |
| *Der Rabe* | Gozzi/Leising NT Weimar |
| *Trilogie der Sommerfrische* | Goldoni/Hawemann NT Weimar |
| *Clavigo* | Goethe Magdeburg |
| *Molière / Kabale der Scheinheiligen* | Bulgakow Neubrandenburg |
| *Das Kirschgärtchen* | Slapovski Eisenach/Rudolstadt |
| *Die echten Sedemunds* | Barlach Staatstheater Schwerin |
| *Der Selbstmörder* | Erdmann Staatstheater Schwerin |
| *La dama boba* | Lope de Vega Volksbühne Berlin |
| *Hundeherz* | Bulgakow/Tscherwinski Volksbühne Berlin |
| *An der Landstraße* | Tschechow Volksbühne Berlin |
| *Gilgamesch* | eigene Bearbeitung Volksbühne Berlin |
| *Fuchsquartett* | Mrozek DT/Kammerspiele Berlin |
| *Troilus und Cressida* | Shakespeare Theaterwürfel Berlin |
| *Liliom* | Molnár Hamburg |
| *Fräulein Julie* | Strindberg Hannover |

| | |
|---|---|
| *Diener zweier Herren* | Goldoni<br>Cottbus |
| *Erfolg, Erfolg, Erfolg* | Eigenproduktion<br>Theaterhaus Jena |
| *Sekondeleutnant Saber* | Tynjanow / Hein<br>Ei-Theater Berlin |
| *Shakespeares Narren* | Eigene Fassung<br>Theater Nordhausen |
| *Was ihr wollt* | Shakespeare<br>Volktheater Rostock |
| *Der Hauptmann von Köpenick* | Carl Zuckmayer<br>Volkstheater Rostock |
| *Der Streit* | Marivaux<br>Volktheater Rostock |
| *Insomnie* | Tabori<br>Staatstheater Kassel |
| *Don Quichote* | eigene Fassung<br>Staatstheater Kassel |
| *Das Fest* | von Trier<br>Theater Lübeck |
| *Haus Herzenstod* | Shaw<br>Theater Lübeck |
| *Glasmenagerie* | Williams<br>Theater Konstanz |

Im Ausland

| | |
|---|---|
| *Puntila und sein Knecht Matti* | Brecht<br>ZSKA Moskau |
| *Mutter Courage* | Brecht<br>Tjus, Leningrad |
| *Die verbrannten Dichter* | Jura-Soyfer-Theater Wien |
| *Vineta* | Soyfer<br>Jura-Soyfer-Theater Wien |
| *Wie es euch gefällt* | Shakespeare<br>Jura-Soyfer-Theater Wien |
| *Kinder der Sonne* | Gorki<br>Schauspielhaus Antwerpen |
| *Tarelkins Tod* | Suchowo/Kobylin<br>Volkstheater Antwerpen |

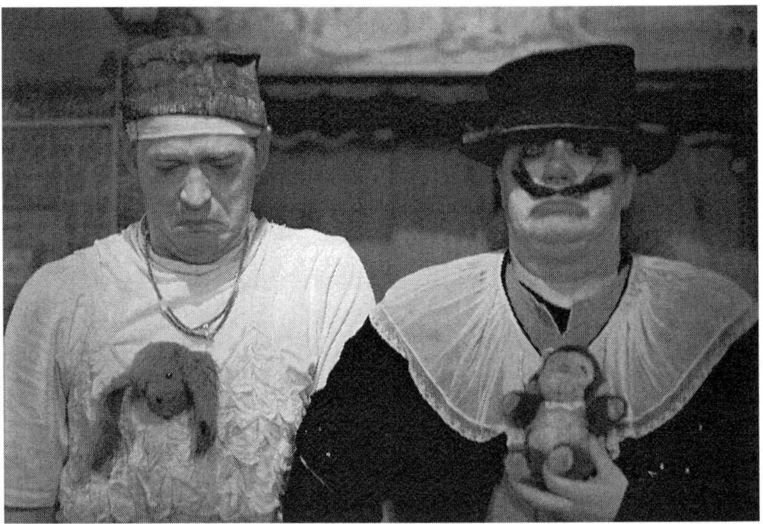

Kammertheater Neubrandenburg, *Zirkus der Kuscheltiere* (1992), Regie: Marlis Hirche und Oliver Dassing, Dramaturgische Mitarbeit: Horst Hawemann, Ausstattung: Otto Sander-Tischbein/Kraut Hils, Spiel: Marlis Hirche und Oliver Dassing. Foto Pyromantiker

| | |
|---|---|
| *Ein König stirbt* | Ionesco<br>Volkstheater Antwerpen |
| *Mein Kampf* | Tabori<br>Antigone-Theater Antwerpen |
| *Glauser* | nach Glauser<br>Freie Szene Zürich |
| *Von Schweinen und Blumen* | Eigenproduktion<br>Freie Szene Aarau |

# NACHWORT

Gralsstück

*Es ging den Gral zu finden*
*ein Narr und Ritter los.*
*Er wusste nicht wo suchen*
*die Welt ist ziemlich groß.*

*Voll von Gewalt und Schrecken*
*regiert von Macht und Geld.*
*Das Gute muss verdrecken*
*Wenn's keiner sauber hält.*

*Parzival oh, Parzival*
*such den Gral*
*find den Gral*
*und schau mal*
*in dich selber rein –*
*Vielleicht kann er da drinnen sein.*

(Horst Hawemann)

Dass jeder Mensch den Gral in sich trägt, war eine Grundüberzeugung von Horst Hawemann, und er half bei der Suche nach ihm, wer immer ihn finden wollte. Er verteilte die Schlüssel, um Türen zu öffnen zu Räumen, die geeignet waren, die eigenen Möglichkeiten der Spieler zu entdecken. Darin sah er den „Spielreiz", ähnlich der Katze in seinem gleichnamigen Stück, die „nur ihre eigenen Wege geht".

Als Theatermann erfand er seine Nummern und Übungen für Schauspieler, aber sie sind für jedermann geeignet, der mit anderen vor anderen Leuten auftreten und bestehen will. Viele seiner Vorschläge eignen sich für jedes Alter, das ist erwiesen und erprobt. Er vertraute der schöpferischen Kraft eines Menschen, und so gab es für ihn auch keine „schlechten Schauspieler". Und in der Tat gelang es ihm auf Proben und im Unterricht, dass sich die Spieler selbst überraschen konnten. Meisterlich beherrschte er die Kunst der Beobachtung des Lebens und erkor das Gesehene zu seinem Spielmaterial. Hierin ist sein Blick zweifelsohne dem der Kinder verwandt. Er adelte die einfachste Beobachtung zum künstlerischen Ausdruck, sei es ein Wort, eine Geste, ein Ton, ein Bild... Es ist kaum übertrieben zu sagen, dass er beinahe in allen Lebensäußerungen ihren „Spielwert" (eines seiner Lieblingswörter) ausmachte.

„Das Wichtigste ist,", sagte er selbst, „ich nehme aus dem Leben. Ich habe in den letzten Jahren das Sammeln von verdichteten, bildlichen Äußerungen, die es in der Sprache gibt, entwickelt. Es gibt zu fast allen größeren Bereichen des Lebens solche bildlichen Äußerungen."[1] Diese künstlerische Sicht auf die Welt führte ihn zu Entdeckungen, die er zur schauspielerischen Methode entwickelte. Im einzelnen Wort beispielsweise die poetische Verdichtung zu erkennen und durch die gemeinsame Sammlung seines Gebrauchs in Varianten bewusst zu machen, offenbarte zugleich auch die Potenz der Wörter, auf der Bühne zu handeln. Der hier von ihm aufgezeigte Weg sucht seinesgleichen in der bisherigen Theaterliteratur.

Deshalb entspricht der Titel dieses Buches *Leben üben* seiner Auffassung, dass das Theater sowohl der Stoff für diese Kunst ist als auch durch das Handeln auf der Bühne auf das Leben verweist. Wie das geschehen kann, ist der Inhalt dieses Buches. Es hat nichts mit der so genannten Widerspiegelung der Wirklichkeit zu tun, mit einem Abbild der Realität, sondern mit einem künstlerischen Standpunkt, von dem aus der Autor die Welt und seine Bewohner betrachtete.

Er ergründete das Verhalten der Figuren aus unterschiedlicher Perspektive, um sie auf der Bühne zum Sprechen zu bringen, damit sie über sich erzählen. Da verrät eine Heiratsannonce in der Zeitung viel über die Schreiberin und das Mannsbild, das sie sich wünscht. Der Monolog einer „Putze" über den Dreck, den andere hinterlassen, oder die Gedanken eines Pförtners über die Leute, die an seiner Loge vorbei müssen, geben Einblick über die Ansichten gewissermaßen von „unten". Aus gebräuchlichen Sprachbildern lässt sich anschaulich eine Karriereleiter bauen, die spielerisch erklettert wird. All das hat nichts mit Rollenspiel zu tun, das, der Realität entlehnt, auf die Bühne getragen wird, auch nichts mit der psychologischen Auslotung von „Charakteren" (ein Begriff, der im Arbeitsvokabular Hawemanns nicht vorkommt).

Er regt die Spieler an, über ihre Figuren zu erzählen, und mit ihrem Handeln geben beide – Darsteller und Figur – preis, was sie und wie sie

[1] Horst Hawemann: *Theater von seinesgleichen.* In: M. Streisand, U. Hentschel, A. Poppe, B. Ruping (Hg.): *Generationen im Gespräch*, Berlin-Milow-Straßburg 2005, S. 225.

denken und fühlen. Sie haben ein Problem, erregen sich und erleben sich in der Begegnung mit anderen. Ihr Reichtum ist der Beziehungsreichtum zu allem Vorstellbaren, ob zum Raum, dessen „wichtigste Senkrechte der Mensch ist", oder zu einem ausgetretenen Schuh oder zu einem Partner, selbst ein Denkmal kommt in einem Dialog ins Reden. In allem und jedem stecken Geschichten.

Hawemann bändigte seine oft überbordende Phantasie durch dramaturgisches Denken. Diese doppelte Begabung ermöglichte es ihm, produktives Miteinander-Arbeiten in Bewegung zu setzen. Er dachte nicht resultativ, er gab Anstöße, um künstlerische Prozesse auszulösen. So vermitteln die aufgezeichneten Nummern und Übungen nicht nur Grundsätze zum Erlernen des schauspielerischen Handwerks, obwohl sie das reichlich tun, sondern sie geben auch Auskunft darüber, wie der Darsteller zum Co-Autor einer Inszenierung werden kann. Die Hawemannsche Methode zeigt, wie der Schauspieler selbst sich an der Arbeit beteiligen kann. Sein persönlicher Anteil bei der Rollengestaltung beschränkt sich nicht nur auf den biografischen Bezug seiner Erfahrungen und auf sein Talent, vielmehr wird er als Künstler, als mündiger Partner des Regisseurs gefordert. Wie er dafür einen Spiel- und Freiraum erhalten kann, ist selten in dieser Klarheit gedacht und beschrieben worden.

Gelernt hat Horst Hawemann das Regiehandwerk in Moskau Anfang der sechziger Jahre. Zu seinen Lehrern am GITIS zählten Theaterpraktiker, die Stanislawski noch kannten und sein System gewissermaßen aus erster Hand vermittelten. Aber zeitgleich war auch Juri Ljubimow dabei, sein bald berühmtes Theater an der Taganka zu gründen, bei dem er sich auf das Erbe Wsewolod Meyerholds stützte und Brechts episches Theater erforschte. In einer Studio-Aufführung mit Studenten unter Ljubimows Regie spielte Hawemann den Moritatensänger in der *Dreigroschenoper*. Für seine Diplominszenierung am Armeetheater in Moskau wählte er Brechts *Herr Puntila und sein Knecht Matti* und bestand sie mit Auszeichnung.

Die Auseinandersetzung mit den beiden großen Theaterkulturen des 20. Jahrhunderts prägte ihn als Regisseur. Beide Theaterkulturen in ihrem für ihn scheinbaren Antagonismus machte er für sich produktiv. Er beherrschte nicht nur die beiden Sprachen, er verstand sich auch als Vermittler dieser beiden künstlerischen Konzepte.

Hervorgehoben seien seine *Courage*-Aufführung in Leningrad, mit der er Vorbehalte des russischen Publikums gegenüber Brecht mindern half, und einige markante Inszenierungen russischer Stücke, mit denen er die deutschen Zuschauer begeisterte, z. B. *Das bucklige Pferdchen* von Jerschow in der Nachdichtung von Elke Erb und Adolf Endler am Theater der Freundschaft, die Schweriner Aufführung von Nikolai Erdmanns

*Selbstmörder*, mit der er zu den beiden Berliner Theatertreffen eingeladen war und seine beeindruckende Inszenierung *Das Hundeherz* von Michail Bulgakow an der Volksbühne kurz vor der Wende. Russischen Autoren, die von Stalin unterdrückt oder ermordet wurden, galt seine Vorliebe. Auch an der ersten deutschsprachigen Edition *Theateroktober*, mit Aufsätzen von Meyerhold, Tairow und Wachtangow, die 1967 im ReclamVerlag Leipzig erschien, war er beteiligt.

Die im Anhang aufgelisteten Inszenierungen gestatten die Behauptung, dass Horst Hawemann mehr als vierzig Jahre lang das Gesicht des deutschen Theater mit formte. Er tat dies im Kinder- und Jugendtheater sowieso, auch durch seine Stücke, aber auch als Gastregisseur quer durch deutsche Städte von Rostock, Lübeck, Dresden, Nürnberg bis Konstanz und nicht zuletzt als Lehrer für Generationen von Theaterpädagogen und vor allem von Schauspielern, für die er seine „Nummern“ in der vorliegenden Publikation notierte.

Christel Hoffmann, Herausgeberin

Christel Hoffmann ist Professorin h. c. an der Fachhochschule Osnabrück. In den 1960er und 70er Jahren Chefdramaturgin am Berliner Theater der Freundschaft, wo sie mit Horst Hawemann zusammengearbeitet hat. Zahlreiche Publikationen, u. a. *Die Bretter sind, die Pfosten aufgeschlagen, und jedermann erwartet sich ein Fest. Theater von Aischylos bis Brecht* (1984), *Spielen und Theaterspielen* (1989, Neuausgabe 2009).

# RECHERCHEN

109 Reenacting History: Theater & Geschichte
108 Horst Hawemann . Leben üben – Improvisationen und Notate
106 Theater in Afrika – Zwischen Kunst und Entwicklungszusammenarbeit
105 Wie? Wofür? Wie weiter? Ausbildung für das Theater von morgen
104 Theater im arabischen Sprachraum
103 Ernst Schumacher . Tagebücher 1992 – 2011
102 Lorenz Aggermann . Der offene Mund
101 Rainer Simon . Labor oder Fließband?
100 Rimini Protokoll . ABCD
99 Dirk Baecker . Wozu Theater?
98 Das Melodram . Ein Medienbastard
97 Magic Fonds – Berichte über die magische Kraft des Kapitals
96 Heiner Goebbels . Ästhetik der Abwesenheit Texte zum Theater
95 Wolfgang Engler . Verspielt Essays und Gespräche
94 Ästhetik versus Authentizität? Reflexionen über die Darstellung von und mit Behinderung
93 Adolf Dresen . Der Einzelne und das Ganze Dokumentation
92 Performing Politics . Politisch Kunst machen nach dem 20. Jh. Vorträge
90 Einfachheit & Lust & Freiheit Essays
89 Hold it! . Zur Pose zwischen Bild und Performance Essays
88 Populärkultur im Gegenwartstheater Essays
87 Macht Ohnmacht Zufall Essays
86 Wolf-Dieter Ernst . Der affektive Schauspieler
85 Skadi Jennicke . Theater als soziale Praxis
84 B. K. Tragelehn . Der fröhliche Sisyphos
83 Die neue Freiheit . Perspektiven des bulgarischen Theaters Essays
82 Working for Paradise . Der Lohndrücker. Heiner Müller Werkbuch
81 Die Kunst der Bühne – Positionen des zeitgenössischen Theaters Essays
80 Katharina Wild . Schönheit . Die Schauspieltheorie Edward Gordon Craigs
79 Woodstock of Political Thinking . Zwischen Kunst und Wissenschaft Essays
78 Fühlt weniger! – Dialoge über Emotionen (inkl. DVD) Essays
76 Falk Richter . TRUST Inszenierungsdokumentation
75 Müller Brecht Theater . Brecht-Tage 2009 Diskussionen
74 Frank Raddatz . Der Demetriusplan oder wie sich Heiner Müller den Brechtthron erschlich Essay
72 Radikal weiblich? Theaterautorinnen heute Aufsätze
71 per.SPICE! . Wirklichkeit und Relativität des Ästhetischen Essays
70 Reality Strikes Back II – Tod der Repräsentation Aufsätze und Diskussionen
69 Heiner Müller sprechen (inkl. Bierbichler-CD) Vorträge, Aufsätze und Diskussionen
67 Go West . Theater in Flandern und den Niederlanden Aufsätze
66 Das Angesicht der Erde . Brechts Ästhetik der Natur Brecht-Tage 2008 Vorträge und Diskussionen
65 Sabine Kebir . „Ich wohne fast so hoch wie er" Margarete Steffin und Bertolt Brecht
64 Theater in Japan Aufsätze
63 Vasco Boenisch . Krise der Kritik? Was Theaterkritiker denken – und ihre Leser erwarten
62 Anja Klöck . Heiße West- und kalte Ost-Schauspieler?
61 Theaterlandschaften in Mittel-, Ost- und Südosteuropa Essays
60 Elisabeth Schweeger . Täuschung ist kein Spiel mehr Aufsätze

**Theater der Zeit**

# RECHERCHEN